여성신학과
소통의 재구성

여성신학사상 제16집

여성신학과
소통의
재구성

한국여성신학회 엮음
강희수 김민정 김순영 김용은 이인미
장양미 조관순 하희정 홍혜빈 함께 씀

동연

　　여성신학사상 제16집을 세상에 내놓게 되어 감회가 새롭습니다. 한국
여성신학회 회장직을 맡은 기간 동안 학회 창립 40주년을 맞이하게
되었고, 다가오는 2026년 5월이면 41주년을 맞게 됩니다. 학회의 지난
40년은 우리 학회가 쌓아 올린 연륜이자, 동시에 '우리는 지금 어디에
서 있는가' 그리고 '이 학회를 어떤 모습으로 다음 세대에 건네줄 것인가'라
는 물음을 주기에 그 무게감이 회장 임기 내내 제 곁을 떠나지 않았습니다.
30기 임원단은 여성신학의 이름으로 모인 공동체가 지금 어디에 서
있는지 그리고 무엇을 놓치지 말아야 하는지 계속 질문하는 가운데
불우한 정치 환경으로부터 연유하여 한국 사회에 부유(浮游)하고 있던
'소통'(疏通)을 선택하게 되었습니다. 우리 사회는 많은 개인적, 사회적
문제를 지닌 채 동등한 발언 기회와 자유로운 의견 제시가 이루어지지
않아 다양한 오해와 갈등을 겪고 있습니다. 나이, 학력, 성별, 재산 등의
이유로 이상적인 민주적 대화 환경이 마련되지 못했고 더욱이 디지털

혁명으로 급변하는 시대에 개인주의는 심화되었습니다. 또한 의사소통의 합리성을 상실한 생활세계가 편만해지는 현상 가운데 모든 영역에서 대화가 점점 위축되고 있습니다. 우리 회기는 시대적 상황을 마주하여 여성신학회가 지녀온 의미와 가치를 지켜나가는 방법으로 '소통'이라는 화두를 던지기로 했습니다. 소통을 염두에 두면서 학회 운영에 힘쓰게 되었고 우리가 쌓아온 연구와 사유가 더 많은 사람들의 공감을 불러일으킬 수 있도록 노력한 결과, 여성신학사상 제16집을 발간하게 되었습니다.

우리는 소통이라는 주제 아래 학회의 지속 가능성과 공공성을 중심에 두고 몇 가지 과제를 추진했습니다. 매년 변화하는 4차 혁명 시대의 디지털 환경으로 인해 여성신학에 대한 관심을 이끌어낼 수 있는 발빠른 환경 조성이 필요했습니다. 그간 학회가 발간해 온 자료들과 여성신학사상집을 전자매체로 읽을 수 있도록 정비하는 작업은 필수적이었으며, 이 낯선 과정은 쉽지 않았습니다. 출판사들과의 협의 과정 역시 학회의 학문적 정체성을 지키면서도 시대의 변화에 응답하기 위한 신중한 선택의 연속이었습니다. 여성신학사상집 디지털 아카이브 구축은, 여성신학의 연구 성과가 책장 안에만 머무르지 않고 신학계와 사회 안으로 드넓게 흘러가기를 바라는 마음에서 시작되어 임원들의 협조로 한 걸음씩 나아갔습니다. 학회의 발전을 위해 열악한 출판 환경 속에서도 여성신학사상 제1집부터 제15집까지의 인쇄본을 전자 자료로 전환할 수 있도록 성심껏 협력해 주신 대한기독교서회, 한들출판사, 프리칭 아카데미 그리고 도서 출판 동연의 대표님들께 진심으로 감사드립니다. 또한 누리미디어는 학술 연구자료의 전자매체 업로드 작업을 기꺼이 대행해 주셨습니다. 학회의 역사가 담긴 연구물들을 귀하게 여겨주신 데 감사드립니다.

우리는 학회 운영의 현실적인 어려움 또한 외면할 수 없었습니다.

특히 후원회비 모집은 매번 만만치 않은 과제였습니다. 기존의 방식과 대형 교회에 의존해 온 구조를 넘어설 필요를 느끼며, 신학대학원 동기 및 작은 교회 목사님들께 직접 학회의 취지와 방향을 설명하고 협력을 구했습니다. 조심스러운 과정이었지만, 뜻을 함께하겠다는 응답을 받을 때마다 우리 학회가 여전히 살아 있는 공동체임을 확인하게 되었습니다. 또한 지속 가능한 성장을 위해 새롭게 미션펀드를 도입하며 정기적인 후원 체계를 수립하였습니다. 이렇게 모인 소중한 후원금은 그 액수보다 모아주신 마음의 무게로 오래 간직될 것입니다. 이 자리를 빌려 갈현성결교회 김형수 목사님, 고양 생명샘성결교회 정진숙 목사님, 수지 열린장로교회 조관순 목사님, 안홍성결교회 김상수 목사님, 이대 대학교회 장윤재 목사님, 하양성결교회 이승재 목사님, 학봉성결교회 윤석구 목사님, 참빛성결교회 이성길 목사님의 후원과 기도에 감사드립니다. 목사님들의 응원은 여성신학회가 교회와 소통하고 있다는 표지가 되었습니다. 아울러 학회 홈페이지 콘텐츠 구성을 위해 소중한 작품들을 선뜻 내어주신 김진선 사진작가님께 깊이 감사드립니다. 또한 김수진 크리에이터에게도 감사를 전합니다. 두 분 덕분에 여성신학회는 창의적이고 예술적 감각이 돋보이는 홈페이지를 완성하게 되었습니다. 모든 분께 진심으로 감사드립니다.

임원들과 학회 행사를 준비하며 수없이 주고받은 대화들 역시 학회의 성장을 이끄는 동력이 되었습니다. 의견을 조율하고 협업하는 시간 내내 적극적으로 서로를 지지하고 존중한 그 모든 과정이 학회를 단단하게 만드는 힘이었습니다. 함께 고민하는 임원들이 있어 우리 학회는 소통과 공감이 어우러진 원심력이 발휘되는 순간들을 여러 차례 발견할 수 있었습니다. 임원들(총무 김순영, 부총무 박수빈, 서기 한경미, 부서기 이정민, 회계 이일례,

부회계 백일주, 편집위원장 이인미, 교육위원장 이주아)이 함께 호흡을 맞추어나간 매 순간을 기쁘게 생각하고 깊은 감사의 마음을 전합니다. 여러분의 노고와 헌신은 한국여성신학회 발전사에 길이 기록될 것입니다.

2024년 6월부터 2년간 30기 임원회기를 수행하는 동안 학회의 정례 모임으로 두 번의 신년 하례회, 신진학자 및 교육위원회 발표회, 한국기독 교학회가 있었고, 2025년 5월에는 특별히 학회 창립 40주년 기념 감사예 배와 정기학술발표회가 열렸습니다. 일련의 행사를 개최할 때마다 우리 의 시선은 여성신학회가 지속 가능하기 위한 동력과 다음 세대에 건네주 어야 할 준비 등 언제나 미래를 향했습니다. 학회 행정의 투명성과 지속 가능성을 위해 법인화를 추진하고, 보다 합리적인 후원금 운용 구조를 마련한 일 그리고 학회 홈페이지를 구축한 일 역시 같은 마음으로 완성되었 습니다. 이는 눈에 띄는 성과라기보다, 이후의 회장과 임원들이 조금은 덜 외롭고 덜 불안하게 학회를 운영해 나가기를 바라는 마음의 표현이었습 니다.

돌아보면 많은 일을 한 것처럼 보이지만, 학회원들과 임원들의 적극적 인 동참과 헌신이 있었기에 가능했고, 무엇보다 서로를 향한 신뢰가 학회를 살아나게 했습니다. 창립 40주년을 뜻깊게 지나온 우리 학회는 이미 다음 도약을 위한 토양을 갖추었다고 확신합니다. 이 여정 속에서 여성신학사상 제16집을 발간하게 되어, 회장으로서 그리고 한 연구자로서 기쁜 마음을 감출 수 없습니다. 이인미 편집위원장님 이하 저자들(김민정, 김순영, 김용은, 장양미, 조관순, 하희정, 홍혜빈)께서는 각각 전공 분야를 고려하여 필진으로 모실 때 주제에 맞는 글을 써주십사 하는 성가신 요청도 마다하지 않고 옥고를 집필해 주셔서, 우리 학회가 지닌 지식공동체로서의 저력을 다시 한번 세상에 드러낼 수 있도록 애써주셨습니다. 진심으로 감사드립니다. 우리 학회의 사상집이 신학계 안에서 여성신학의 위상을 더욱 선명히 밝히고, 교회와 사회의 현장에서 소통의 의미와 실천을 새롭게 하는 공감을 얻기를 소망합니다. 이를 통해 교회와 사회가 다시금 생명력 넘치게 살아나는 마중물이 되도록 하나님이 도우시리라 확신합니다. 마지막으로 이 책이 오늘의 여성신학회를 지켜 온 수고한 모든 분과 앞으로 학회를 이끌어 갈 새로운 주체들을 잇는 소중한 기록이 되기를 기대합니다.

2026년 봄
한국여성신학회 회장 강희수

한 송이 국화꽃을 피우기 위하여
봄부터 소쩍새는
그렇게 울었나 보다

    미당 서정주의 시 〈국화 옆에서〉의 도입부이다. 아마도 많은 이들이
익히 들어본 시구절일지 모르겠다. 이번 여성신학사상 제16집 편집 책임자
로 일하면서 나는 거의 매 순간, 실제 계절감과는 짐짓 무관하게, 이
한 송이 국화꽃과 소쩍새를 떠올리곤 했다. 아닌 게 아니라 한 송이
국화꽃 같은 이 사상집에 참여한 아홉 '소쩍새'들은 저마다의 목소리로
곱게, 아름답게 그리고 사랑스럽게 오래도록 울었다. 그건 슬픔 어린
눈물, 울적함, 비장함 같은 울음이 아니었다. 새로운 작품을 이 세상에
내놓기 위하여 창작의 어려움을 기꺼이 감당하는 환희의 송가였다. 비유컨
대 소쩍새들의 대합창이었다.

잠시 지나간 날들을 돌아본다. 2024년 가을에서 겨울까지, 편집위원 위촉 과정이 진행되었다. 그해 연말이 오기 전 최종적으로 9인의 편집위원이 확정됐다. 해를 살짝 넘긴 2025년 1월, 조금 추운 날에 첫 번째 편집위원 회의가 열렸다. 이때 여성신학사상 제16집의 대주제 '소통'이 확정된다.

"그래! 소통을 주제로, 소통을 통해, 소통에 대한 글을 써보자!"

2025년 여름이 지날 무렵, 대체로 원고가 마무리되어 가는 상황이 보였다. 조금 빠른 사람도 있었고 조금 늦은 사람도 있었다. 하지만 함께 만드는 책에 걸림돌이 되지 않고자 각자 자기 자리에서 마지막 문장에 이르기까지 노력을 다하는 모습이었다. 자신과 가족이 조금 길게 아플지라도, 예기치 못했던 돌발 사건으로 몸과 마음이 힘겨워도, 해외 출타 중임에도 우리 사상집의 진행 과정에 대한 정보를 공유하는 데에 하나같이 성의를 보였다.

2025년 11월 첫 주간에 모든 원고가 수합되었다. 그런데 끝이 아니었다. 바로 뒤이어 모든 편집위원은 제출된 원고들에 대한 독후감을 작성하느라 또다시 시간을 내야 했다. 기껏 나의 원고를 완성했는데, 어째서 다른 위원들의 원고를 한 편 한 편 다 읽고 독후감을 써야 하냐며 불평하는 이, 한 명 없었다. 우리들의 공통 주제가 '소통'이었기에 가능했던 것 같다. 돌이켜 생각할수록 고맙고 감격스러운 일이다.

2025년 11월이 끝나갈 즈음, 또다시 으슬으슬 추위가 찾아온 날, 편집위원 회의가 열렸다. 참여한 위원들은 3시간을 꽉 채워 각자 긴 시간을 들여 써온 독후감을 나누었고, 그 자리에서 두 편씩 원고를 묶어 소주제를 궁리했으며, 대략의 목차를 구성했다. 누구의 글이 누구의 글과 어우러질 때 상호 상승, 아니 소통의 효과가 극대화될지, 이 원고를 저 원고에 붙여보고 또 저리로 옮겨보면서, 고민하고 또 고민했다.

마침내, 2026년 봄이 왔다. 9인의 편집위원들은 소통을 주제로 하는 이 한 권의 책을 서로 소통하는 가운데 소중히 완성하여, 바야흐로 이 세상에 내놓게 되었다. 모쪼록 이 책을 통해 필자들과 독자들이 진지하게 소통할 수 있기를, 그 모든 과정에 우리 하나님께서 함께하시기를 기도한다.

이 책 여성신학사상 제16집은 소통이라는 대주제를 다섯 개의 소주제로 나누어 분류했다. 첫 번째 소주제 '갈무리하다(여성신학)'에는 여성신학 사상집의 40년 역사를 웅장하게 다루는 글 한 편을 배치하였다. 두 번째 소주제 '불러내다(정체성)'부터 마지막 다섯 번째 소주제 '귀 기울이다(침묵)'까지는 각 소주제 당 두 편의 글을 배분하였다.

1부, 갈무리하다(여성신학)

2부, 불러내다(정체성)

3부, 배우다(공공성)

4부, 톺아보다(과거)

5부, 귀 기울이다(침묵)

1부 강희수 박사의 "한국여성신학의 소통과 공감의 깊이와 넓이"는 여성신학사상 제1집 『한국여성의 경험』부터 제15집 『연대하는 여성신학』까지의 유장한 흐름을 정리하였다. 한국여성의 경험, 성서, 교회, 영성, 성, 민족, 다문화, 선교, 미디어, 위험사회, 혐오, 자본주의, 치유 그리고 연대를 주제로 하는 한국 여성신학뿐 아니라 21세기 세계 여성신학의 동향까지…, 지금까지 30여 년간 여성신학사상집이 다루어온 다양한 논의를 하나하나 환기한다. 게다가 방대한 분량의 여성신학적 글들을 다만 열거하는 게 아니라 '삼위일체'라는 정통신학의 빛 아래서 읽어낸다. 강 박사의 글이 정통신학의 삼위일체를 거론하며 진행되기에, 그간 일부 신학자들이 섣불리 비판했던바, 여성신학 논문들이 소위 정통신학을 위반(나아가 배반)하는 방식을 때때로 취해왔던 게 아닌가 하는 의구심을 일정 정도 해체하는 인상을 주기에 충분하다.

장양미 박사의 "나를 잃고, 지구를 잃다"와 조관순 박사의 "성례전은 어떻게 그녀들의 언어가 되는가?"는 2부 '불러내다(정체성)' 항목에 묶여있다. 이 소주제를 장식하는 첫 글 "나를 잃고, 지구를 잃다"는 이보다 더 따뜻할 수 없을 만큼 온기 어린 글이다. 소통이라는 단어를 핏대 올려 주장하거나 논의하지 않으면서 상실된 자아에 대한 염려와 종교적 소통의 필요성을 사부작사부작 꺼내놓는다. 그리하여 공허한 여성 자아의 내면과 지구를 염려하는 저자의 주제 의식이 독자에게 잘 전달된다. '잊혀지고 숨겨진 하나님의 형상을 되찾는 일, 그렇게 잃어버린 자기 자신을 되찾는 일, 그 작은 회복이 지구의 회복으로 이어진다'는 장 박사의 목소리는 매우 친근하다. 이는 어쩌면 장 박사가 아직 목소리로 나타나지 않은 여러 자아의 소리 하나하나를 주의 깊게 경청하여, 이를 문자로 또렷하게 표현(증언)해준 것이기 때문인지도 모른다.

2부의 두 번째 글인 조관순 박사의 "성례전은 어떻게 그녀들의 언어가 되는가?"는 애니메이션 〈케이팝 데몬 헌터스〉(K-Pop Demon Hunters)를 가져와 교회여성들의 경험에 견주고, 성례전 서사로 나아가는 글이다. 바야흐로 케이팝(K-pop) 유행의 시대다. 오늘날 문화적 콘텐츠와 신앙적 예전(성례전)을 나란히 놓고 들여다보며 교회여성들의 자아 정체성을 불러내는 '사유의 순발력'이 돋보이는 글을 이번 사상집에 실을 수 있어 참 좋다. 이 글의 매력은 대중문화 서사와 성례전 신학, 나아가 한국교회의 구체적 현실에 대한 적절한 비판을 모두 아우른다는 점에 있다. 더구나, 조 박사의 글에는 마음만 있다면 당장 우리 교회에 적용해볼 수 있는 예배 시안 및 제안이 들어있어 유익하다.

다음으로 3부이자 세 번째 소주제 '배우다'에서는 이인미 박사의 "여성들, 공적 영역에 출현하다! 소통하다!"를 만나볼 수 있다. 월간잡지 「새가정」에서, 좌담회라는 사소한 듯 보이는 작은 자료를 발터 벤야민의 '약한 메시아의 힘'을 근거로 하여 하나하나 끄집어내어, 이를 한나 아렌트의 정치 이론에 견주는 독특함을 지녔다. 이 박사의 글에서는 20세기 중반 자신의 의견과 정체를 공적 영역에 당당히 표출하며 소통한 오래전 선배 여성들의 모습이, 21세기 초반을 지나는 오늘날 후배 여성들에게 소통의 주제와 관련하여 '젠체하지 않는' 가르침으로 활성화된다. 그녀들이 개념으로서가 아니라 활동으로 깨달아 실천했던 공공성을 오늘날 우리가 잘 배워서 맡은 자리에서 성실히 실천할 수 있다면 우리의 소통 수준이 한 계단쯤 상승할 수 있지 않을까.

이 글 옆으로 '배우다(공공성)'라는 공통의 소주제 아래에 함께 묶인 홍혜빈 박사의 "광장에서 배우는 설득"은, 적대의 감정과 언어를 어떻게 하면 공론장 안으로 초대할 수 있는가에 대한 근본적 물음을 던지는, 무척 심도 깊은 글이다. 홍 박사는 먼저 공적 소통을 논의한 여러 학자의 논의와 공공신학의 논점들을 소개하는데, 간결하고 정확 정밀한 표현이 독자들의 마음을 훅 끌어당길 것이다. 홍 박사는 글의 중반부에서, 2024년 12월 3일의 그 사건에서부터 오늘에 이르기까지 광장에서 한국의 시민들이 겪어낸 다양한 층위의 여러 이야기를 생생히 전해준다. 그런 다음, 오늘의 교회가 말 그대로 '광장에서 배워' 논리적 승리를 추구하는 공간으로 존재할 게 아니라, 타자의 설득에 대하여 스스로를 변형할 줄 아는 공적 소통의 장이 되기를 정중히 권한다.

이어지는 4부는 '톺아보다(과게)'이다. 이 네 번째 소주제에서는 하희정 박사의 "문학의 언어로 쓴 여성들의 시대기록"과 김민정 박사의 "미리암 서사에 나타난 소통 가능성과 소통 단절의 변증법"이 차례대로 들어있다. 먼저, 하 박사의 글은 20세기 여성 세 명의 삶과 사상(문학)이 유장하게 펼쳐져, 타임머신을 타고 잠깐 그 시대에 끼어들어 거니는 듯한 느낌을 선사한다. 일제강점기, 한국전쟁 그리고 해방공간이라는 역동적 시기를 저마다 나름의 용기로 살아낸 여성들의 모습이 사뭇 감격적이다. 글 말미에 이르러, 하 박사는 오랜 세월 사실상 반목을 거듭해온 기독교와 사회주의 사이에 '제3지대'를 설정하고 그 자리에서 '화해와 대화의 길'을 모색한다. 그런데 이러한 모색은 마음을 불편하게 하지 않는다. 글 속에서 차분히 되살아난 세 여성의 삶과 사상이 우리를 그 질문 앞에 설 수 있도록 든든히 준비시켜주기 때문이다.

김민정 박사의 글 "미리암 서사에 나타난 소통 가능성과 소통 단절의 변증법"은 미리암 서사에 대한 '보기 드문 집중 탐구'이다. 구약성서학자 로서 김 박사는 구약성서가 전해주는 미리암 서사에서 소통과 권력의 관계를 성찰하며 위르겐 하버마스의 이론을 가져와 해석을 시도하는데, 이는 소통 가능성과 소통 단절의 현상이 이미 끝나버린 과거사가 아니라 현재진행형의 현실임을 서늘하게 보여준다. 실제로 '지금, 여기' 우리 주변에는 소통과 권력의 관계가 기묘하게 얽히고설켜 나타난다. 글의 서두에서 밝히듯, 소통 가능성이 열려 있긴 하나 여러 힘이 끼어들면서 종종 소통의 단절, 왜곡, 불균형이 튀어나와 우리를 당혹스럽게 하는 것이다. 이 같은 상황에 놓인 우리들의 귓가에, 그저 성경 통독으로 지나치기만 했을지도 모를 출애굽기 15장과 민수기 12장을 꼼꼼히 읽어주는 김 박사의 목소리는 자세하고, 친절하며, 따뜻하다. 그리하여 성경 본문이 문득 새롭게 들려온다.

여성신학사상 제16집의 5부이자 마지막 소주제는 '귀 기울이다(침묵)'이다. 도대체 어떻게 침묵, 환언하면 말해지지 않은(못한) 것들에 우리가 귀를 기울일 수 있을까? 먼저 김용은 박사의 글이 경청하는 태도 및 마음에 대하여 묵직하되 다정한 제언을 건넨다. 김 박사는 "신앙 공동체의 질병서사 이행을 위한 제언"이라는 글을 통해 타인의 질병서사에 귀 기울이는 우리의 마음이 실제로는 어떻게 생겼는지 성찰케 한다. 유튜브 동영상을 1분 1초 단위로 잘라 하나하나 주석을 붙인 상세한 질병서사 분석은 그동안 우리 교회 공동체가 인간의 고통을 어떻게 다뤄왔는지 돌아보게 하기에 충분하다. 동시에 질병이 찾아올 때마다 얼핏 죄의식, 심지어 부끄러움마저 느끼게 하는, 아니 꾸준히 불러일으키는(!), 낯익은 한국교회 분위기를 들여다보게 한다. 그러한 교회 분위기에 혹시 내가 기여하지는 않았나 반성해 보도록 인도하는 손길이 우리를 붙잡는다. 참고로, 특정 개인의 이야기를 진솔하게 전달하며 글을 시작함에도 다만 개인적 서사에 그치지 않는, 유연한 확장성을 지닌 글이다.

마지막으로 김순영 박사의 "말할 것인가 응답할 것인가"는 제목 그대로, 말할 것인지 응답할 것인지, 결단을 요청한다. 그런데 요청의 방식이 강렬한 촉구가 아니라, 자상한 권유이다. 그 과정에서 임마누엘 레비나스의 얼굴 개념이 독자들에게 제공된다. 김 박사는 우선, 오늘날 대다수가 손끝으로 누리는 소셜 미디어 네트워크 소통이 사실상 소통의 부재와 과잉 사이에서 갈팡질팡하는 것이라는 사실을 통찰한다. 이에 따르면 우리 시대 SNS는 마음 맞는 이들끼리의 소통이라는 명분으로 때때로 확증편향을 강화한다. 또 누군가에겐 자기중심성의 감옥을 선사하여 타자혐오를 방어기제로 사용하도록 부추긴다. 김 박사는 특히 읍기 내내 우리가 감지하게 되는 하나님의 침묵을 다만 말 없음, 소리 없음(응답 없음)이 아니라 '경청' 행위로 읽어냄으로써, 독자들에게 깊고 짙은 울림을 준다.

소통을 주제로 하여 우리가 현실에서 다양한 이웃들과 소통하려 할 때, 비단 이 책에 담긴 다섯 개의 소주제와 아홉 갈래의 이야기만 오갈 리 없다. 더 많은 이야기들, 다채로운 목소리들이 존재할 것이 틀림없다. 그 이야기들과 그 목소리들이 우리 주변에서 더 생생하게 살아나기를 소망한다.

원칙적으로 말하자면, 우리는 아주 조금 혹은 아주 많이 다르기에, 소통을 의도한다. 만약 우리가 매사에 똑같은 의견을 가졌고, 그저 비슷하기만 하다면 굳이 소통을 시도할 필요까지는 없었을 것이다. 요컨대 우리는 다르니까 상대의 생각과 느낌이 궁금하고, 그렇기에 소통을 의도한다. 다르다는 이유로 소통을 기획한다. 그러니 타인의 다름을 발견할 때 깜짝 놀랄 일이 아니라, 아무쪼록 그 다름을 기뻐하고 반가워하면 좋겠다. 장-폴 사르트르가 탄식했던 바와 달리 '타인은 지옥'이 아니니까… 오히려 그보다는 한나 아렌트가 찬탄했듯, 내 곁에서 수시로 출현하는 타인의 탄생은 그야말로 '기적'이니까 말이다.

2026년 봄
제16집 편집위원장 이인미

| 차 례 |

5부   귀 기울이다
   —침묵

1부

갈무리하다

여성신학

한국여성신학의 소통과 공감의 깊이와 넓이
여성신학사상 제1집(1994)에서 제15집(2024)을 중심으로

시대가 부른 한국여성신학

목회데이터연구소가 한국교회 2025년 열 가지 트렌드를 주제별로 분석한 것을 보면 신앙은 양극화되어 가고, 가족 안에 머무르려는 현상이 나타나며, 교회는 세속화되어 가고 있다. 개인은 세대별로 영역화되어 세분화된 라이프스타일에 따라 분류되는 그룹들로 나누어지고 있다. 이렇듯 다양한 세대별 영역화와 세분화된 개개인의 성향이 나타난 것은 교회를 향한 욕구가 다른 계층들이 늘어났다는 것을 의미한다(지용근 외, 2024, 19-27). 2000년 이후 한국교회는 신자유주의의 세례를 받아 물질을 섬기는 맘모니즘으로 타락하였고, 경제적 인간으로서 얼마나 부를 지니고 있는지에 따라 신앙의 크고 작음을 가르는 일을 부끄러워하지 않는 모습으로 변모하였다(김정숙, 2010, 95-124; 107). 교회의 죽음을 교회 신학적으로 접근하면서 역사 해석적 방법을 제시한 월버트 뷸만(Walbert Bühlmann)

에 따르면 교회에 필요한 것은 '부활의 소망' 안에서 변화되는 영적 에너지이다. 고난과 눈물, 배고픔을 아는 사람들의 삶과 영혼으로부터 분출되는 신앙적 에너지만이 교회를 살린다(불만, 1978, 94). 시간을 조금 거슬러 올라가 1970~80년대 한국에 여성신학이 소개될 당시만 해도 한국교회는 여성들의 억압된 현실들을 말하고 드러내려는 목소리들로 시대적 상황을 읽어내는 신학적 열정과 함께 종말론적 신앙의 열기로 뜨거웠다. 서구 여성신학이 한국에 소개되면서 여성 차별적 구조가 견고했던 교회 제도, 여성사역자들에 대한 비인권적 대우, 남성 중심적 신학대학의 교수진과 교과과정 등에 문제의식을 지녔던 한국여성신학자들은 상황 변화를 소망하면서 여성의 눈으로 성서를 연구하고 해석하고 다른 상황신학들처럼 시대적 상황에 응답하고자 애썼다(이은선, 한국여성신학회 약사, [아래, 약사]).

한국여성신학회(Korean Association of Feminist Theology)는 1985년 3월 29일, 한국여성해방과 인간화 실현에 기여하기 위해 설립되어[1] 2025년 40주년을 맞이하였다. 여성신학운동가들은 1980년대 초반부터 한국여신학자협의회(아래, 여신협)를 중심으로 활동을 하고 있었고, 여성신학자들을 중심으로 한국여성신학의 지형도는 구체적으로 세워지기 시작했다.[2] 1984년 EATWOT(제3세계신학자협의회)의 아시아 담당 코디네이터로 활동하던 여성신학자 이선애는 여성신학운동가들의 단체인 한국여신학자협의회를 후원하여 1, 2차에 걸쳐 아시아여성신학 정립협의회를 개최토록 하였다. 여성신학자들은 정립협의회를 계기로 여성신학회를 설립하여 1985년 1차 총회에서 초대 회장으로 故 박순경 이화여자대학교 교수를 추대하였고 기독교공동학회(후에 한국기독교학회로 명칭을 변경, 이하 한국기독교학회)에 가입하여 여성신학이라는 전공 분야로 학회 활동을 시작했다.[3]

오늘의 현실은 여성신학이 이 땅에 들어온 그 시대보다 더 심층적이고 포괄적이다. 현대 사회의 주류를 형성해 오던 거대 담론이나 근대 사회를 움직여나가던 진보의 개념들은 탈현대성의 관점에서 볼 때 어떤 자연적 중심도 갖지 않는 서로 다른 지식들의 형식들로 파편화되면서 다원화된 세계가 열리고 있다(정재영, 2024, 30-31).

한국여성신학은 한국여성들의 경험을 중시하고 여성들 상호 관계적인 연대를 통해 결속되며 발전시키는 노력으로 한국의 가부장적인 기독교 문화의 억압적 상황 속에서도 서로에게 주체로 세워주고 공감하면서 유의미한 파트너십을 이루어왔다. 여성신학은 기존의 불의한 질서를 해체하면서도 대안적 현실에 대한 비전을 지속적으로 제시해 왔고 여성신학적 의식이 약하거나 인식되지 못하는 것에 대해 비전과 전망을 제시함으로써 삶의 변화를 이루기 위한 선도적 역할을 해왔다(강희수, 2021). 오늘의 여성신학 역시 이전 세대 여성신학자들의 성과를 간과하지 않고, 다양한 영역에서 신학의 실천적 담론을 펼쳐내어 교회와 여성들의 삶 속에서 더 깊고 좀 더 포괄적 영역으로 공감의 반경을 확장하는 시도가 필요하다. 특별히 시대적 다양성과 상황을 고려할 때 21세기 포스트 페미니스트들이 주장하듯 너머서(beyond)의 의미를 담은 post-feminist theology를 향한 창의적 시도가 요청된다(라이트, 2002, 13f).

이 글에서는 한국여성신학회에서 발간한 여성신학사상 제1집(1994)부터 제15집(2024)까지의 글을 중심으로 한국여성신학회가 펼친 신학적 영향력을 보고자 한다. 글의 전반부는 주로 여성신학사상집 창간 제1집부터 제4집을 중심으로 본다. 학회가 선정한 여성신학사상 시리즈 주제들은 시대상을 잘 반영하여 대부분 다른 학회보다 1~2년 앞서 다루어지고 있다. 이는 한국여성신학회가 한국 기독교학계에서 가장 열린 자세로 세계 신학계의 변화를 감지하고 이를 수용하고 또 한국적 상황에서 이해하도록 노력한 결과이다.[4] 글의 후반부는 삼위일체적 논의들로 구분하여 하나님의 구원을 축으로 하는 여성신학적 신론, 그리스도론 그리고 성령론으로 나누어 본다. 이은선은 한국여성신학회가 걸어온 길을 시작단계(1985~1988년), 기반을 다지는 단계(1989~1993년), 학술연구와 실천 심화, 진행단계(1994~2001년)로 구분한다(이은선, 약사, 1).

필자는 한국여성신학회가 교회와 사회와의 공감 확장을 위해 소통의 반경을 삼위일체적 방법론으로 확장하였다고 보고 학회의 사상집 첫 발간 시기 기준 1994년 이후를 '소통과 공감 확장의 시대'라 부르고자 한다. 여성신학회는 신학계, 교계 그리고 무엇보다도 교회여성들과 공감과 소통을 이룰 수 있는 적극적인 이론화 과정에 기여하였다.

소통과 공감 확장을 향한 발걸음

여성신학회는 학회 창립 후 9년이 지나 사상집을 발행하게 되었다. 여성들의 경험을 반영하는 여성신학은 신학 전반에 걸쳐 다루어지므로 철저한 준비를 통해 학회 창립 목적 달성을 위한 노력을 하였다. 학회원들은 오롯이 여성신학 전공자들이 아니었으므로 각기 신학 전공분야(신구약, 조직, 역사, 윤리, 실천-교육, 목회상담)에서 여성신학적 관점으로 논문을 쓰고 학술발표회를 열었다. 학회 사상집의 창간 제1집(1994)부터 제15집(2024)에 수록된 논문들의 편수는 120여 편에 달하고 2010년~2024년 사이 정기학술제와 신진학자 발표물 가운데 자료가 보존·확인된 논문 50편까지 포함하면 총 170편이다. 이 가운데 초기자료들은 보존이 확인되지 않았으나 2025년 새롭게 신설한 학회 홈페이지(https://www.kafts.org/) 자료실에는

2011년 이후부터 현재까지 학술자료집이 업로드되어 있다. 아쉬운 대로 여성신학사상집에 수록된 논문들을 중심으로 그간 학회의 연구성과물 속에서 여성신학 발전에 기여한 글들을 확인할 수 있다.

초대 편집위원회(위원장 최만자)는 사상집의 구심점을 삼위일체적 신학 위에 두고 신론, 그리스도론, 성령론을 중심으로 하는 조직신학적 한국여성신학 확장 필요성에 공감하였다(이은선, 약사, 6). 이런 의도는 여성신학이 해방신학, 민중신학과 맥락을 같이하나 조직신학적 논의의 기틀을 놓치지 않아야 했으므로 제1~5집 각 도서의 주제 선정에도 고려하여 반영했을 것으로 추측된다. 사상집을 발간하기 전에 심포지엄으로 토론의 장을 열고 공동 인식의 장을 펼친 학술 심포지엄은 연례행사가 되어 여성신학회의 연중행사로 자리하고 있다. 여성신학회는 학술 연구 논문집인 여성신학사상집을 출판하는 일과 학술 심포지엄 두 사업의 틀을 마련하였다. 한편, 여성신학회가 기독교 공동학회에 적극적으로 참여하면서 여성들의 시각과 경험을 공동학회에 반영하기 위한 노력을 간과할 수 없다. 주로 남성들의 모임이던 한국기독교학회에 1988년 11월 4일 여성신학회가 가입한 것을 계기로 공동학회에서 여성신학 분야 발표가 신설되었고 여성신학회 회원들도 임원으로 활동하였다. 초기 여성신학회의 활동은 기독교학계로 여성신학의 지평을 확장한 성과였다.

1994년 여성신학사상 제1집 『한국여성의 경험』이 발간되었다.[5] 최만자 편집위원장은 남성 엘리트 신학의 눈으로 신학이 형성되어온 현 상황을 여성의 시각에서 새롭게 보고자 한국 역사, 문화, 심리, 종교 문화 방을 다 뒤졌고 은전 찾기 작업을 마친 후 마침내 함께 즐거움과 기쁨을 나누게 되었다고 말한다(『한국여성의 경험』, 1994, 253). 한국교회의 현실을 배경으로 성서의 권위에 대해 여성신학적 조명을 한 제2집 『성서와 여성신학』(1995)은 여성, 남성 신학자들이 함께 참여하여 "신학을 하는 신학도는 물론, 성서를 해방적으로 읽기 원하는 모든 이들에게 도움이 되도록" 한국 여성신학적 성서해석 방법을 소개, 정리한 여성해방적 성서 연구물이다.[6] 이는 교계와 신학계와 소통하고 공감을 얻어내려 한 부단한 노력이 아닐 수 없다.

한국여성신학회가 1987년 한국기독교학회에 회원학회로 가입한 후 10여 년 동안 한국여성신학 연구는 남성신학자들에 의해 주도되어 온 주제를 놓고 여성신학 연구자들로서 각기 다른 생각으로 다른 상대와 이성적으로 대화하는 '담론화 과정'이 필요했다(백소영, 2023, 173). 여성신학 자들은 한국교회 개혁을 위한 여성신학의 역할을 재조명하는 노력을 지속하였다. 그 결과 한국기독교학회가 '한국교회와 여성신학'을 주제로 정하면서 손승희는 한국기독교학회에서 "전통적 교회론과 여성교회론" 으로 주제강연을 하였고 여성신학사상 제3집 『교회와 여성신학』(1997) 집필은 더욱 힘을 얻었다.

교회에 대한 여성신학적 조명을 목적으로 하는 제3집 『교회와 여성신학』(1997)은 그리스도의 몸인 교회의 본질과 속성, 교회와 세상과의 관계성, 교회의 운영과 공동체 내의 상호 관계의 구조와 형태에 대한 문제들을 검토한다.[7] 여성해방적 관점으로 대안적 교회 모습을 제안하는 여성신학 적 교회론 정립 노력은 21세기에 들어선 오늘에도 여전히 유효하다. 강남순은 한국교회의 현실을 다시 한번 돌아보게 한다. 교회론을 교리로 머물게 하는 것이 아니라 운동과 사건으로 이해하는 것이 필요하고 교회는 하나님이 인간에게 주신 자유와 통전성을 이루기 위한 투쟁의 장이 되어야 한다고 주장한다. 김윤옥의 "설교에 대한 분석"은 2025년 현재 『교회와 여성신학』 후속편을 요청한다. 여성신학적 관점에서 시대적 변화, 교회 구조의 변화 그리고 인식 구조 변화가 반영된 설교 분석의 필요성이 있기 때문이다.

제3집 여성신학적 교회론 정립을 위한 노력에 이어 제4집 『영성과 여성신학』(1999)은 한국에 신자유주의 물결이 엄습하고 있는 어려운 시기에 세상에 나왔다. IMF로 경제적 어려움이 닥쳐와 기업과 가계는 혼란에 빠졌다. 어려운 IMF 시기를 직면하여 기독교 영성의 역할은 더욱 중요해졌다. 제4집은 새천년을 향한 새로운 신학과 새로운 신앙의 요청에 공감하면서 더욱 선명해진 여성신학적 단어를 선택한다. 이은선 편집위원장은 성령이라는 단어 대신 영성을 선택한 이유를 설명하면서 "하나님의 영은 경직과 폐쇄를 넘어 해방과 창조를 불러일으키는 여성신학의 영성에 의해 더욱 퍼져나갈 수 있을 것이라"는 기대를 담는다.[8] 피오렌자는 가난하고 버림받고 학대받은 사람들에게 하나님의 복음을 통해 비전을 갖게 하며 하나님의 살아계심을 경험하도록 하는 일은 중요하다고 강조한다(피오렌자, 2024, 619). 여성신학사상 제4집은 가부장적 교회에서 여성들에게 필요한 하나님 나라의 일원으로서 자신의 문제는 물론이요, 공동체적 생명을 되살릴 힘이라는 것을 깨닫도록 돕고 있다.

한국여성신학의 삼위일체론 정립을 위한 노력

신학은 예수 그리스도께서 이 땅에 육신으로 오심과 성령의 거룩하게 하는 은총 안에서 하나님의 자기-소통에 대한 관상이다. 라쿠나에 의하면 하나님이 자신을 그리스도와 성령 안에서 계시하시니 인간학, 그리스도론, 성령론 그리고 교회론의 신학적 성찰은 불가분의 관계를 갖는다(라쿠나, 2008, 341). 여성신학 역시 삼위일체적 방법론으로 하나님과의 만남은 물론이요, 하나님 안에서 이루어지는 다양한 삶을 생각하도록 할 수 있다.

제1집부터 터를 잘 세운 후속 여성신학사상집 주제 논의들은 각 권의 제목에서 드러나듯—성, 민족, 다문화, 선교, 미디어, 위험사회, 혐오, 자본주의, 치유, 연대—한국여성신학회가 무게중심을 두고 있는 주제와 방향성을 구체화한 연구들이다. 서구 여성신학은 류터(R. R. Ruether)가 페미니스트 원리를 조직신학 주제들을 적용하여 구술한 것처럼 "여성의 온전한 인간성의 증진"이라는 페미니스트 비판적 원리를 전체 전통에 적용하고 있다.[9] 반면, 한국여성신학은 비판 신학의 특성을 가지면서 시대적 상황과 한국 사회의 사회적 제반 요소들과의 관계 안에서 독특한 특성을 지니고 있어(최만자, 2005, 127) 한국여성신학 정립은 초기부터 현재까지 여성신학자들에게 과제로 남아 있다. 그 원인은 최만자의 주장대로 이론적 차원의 공론장이 시의적절하게 마련되지 못했기 때문일 수 있다. 내적으로는 여성신학자들 개개인의 주요 전공 분야가 달라 기독교신학의 주요주제에 대한 소통과 공감 나눔의 시간이 부족했고 외적으로는 우리 사회에서 제기되는 문제의식, 한국의 정치 · 경제 · 사회 · 문화적 상황, 세계적인 지구성이 초래한 상황과 지역성을 외면하지 않고 논문마다 담아내고 있지만 양대 요인들을 통합하여 집대성한 여성신학 방법론 도출에 힘을 모으지 못하고 있다(최만자, 2005, 162).

여기서는 한국여성신학 정립을 위한 논의들이 담긴 여성신학사상 제1집부터 제4집 그리고 제5집부터 제15집까지에 담긴 글 가운데서 삼위일체적 하나님을 여성신학자들은 어떻게 그려내어 여성신학의 원심력을 발휘하고 있는지 보려 한다. 여성신학사상 각 집에 실린 글들은 논자도 다르고 소주제들의 관련성도 의도하지 않았지만 각각의 분석은 시대별로 요청되는 여성신학적 관점을 잘 드러내고 있어 그 연계점들을 찾는 데 도움이 된다. 필자는 구원을 축으로 하는 삼위일체적 하나님을 '구원하시는 하나님', '새로운 존재 예수 그리스도', '사랑과 진리 그리고 정의의 영으로 오신 하나님'으로 구분하였다.

'구원의 하나님'의 개방성이 여성들에게 닿을 때

하나님의 구원을 전한 복음은 한국 여성들에게 새로운 가치관과 생활방식을 받아들일 수 있는 통로가 되어주었고, 가부장제적 사회로부터 해방될 수 있는 변화의 길을 열어주었다(서현선, 제8집[2010], 103-129). '구원의 하나님'은 개인에게만 임하지 않고 하나님의 개방성을 드러내시는 세계 안에 계시는 하나님이다. 하나님의 개방성은 인간의 비개방성을 넘어서 피조물의 고난과 고통에 함께 하신다(Sun Ai Lee Park, 1992, 225-226). 하나님은 해방시키는 하나님이며, 어머니로서의 하나님이고, 온 우주의 몸으로서의 하나님 그리고 살아 있는 유기체적 관계성으로서의 하나님이다.[10] 구원은 인간의 실존적 곤경에 완전히 참여한 자에게 임한다. '구원의 하나님'은 인간의 삶 가운데서 자신의 뜻을 드러내시기 위하여 인간의 역사 가운데서 소통하고 하나님의 정의와 사랑으로 새로운 삶의 공동체를 만드신다(폴 틸리히, 2022, 240).

여성신학사상집을 중심으로 여성신학자들이 '구원의 하나님'을 정리한 내용은 세 가지 정도로 구분된다. 첫 번째, 고통당하는 피조물들과 함께하는 하나님이다. 고난 가운데 있는 실존적인 소외로 분열된 존재였던 여성들은 '구원의 하나님'의 동행으로 고통을 극복할 수 있었다. 여성들에게 전해진 하나님의 구원은 예수 그리스도의 인격적 삶을 통해 다시 태어난다. 하나님은 일자(一者)가 아니라 삼위일체 되신 분으로 피조물이 고통을 당할 때 하나님도 고통을 당한다. 자기 백성이 고난 가운데 부르짖는 소리를 들으시는 하나님은 하나님이 없는 것 같던 시대, 정의와 자비와 인간성이 상실된 채 아픔 가운데 고통당하는 한국 여성들에게 하나님은 구원의 손길을 베푸시며 함께하신다. 한국여성신학자들은 여성의 경험과 시각으로 세계화의 물결 가운데 여성들을 향한 하나님의 구원 역사를 찾아내어 여성신학사상 제6집 『민족과 여성신학』(2001)을 출간한다. 한국 여성으로서 분단된 조국의 현실은 곧 여성들의 고통의 경험을 말해주기 때문이다. 두 번째, '구원의 하나님'은 교회와 세상으로부터 소외되지 않으려는 여성의 삶 속에 함께 하시는 하나님이다(구미정, 제7집[2008], 315-334). 세계화가 초래한 자본주의 시대의 위기, 국가와 민족의 위기 가운데 여성들은 존재감을 상실하게 되나 그 가운데서도 약한 자를 외면하지 않으시는 하나님을 여성신학자들은 찾아내고 함께하시는 하나님으로부터 새 힘을 얻는다. 민족과 국가의 위기 속에서도 여성의 존재감을 찾아내고, 세계화가 몰고 온 자본주의 시대의 위기 속에서 약한 자를 외면하지 않으시는 하나님을 다시 발견하게 한다.[11] 끝으로 한국여성신학자들은 정의를 회복시키는 구원의 하나님을 찾아낸다. 창조주가 되시는 하나님은 정의와 자비가 사라진 위협받는 사회일지라도 하나님의 권능 위에서 하나님의 집을 회복하는 일을 하신다. 여성신학자들은 구원의 하나님의 일하심을 통해 생명공동체를 치유하고 회복의 필요성을 논하는 지평 확장을 선택한다.[12] 전통신학에서 인간의 성(sexuality)을 타락한 인간의 결과물로 보거나 하나님을 배타적인 남성신으로 그려내어 성차별적인 성 이해를 정당화해 온 일은 하나님의 선한 창조 질서에 속한 것이 아닌 생명공동체 회복에 역행하는 것이다. 오늘의 전 지구적 자본 이데올로기는 여성들의 삶을 억압한다. 거대과학의 발전은 각양의 인간 존재가 비체화되는 현실을 어떻게 돌파해 나갈지 전망을 갖지 못하게 한다. 그러나 김애영은 포스트모던 페미니즘이 급진적 성 정치를 추구하는 시대에 한국여성신학자에게 주어진 과제는 민족과 세계사회의 공동체적 미래에 대한 소망이므로 이를 놓치지 말아야 할 것을 강조한다(김애영, 제2집[1995], 78).

　'구원의 하나님'은 교회가 남성 중심적 문화로부터 벗어나 온전한 생명 정의, 평화로 나아갈 수 있도록 하신다. 하나님은 언제나 우리의 삶 가운데 계시는 분이므로 평범한 일상이 깨어지고 고통 속에 던져진 인간들의 아픔조차도 홀로 내버려두지 않으신다.

여성을 새로운 존재로 세우시는 예수 그리스도

　자신의 모든 피조물에게 자신을 계시하시는 '구원의 하나님'은 예수 그리스도를 통하여 그 사랑을 나누기 위해 말씀이 육신이 되어 나타나시고 자기의 사랑을 드러내신다. 예수는 자신의 실존적 소외 극복의 역사적 사건-고난의 십자가 사건 그리고 죽음을 이긴 부활의 모습을 제자들에게 보이시면서 그리스도로서 시간과 공간 속에서 새로운 존재로 나타나셨다 (틸리히, 2022, 166). 시몬 베드로의 고백(막 8:29)과 베다니 공동체의 마르다의 고백 이야기(요 11:17-27)는 예수를 그리스도라고 고백하여 새로운 존재로서 새로움에 참여하는 자가 된 대표적인 이야기이다. 기독교가 예수의 이름을 부르며 그의 제자들이 "당신은 그리스도이십니다"라고 고백할 때 태어났 듯(폴 틸리히, 2022, 164), 한국여성신학자들의 그리스도 논의는 여성신학사상 제7집『다문화와 여성신학』(2008)에서 종교 문화 가운데 나타나는 예수 그리스도의 다원성을 논하는 가운데 분명하게 드러나고 그분은 여성들 가운데 계시다는 것을 확신할 수 있다.[13] 이은선은 전통적으로 배타적 그리스도교회의 모습—남성 중심적인 교회, 성직자 중심주의, 여성 성도를 향한 억압 등—은 예수 그리스도가 전하였던 하나님 나라의 진실을 대변할 수 있는가를 질문하고(이은선, 제7집[2009], 69), '문화'에 자리한 여성 억압의 현실을 찾아내어 고발하면서 동시에 새롭게 하시는 예수 그리스도로 인하여 새로운 존재로 세워지는 여성들이 있음을 볼 수 있도록 인도한다. 공동체로부터 소외당한 여성, 관습의 굴레에서 벗어나지 못한 여성은 예수 그리스도를 만나 하나님 나라에 참여할 때 새로운 존재가 되었다. 감추어진 존재로 소외된 존재인 여성이 새롭게 설 수 있게 되며 실존적 존재로서 현실을 극복할 수 있도록 힘을 얻어 하나님의 구속사의 주인공이 되었다. 진정한 정결함이 무엇인지 세상을 향해 일침을 가하는 그리스도의 율법의 완성은 율법으로 통제받고 소외된 자였던 여성을 새로운 존재로 이끌어내었다(정혜진, 제14집[2022], 149-175). 이렇듯 새로운 존재로서 해방을 얻게 되는 여성들은 역사적 남성 예수에 의한 구원이 아닌 전통의 종교문화적 억압으로부터 벗어나도록 세워지는 힘을 얻은 것이다(이은선, 2004). 그 힘은 그리스도를 따르는 공동체 안에서 공간적, 시간적 차원의 변화를 이루게 하는 힘으로써 공간적으로는 삶의 지평이 확장되며 시간적으로는 역사의 주체자로 설 수 있게 해준다(폴 틸리히, 2022, 223; 강남순, 2018, 160).

새로운 존재로 세워지는 여성이 펼치는 선교 역시 포용과 문화 사회적 화해를 이루는 힘을 얻는다. 여성신학사상 제8집 『선교와 여성신학』 (2010)의 신구약성서와 신약 외경에서 대안적 선교의 비전을 찾아내는 연구는 사회제도 속에 구조적 소외나 의도에 과감히 맞서는 여성들의 용기를 보여준다(조지윤, 제8집[2010], 232-261; 김성희, 제8집[2010], 48-75). 그리스도와 더불어 새로운 존재가 되면 그리스도에 관해 말할수록 예수를 향한 구원의 기대는 자라나며 하나님 나라에 참여하고 성장한다. 그 힘은 곧 변혁과 몸짓의 말씀으로 새로운 존재의 힘을 보이시는 예수 그리스도로부터 나오며(조지윤, 제8집[2010], 119-148), 그 힘과 함께하는 새로운 존재 여성은 에클레시아 공동체에서 더 이상 소수자가 아니며 평등한 대접을 받고 하나님 나라 자녀로서 공동체성을 회복하고 차별을 극복할 수 있게 된다(강희수, 제13집[2020]).

사랑과 진리, 정의의 영이신 하나님을 펼치는 한국여성신학

성령은 삼위일체 하나님의 거룩한 영으로 성부 하나님과 성자 예수 그리스도의 교제의 매체인 성령을 통해 삼위일체는 성립된다. 아우구스티누스는 성령은 성부와 성자의 상호 구별과 결합을 가능케 하는 사랑의 끈(vinculum amoris)이라고 하였다. 삼위일체가 허물어진다면 기독교는 존립 근거를 상실하는 것이므로 성령이야말로 기독교를 존립시켜 주는 토대가 된다(김균진3, 2014, 3). 하나님의 구원으로 새로운 창조는 일어나며 성령은 하나님의 새로운 창조 세계로 만인을 이끌어내신다.

구약성서에서 하나님의 영 루아흐(ruach)는 억압 아래 있는 힘없는 자들을 해방시키고 하나님 나라를 세우는 일을 한다(이경숙, 제4집[1999], 53-54). 신약성서에서도 영은 창조와 생명, 해방의 역사를 일으키는 영으로 종말적인 하나님의 나라 도래와 깊은 연관성을 보여준다. 공관복음에서 하나님의 영을 힘입은 예수는 귀신을 쫓아냄으로써 하나님 나라를 실현시킨다(마 12:28). 최영실은 예수는 하나님 나라의 정의와 평화를 이 땅에 실현시키는 영, 그 영이 일하고 능력을 드러내는 힘을 영성이라고 말한다

(최영실, 제4집[1999], 88).

성령은 그리스도교 신앙의 실천과 이론에 매우 중요한 위치를 차지한다. 20세기 후반 등장한 정치신학, 민중신학, 해방신학은 세상의 불의함을 하나님의 정의로운 세계로 해방시키고자 해방과 자유의 영, 새 창조의 영이신 성령 인식을 부상시켰다. 여성신학에서도 성령론은 중요한 의미가 있다. 영, 영성에 대한 혼란이 커지는 시기에 출간된 제4집『영성과 여성신학』(1999)은 새로운 시대, 변화된 신학을 위한 시대적 반성을 촉구하였다.[14] 한국 개신교회의 성령 인식은 성령 체험에 국한된 열광적이고 맹목적이며 반지성주의 현상으로 나타나면서 현대 사회와 교회 안에 있는 부정의, 부자유를 거부하고 정의로운 세계를 향해 자유롭게 하는 권능을 경험하는 것이 곧 영성 강화의 일이라는 것을 잊고 있다(마이글리오르, 2012, 376). 한국여성신학자들은 진정한 하나님과의 만남을 가능하게 하도록 이끄는 정의의 영성이 교회 안에 부재함을 비판한다. 제13집『자본주의 시대, 여성의 눈으로 성서를 읽다』는 2019년 가을, 한국 교계에서 문제가 되던 부자 세습의 문제가 불거진 시점에 김정숙 회장을 비롯한 전임회장단과 학회원들이 성명서 발표를 기획하고 자본주의가 교회 개혁을 부끄럽게 하는 사건이 벌어진 시점에 구성되었다(제13집[2020], 7).

교회는 공공성의 공간으로서 그리스도인들의 코이노니아를 넘어서서 사랑과 정의의 영성이 펼쳐지는 디아코니아를 실천할 때 하나님 나라의 온전성을 이룰 수 있다(강희수, 제13집[2020], 247-272). 디아코니아에 대한 보다 확장된 해석을 통해 교회가 사회로부터 외면받지 않기 위한 노력은 외부로부터 도래하는 것이 아니라 내부에서부터 영성을 회복해야 한다. 교회 공간은 열린 공감적 사랑으로 그리스도교 영성을 함께 식사하고 나누고, 함께 마시고, 서로 이야기를 하고 받아들이는 여성신학적 영성이 풍부한 교회로 변모해야 한다. 교회는 서로를 통해 성령 하나님의 현존을 경험하고 사람을 위한 특히 가난하고 버림받고 학대받은 사람들을 위한 하나님의 대안적 비전인 복음을 선포하는 저항과 연대의 공간이 되어야 한다(피오렌자, 2024, 619). 한 발짝 더 나아가 사랑과 정의의 영이신 하나님이 함께 계신 교회는 그분의 공감적 사랑과 정다운 실천 속에 구체적으로 목소리를 들려줄 수 있는 공간이 되어야 한다(최유진, 제12집[2018], 192).

여성신학은 교회뿐 아니라 우리 사회의 현상에 관하여 신학적 책임을 가지고 질문한다. 그리고 한반도를 우울하게 만든 검은 혐오의 그림자, 분노가 가득한 문화, 인간 실존을 망각하게 하는 사건과 사고들, 피조세계의 고난 사건들을 보면서 하나님 나라의 정의와 평화를 이 땅에 실현시키는 영성을 갈망하는 신학적 영성으로 답변한다. 여성을 혐오하는 사회 현상이 두드러지는 세태에 혐오와 폭력의 뿌리가 되는 차별의 현상과 현장을 고발하고 그 원인 분석과 대안을 모색한 제12집 『혐오와 여성신학』은 한국교회가 돌아보지 않는 차별의 현실을 낱낱이 보여주고 있다. 학회 27기 이숙진 회장단은 2017년 교계와 신학계에 큰 울림을 주었던 동성애 혐오 경계에 대한 긴급간담회를 개최하고, 신학자의 눈으로 본 세월호, 미투 운동의 도화선이 된 서지현 검사지지 성명과 낙태죄 폐지 성명 등에 적극적으로 여성신학자들의 목소리를 내는 행동을 보여주었다(제12집[2018], 7). 2016년 강남역 여성혐오 범죄 사건이 발생한 후 우리 사회의 여성혐오는 여러 사건을 통해 민낯이 드러났다. 2017년 촛불 광장에서도 여성혐오, 장애인혐오의 표현은 난무하였다. 한국교회를 향한 혐오만이 아니라 소수자나 약자를 향한 강한 혐오의 시선과 언어가 쏟아졌다. 사랑을 핵심 계명으로 내세우나 혐오를 일삼는 대표적 공간이 되어버린 한국교회의 그릇됨은 모두의 탄식이 되었다. 교회는 예언자적이며 진취적인 새로운 생명의 공동체가 되어야 한다. 그리할 때 성령은 삼위일체 하나님이 오늘 여기에 계심을 가능하게 하며 장차 이루실 하나님 나라의 종말론적 힘으로 드러난다(김균진3, 2014, 31).

여성신학적 영성으로 시대적 상황을 진단하고 문제에 대한 분석 그리고 문제에 대한 대안 모색은 여성신학적 성령론을 형성해 내는 일련의 과정이 되었다. 여성신학자들은 나날이 발전하는 전자 미디어 활용 속에 여성을 향하여 드러내는 혐오, 위험한 사회에서 고립되게 만드는 폭력적 상황들을 극복하기 위해 적극적이고 실천적 변화 노력을 요청한다(이주아, 제11집[2016], 199-234). 성서 안에 뿌리 깊게 자리하고 있는 혐오가 여성을 혐오 대상으로 일상에서 조롱 비하를 넘어 민족적, 종교적, 사회적 그리고 문화적 의미의 비체로서 신체적 폭력 앞에 노출되는 현실을 폭로한다(송진순, 제12집[2018], 75-101). 성령은 이 세계의 악하고 불의한 현실에 안주하지 않는다. 그는 주어진 형식과 질서 속에 숨어 있는 부정적인 것을 부정함으로써 그것을 보다 더 높이 숭고한 진리의 세계로 나아가 해방시키신다(김균진3, 2014, 35). 2014년 세월호의 침몰 사건으로 한국 사회를 엄습해 온 위험사회의 현실을 목도하면서 출판된 제11집 『위험사회와 여성신학』(2016)과 제12집 『혐오와 여성신학』은 예언자적 외침이었다.

여성신학적 영성은 성령의 창조론적 차원을 결코 놓치지 않는다. 하나님의 사랑의 영은 하나님이 지으신 온 피조세계를 보호하시며 모든 피조물이 평화롭게 공존하는 새로운 생명의 세계를 만드신다. 성령은 창조적 생명의 힘으로 피조물들 안에 계시고 피조물들과 함께 신음하는 고통을 자신의 고난으로 느끼신다. 하나님의 사랑의 영은 자연과 유기체적 관계성을 가지시니 하나님의 동료 피조물, 동물의 권리가 회복될 때 창조주 신 중심적 시각으로 회귀할 수 있다(정애성, 제11집[2016], 139-172).

여성생태주의적 영성을 '온 생명적 통합성', 타자성 그리고 지속성으로 요약하고 풍부해진 영의 판단과 경영은 매우 중요한 일이 되었다(이은선, 제4집[1999], 335).

한국여성신학자들이 말하는 정의의 하나님 영성에 대한 이해와 반성은 사회의 직면한 현실을 직시하고 변화의 필요성을 제6집 『미디어와 여성신학』(2001)에서 실천적인 면이 강조되는 신학적 논의로 펼쳐진다. 한국여성신학이 확장 전개될 수 있도록 현실 개선을 위한 노력이 있어야 함을 피력하고 여성을 주체로 세우기 위한 전자 미디어를 통한 여성신학 교육 과정을 제안하는데(이주아, 제9집[2012], 84-87),[15] 이는 1990년 여성신학 강의를 위해 공동교수팀(Team Teaching을 위한 교과과정 연구작업)을 마련하고 준비하였던 맥락과 연결된다(이은선, 약사, 6).

하나님의 삼위일체는 서로 구별되지만 나누어지지 않고 한 몸을 이루며 모든 일을 함께 행하며 삶을 함께 나누는 하나님의 존재이다. 성부 하나님은 온 우주의 근원이 되시며 성자 하나님은 타자성으로서 세계 안에 계신다. 성령 하나님은 하나님과 세계의 중재를 통해 양자가 소통과 공감 속에 세계를 다스리신다. 삼위가 되시며 서로 소통하시는 하나님은 여성을 배제하지 않으신다. 가부장적·종교적 표상으로 소외되었던 여성들을 새로운 존재로 일으키시어 예수 그리스도의 하나님 나라를 이루어가신다. 삼위일체 하나님은 사랑과 진리의 영 그리고 정의의 영으로 피조세계가 신뢰하고 찬양해야 할 인격적 존재이다.

여성신학적 공감의 원심력 발휘를 기대하며

2년에 한 번씩 발간된 여성신학사상집은 한국여성신학회가 한국교회를 향하여, 신학계를 향하여 그리고 하나님의 형상을 회복한 여성들과 소통하고 공감을 게을리하지 않으려는 증거들이다. 한국에 개신교가 전래된 1884년 이후 희년을 맞이한 1994년, 한국여성의 경험을 필두로 한국여성신학사상 제1집이 출간됨으로써 교회는 물론 신학계와 소통하고 공감을 확장하려는 시도가 시작되었다. 2024년까지 15권의 책은 삼위일체 하나님을 여성의 눈으로 그려낸 결과물들이다. 20세기 말 근대화와 산업화의 확장 속에서 여성의 사회참여 기회는 넓어졌고 페미니즘 운동이 사회 전반에 영향을 미쳐 여성의 인권 향상을 위한 노력은 더욱 활발해졌다. 대중매체를 통한 미디어와 문화의 영향력 속에 여성들은 자신의 삶을 주체적으로 만들어갈 수 있었다. 그러나 교회 내 가부장적 남성 중심의 기독교문화는 여성들에게는 억압적이었으며 복음의 참 의미를 잃어버리고 자유와 해방을 얻지 못하는 걸림돌이었다. 이에 여성신학사상집은 초반 여성신학사상집의 주제로 여성의 경험, 성서, 교회 그리고 성 그리고 영성으로 주제를 세워 한국여성의 경험의 특수성을 펼쳐내었다. 선택된 주제들은 신학의 기본 주요주제로 채택되기에 충분할 만큼 교회여성들로부터 공감을 얻을 수 있었다. 21세기에 들어서면서 급속하게 세계를 지배해나간 신자유주의 파도 속에 교회가 필터링 없이 빨려 들어갈 때 한국여성신학은 성육신하신 예수 그리스도가 이 땅에 오셔서 친히 보이신 소통과 공감의 복음을 적극적으로 그려내었다. 또 약한 자, 소외된 자, 병든 자 그리고 가난한 자들의 아픔과 어려움, 외로움과 희망 없어 절망한 자들과 함께하시면서 소통하고 공감하셨던 하나님의 영성을 놓치고 있는 교회를 향하여 예언자적 외침을 이어갔다. 한국전쟁을 겪은 세대가 저물어가기 시작한 2000년에 들어서면서 한국교회가 성장과 자본에 밀려 민족의 아픔을 외면하고 있을 때 여성신학은 여성의 경험

속에 녹아져 있는 평화와 생명을 살려내려는 의미를 담아 민족과 여성신학으로 화두를 던졌다. 이어 점차 강화되어 밀려오는 21세기 신자유주의 물결 속에서 선정된 다문화와 여성신학, 미디어와 여성신학, 혐오와 여성신학 그리고 위험사회와 여성신학은 우리 사회의 첨예한 신학적 주제가 아닐 수 없었다. 자본주의의 폐해와 억압 아래 깊어진 상처들은 여기저기서 터져 나왔다. 교회가 드러낸 대표적인 자본주의와 결탁한 교회 부자세습 사건은 종교개혁 500주년을 기념하는 해를 지나면서 반성 없이 민낯을 드러내고 말았다. 여성신학은 안타까운 마음으로 교회가 변화되지 않으면 이 땅에서 사라질 위험에 처하게 된다고 보고 제13집 『자본주의 시대, 여성의 눈으로 성서를 보다』를 출간하여 한국교회를 향해 각성을 촉구하였다. 한국교회의 병듦은 이뿐만이 아니었다. 2019 코로나 팬데믹은 소외와 단절을 심화시킨 인류의 재앙이 되었다. 코로나바이러스 팬데믹 이후 심화된 개인주의, 인간소외가 불러오는 상처들을 여성의 눈으로 감싸고 치유하는 필연적 책임을 여성신학은 간과하지 않고 치유와 여성신학 그리고 연대하는 여성신학으로서 시대적 요구를 교회와 신학계에 알렸다.

한국여성신학회의 역사적 발자취들은 오늘의 좌표 위에서 학회 발전을 향한 미래 대안을 강구하게 한다. 초기 한국여성신학회가 정립하고자 했던 여성신학의 조직신학적 이론 정립은 여전히 진행 중이라고 할 수 있다. 한국여성신학은 여성의 경험을 특수한 여성신학 해석학적 방법론으로 설명하는 데만 머물 수 없고 시대적 상황이 야기하는 문제를 풀려고 씨름함으로써 이 세계와 역사에서 인간화를 실현하는 신학이 지닌 궁극적 목표와 사명을 이루어야 한다. 또한 여성신학사상집을 발간하는 과정과 노력은 여성신학을 함께 연구하고 나누고 소통하는 연구자들의 터 마련과 활성화를 이끌 수 있다. 여기서는 여성신학사상집에 수록된 논문들을 총괄하는 방식으로 여성신학자들의 연구에 담긴 한국여성신학 정립을 위한 방법론들을 분석하는 제한된 범위 내에서 보았지만 한국여성의 특수한 경험을 고려하면서 현대 사회의 다양해진 젠더 문화의 상황에서 기독교적 정체성을 놓치지 않는 연구는 지속적으로 필요하다. 이를 위해 요청되는 것은 한국여성신학자들 간 연구를 공유·분석하는 협의의 과정이다. 여성신학회는 여성신학자들 간의 소통, 연구 대상들—교회여성, 혹은 수혜자들과 소통과 공감을 잘 해왔는가에 대한 성찰도 놓치지 말아야 할 것이다.

요컨대 여성신학회는 삼위일체 하나님이 하나님의 형상을 닮은 피조물들을 향하여 보이신 공감의 구심력에 집중하면서 공감의 넓이 또한 확장시킬 수 있는 공감의 원심력을 길러야 한다. 한국여성신학자들은 한국에 여성신학이 유입된 초기부터 집단적 학습과 격려, 미래 전망에 대한 비전을 함께 나누면서 한국여성신학을 전개해 왔으므로[16] 내외 집단을 고려하여 넓고 이성적인 공감을 안쪽에서 바깥쪽으로 향하도록 하는 연대의 힘을 강화해야 한다. 시대가 요구하는 소통과 공감에 응답하는 방법을 모색하며 변화 발전하는 디지털 문화혁명의 흐름을 놓치지 않고 보조를 맞추어나갈 때 소통과 공감의 반경을 유지·확장하기 위한 연대는 강화될 것이다. 여성신학회 학회원들이 지닌 학문적 능력과 성과들을 인지적·정서적 공감으로 소통하면서 변화하는 미래에 대응해 나갈 수 있는 여성신학적 영성의 발휘를 기대해 본다.

주

1 한국여성신학회 정관. https://www. kafts.org/.

2 강희수, 「신학사상」 (209집), 396: 이 글은 「신학사상」 (209집)에 게재된 필자의 "한국 여성신학 정립 노력을 보다 — 『여성신학사상』 제1집(1994)부터 제15집(2024)을 중심으로" 논문을 수정·보완하여 쓴 글임.

3 김애영, "한국여성신학회의 역사," 한국기독교학회 편, 『한국기독교학회 30년사』 (서울: 대한기독교서회, 2001).

4 한국여성신학회 편, 『선교와 여성신학』, 여성신학사상 제8집 (서울: 프리칭아카데미, 2010), 5. 한국여성신학회는 국내외 여성신학자들과 교류도 게을리하지 않았다. 한일 여성신학 정기포럼(2006), 세계석학초청 포럼(2012)을 열었고 여성신학사상 제10집 『21세기 세계여성신학 동향』을 발간하였다. 제10집은 해외에서 학위를 마치고 돌아온 학자들 위주로 세계 곳곳의 여성신학자들을 소개함으로써 여성신학의 흐름을 알 수 있도록 안내하는 책으로 우수도서에 선정되기도 하였다.

5 한국여성신학회 편, 『한국여성의 경험』, 여성신학사상 제1집, (서울: 대한기독교서회, 1994).

6 한국여성신학회 편, 『성서와 여성신학』, 여성신학사상 제2집, (서울: 대한기독교서회, 1995), 4.

7 한국여성신학회 편, 『교회와 여성신학』, 여성신학사상 제3집, (서울: 대한기독교서회, 1997), 6.

8 한국여성신학회 편, 『영성과 여성신학』 여성신학사상 제4집, (서울: 대한기독교서회, 1999).

9 류터(R. R. Ruether)는 페미니스트 원리를 조직신학 주제들에서 적용하는 신론, 창조론, 인간학, 구원론, 그리스도론, 교회론 등의 방법을 사용한다. R. R. Ruether, *Sexism and GOD-Talk-Toward a Femonist Theology* (Beacon Press Boston 1983). 피오렌자(E. S. Fiorenza)는 성차별적 가부장적 본질에 대한 비판적 검토를 한다. E. S. Fiorenza, "Women-Church: The Hermeneutical Center of Feminist Biblical Interpretation," E. S. Fiorenza, *Bread Not Stone: The Challenge of Feminist Biblical Interpretation* (Boston: Beacon Press, 1984), 15-22.

10 손승희, "전통신학과 성: 기독교의 성이해," 『성과 여성신학』 여성신학사상 제5집 (서울: 대한기독교서회, 2001): 19-43; 김균진, 『기독교 신학 — 하나님 나라의 메시아적 신학을 향해』 1 (서울: 새물결플러스, 2014), 327; 김애영, "몸과 섹슈얼리티,

그리고 여성신학 담론," 『성과 여성신학』 여성신학사상 제5집 (서울: 대한기독교서회, 2001): 45-78.

11 이숙진, "근대 한국 개신교 민족 담론과 여성,"; 양현혜, "근대 한국 사회의 변혁과 기독교 여성,"; 양미강, "지워진 역사와 다시 쓰는 역사-일본 역사 왜곡과 일본군 '위안부' 문제,"; 김엘리, "현대 한국사회의 안보 문화와 남성성,"; 김판임, "바울의 민족애와 민족주의,"; 한국여성신학회 편, 『민족과 여성신학』 여성신학사상, 제6집 (서울: 대한기독교서회, 2006); 최유진, "정(情), 혐오에 대한 저항과 환대의 공간-스피박의 폐제와 전 지구적 사랑을 중심으로,"; 박진경, "교회 여성혐오와 기독교교육적 과제-여성의 목소리들을 중심으로,"; 한국여성신학회 편, 『혐오와 여성신학』, 여성신학사상 제12집 (서울: 동연, 2018).

12 한국여성신학회 편, 『위험사회와 여성신학』, 여성신학사상 제11집 (서울: 동연, 2016).

13 이 부분의 논술은 연구 범위를 여성신학사상집에 한하는 한계를 지닌다. 이경숙에 의하면 한국여성의 고난의 경험 역사에서 출발한 한국 여성신학의 특수성을 감안할 때, 예수의 그리스도론은 새로운 해석들이 나왔고, 격렬한 토론으로 이어진다. 예수 그리스도를 페미니스트, 해방자, 섬기는 자, 새로운 인간, 그리고 약한 자들과 함께 고난을 당하고, 그들을 고난으로부터 해방시켜주는 해방자로 볼 것인지에 따라 달라지는 그리스도론에 대한 주장은 다양하다. 이경숙, "한국 여성신학의 발자취와 미래," 「한국기독교신학논총」 50/1 (2007/4), 175-214, 183f. 한국여성신학자들의 신론, 그리스도론, 성령론에 대한 논의는 대표적인 여성 조직신학자들(강남순, 김애영, 이은선, 정현경, 선순화 등)이 자신의 저서를 통해 한국여성신학 정립에 기여하고 있다. 그러나 그들의 여성신학적 연구는 신학계에 잘 반영되지 못하고 있으며, 그리스도 이해에 대해 여성신학자들 사이에 이렇다 할 논의의 합의를 이루지 못하고 있다. 본 글에서는 서구 여성신학자들의 논의나 위의 학자들의 연구들을 적극적으로 인용하지 않고, 여성신학사상 각 집의 개별저자들이 주제를 다루면서 드러낸 논의들을 중심으로 보았다. 이후 발전된 연구를 통해 한국 여성신학의 다양성과 기독교의 정체성이 해체되지 않는 범위에서 연구가 진행되길 기대한다.

14 한국여성신학회 편, 『위험사회와 여성신학』, 제11집 (2016), 6.

15 이주아는 한국교회가 다른 사회 영역들에 비해 변화 속도가 매우 느려서 여전한 성차별적 담론과 신적 질서의 한 부분이라고 여기는 바 전통적 가부장제 문화가 견고한 현실을 타개하고 여성이 기독교 공동체의 주체자가 될 수 있도록 비판적 성찰을 통한 새로운 변화가 일어나도록 해야 한다고 주장한다 (이주아, 제9집(2012), 107f).

16 김애영, "여성해방적 예배의 추구와 전망," 「신학사상」 (146), 131-166.

참고문헌

1차 자료

한국여성신학회 편. 여성신학사상 시리즈 제1집『한국여성의 경험』. 서울: 대한기독교
    서회, 1994.

_____. 제2집『성서와 여성신학』. 서울: 대한기독교서회, 1995.

_____. 제3집『교회와 여성신학』. 서울: 대한기독교서회, 1997.

_____. 제4집『영성과 여성신학』. 서울: 대한기독교서회, 1999.

_____. 제5집『성과 여성신학』. 서울: 대한기독교서회, 2001.

_____. 제6집『민족과 여성신학』. 서울: 한들출판사, 2006.

_____. 제7집『다문화와 여성신학』. 서울: 대한기독교서회, 2009.

_____. 제8집『선교와 여성신학』. 서울: 프리칭아카데미, 2010.

_____. 제9집『미디어와 여성신학』. 서울: 동연, 2012.

_____. 제10집『21세기 세계여성신학의 동향』. 서울: 동연, 2014.

_____. 제11집『위험사회와 여성신학』. 서울: 동연, 2016.

_____. 제12집『혐오와 여성신학』. 서울: 동연, 2018.

_____. 제13집『자본주의 시대, 여성의 눈으로 성서를 읽다』. 서울: 동연, 2020.

_____. 제14집『치유와 여성신학』. 서울: 동연, 2022.

_____. 제15집『연대하는 여성신학』. 서울: 동연, 2024.

2차 자료

강남순.『젠더와 종교』. 서울: 동녘, 2018.

강희수. "한국 여성신학 운동의 역량 강화를 위한 연구 — 한국여신학자협의회 사업을
    중심으로."「신학사상」192 (2021/봄): 395-421.

김균진.『기독교 신학: 하나님 나라의 메시아적 신학을 향해1』. 서울: 새물결플러스,
    2014.

_____.『기독교 신학: 하나님 나라의 메시아적 신학을 향해2』. 서울: 새물결플러스,
    2014.

_____.『기독교 신학: 하나님 나라의 메시아적 신학을 향해3』. 서울: 새물결플러스,
    2014.

김민정. "민중적 여성 지도자 미리암의 재부상 — 미가 6장 4절을 중심으로." 「신학사상」 183 (2018/겨울): 353-388.

김애영. 『여성신학의 주제탐구』. 서울: 한신대학교출판부, 2003.

_____. "여성해방적 예배의 추구와 전망." 「신학사상」 146 (2009/가을): 131-166.

김정숙. "21세기 페미니즘, 페미니스트 신학의 지형도." 「신학과 세계」 68 (2010/6): 95-124.

라이트, 엘리자베스. 『라캉과 포스트페미니즘』. 이소희 옮김. 서울: 이제이북스, 2002.

라쿠나, 모리 캐서린. 『우리를 위한 하나님』. 이세형 옮김. 서울: 대한기독교서회, 2008.

밀리오리, D. 다니엘. 『기독교 조직신학 개론: 이해를 추구하는 신앙』. 신옥수, 백충현 옮김. 서울: 새물결플러스, 2012.

백소영. "기독 여성주의, 교회 담론으로서의 실패와 가능성." 「기독교사회윤리」 제55집 (2023): 169-201.

이경숙. "한국여성신학의 발자취와 미래." 「한국기독교신학논총」 50/1 (2007/4): 175-214.

이은선. 『한국 여성조직신학 탐구』. 서울: 대한기독교서회, 2004.

_____. "한국여성신학회 약사." 한국여성신학회 자료실. https://www.kafts.org/.

이은혜. "초대 교회 안에서 여성의 공적 지도력과 금욕주의 — 여집사직을 중심으로." 「신학사상」 184 (2019/봄): 181-206.

장대익. 『공감의 반경: 느낌의 공동체에서 사고의 공동체로』. 서울: 2024.

정재영. 『한국교회 3040세대 트렌드』. 서울: 생명의 양식, 2024.

지용근 외. 『한국교회트렌드 2025』. 서울: 규장, 2024.

최만자. 『여성의 삶 그리고 신학』. 서울: 대한기독교서회, 2005.

피오렌자, 엘리자베스 쉬슬러. 『그녀를 기억하며 : 기독교의 기원들에 대한 페미니스트 신학적 재구성』. 조선영 옮김. 서울: 감은사, 2024.

틸리히, 폴. 『폴 틸리히 조직신학: 실존과 그리스도 2』. 남성민 옮김. 서울: 새물결플러스, 2022.

한국기독교학회 편. 『한국기독교학회 30년사』. 서울: 대한기독교서회, 2001.

한국여신학자협의회20년사위원회 편. 『여신협 20년 이야기』. 서울: 여성신학사, 2000.

Fiorenza, E. S. *Bread Not Stone : The Challenge of Feminist Biblical Interpretation*. Boston: Beacon Press, 1984.

Ruether, R. R. *Sexism and GOD-Talk-Toward a Feminist Theology*. Boston: Beacon

Press, 1983.

Sun Ai Lee Park. "Openness of GOD: Openness of Human Beings." *Women of Courage — Asian Reading the Bible*. Seoul: AWRC, 1992.

Bühlmann, Walbert. *The Coming of the Third Church*. maryknoll, NY: Orbis Books, 1978.

한국여성신학회 홈페이지. https://www. kafts.org/.

강희수

고려대학교 졸업 후 서울신학대학교 신학대학원에서 목회학 석사학위를 취득하였고 이후 목사안수를 받고 목회자로 부름 받아 작은 교회를 섬기고 있으며 교회여성 리더십 향상을 위해 연구·실천하는 〈교회여성아카데미_Her梨띠〉의 대표이다. 이화여자대학교에서 기독교학으로 석박사학위를 받은 후 현재는 성결대학교 파이데이아학부 강사로서 기독교교양과목과 여성학 분야를 강의한다. 펴낸 책으로는『일어서는 길』(맑은 샘, 2022)과 공저로『자본주의 시대, 여성의 눈으로 성서를 읽다』(동연, 2020),『치유와 여성신학』(동연, 2022) 외 다수의 논문이 있다.

| 2부 |

불러내다

정체성

나를 잃고, 지구를 잃다

신 궐위의 시대, 잃어버린 '자기'(self)와 '성스러움'을 찾아서

시들어 버린 화초와 폭염 속 예배당

지난봄 어머니는 내게 열두 개의 화초를 맡기고 한 달간 친정 나들이를 가셨다. 봄이면 햇빛 세례를 주려고, 겨울이면 온기를 머금게 하려고, 자그마한 노구를 이끌며 베란다로 거실로 화분을 이리저리 옮기시는 어머니다. 아침이면 둥근 해가 하늘 높이 떠오르기 전에 화초에 물을 주시는 어머니다. 행여나 강렬한 햇살에 물이 튄 잎사귀가 탈까 염려해서다. 그런 어머니가 초등학생 시절 청소반장일 때 잠깐, 그것도 마지못해 교실 화분에 물을 주던 내게 당신의 자식 같은 화초를 맡기고 집을 나선 것이다. 오랜 시간 정성스레 곤 하얗고 뽀얀 곰탕을 냉장고에 넣어두신 채.

올빼미인 나지만 아침 일찍 일어나 어머니께서 끓여 주신 곰탕을 야무지게 챙겨 먹고 그 힘으로 화초에 열심히 물을 주었다. 어머니가 일러 주신 시간에 일러 주신 양으로 말이다. 심지어 화초에게 사과하기도 했다. "미안해. 내가 서툴러서. 그래도 조금만 버텨 줘." 그러나 나의 진심을 비웃기라도 하듯 화초는 나날이 생기를 잃어갔다. 하늘을 향해 뻗어 있던 초록빛 싱그러운 잎사귀들이 어느새 누런색으로 변하더니 축 처졌다. 속을 끓이던 내 마음도 누렇게 뜨더니 이내 처져버렸다.

쓰러져가는 화초를 보면서도 그 이유를 몰랐다. 하지만 그때 이미 나는 생명을 돌보는 감각을 잃어가고 있었다. 하나님을 알고 싶어서 신학을 시작했지만, 그 길에서 나는 오히려 하나님에게서 멀어지고 있었다. 석사학위를 받고, 박사학위를 받고, 목사 안수를 받았다. 새로 맡은 강의의 계획안을 짜고, 설교를 준비했다. 닥친 일들을 해내기 위해 숱하게 밤을 지새운 그 세월 동안 나는 하나님에게서 멀어지고, 살림에서 멀어졌다. 건강을 잃었다. 나를 돌보는 법을 잊고, 내가 하나님의 형상이라는 진리를 잊었다. 나를 돌보지 못하는데 어떻게 화초를 돌볼 수 있을까? 어머니가 내게 맡긴 일은 처음부터 불가능한 미션, 미션 임파서블이었다.

지난여름 한반도는 그야말로 사우나였다. 1973년 기상관측 이래 가장 더운 여름으로 기록되었다. 일본에서는 폭염으로 인한 사망자가 속출했다. 여름을 맞이한 북반구 전체가 끓어오르며 몸살을 앓았다. 사람들이 더위로 밤잠을 설치던 그 여름, 설치한 지 20년이 넘은 예배당 에어컨에서 미지근한 바람이 힘없이 새어 나왔다. 예배당 온도는 순식간에 올라갔고, 신도들은 연신 부채질을 해댔다. 예배에 집중할 수 없었다. 급한 대로 강풍기를 구매하고 목사님과 성가대원들은 가운을 벗었지만 소용없었다. 에어컨이 없던 옛 시절을 떠올리며 녹색교회를 지향하면서도 한 시간의 더위도 참지 못하는 자신을 하나님 앞에서 반성했다. 하지만 불가항력이었다. 에어컨 설치를 염두에 두고 지은 예배당이었다. 바람이 들어올 수 있는 창문의 수가 턱없이 부족했다. 결국 새 에어컨을 장만했다.

한여름 교회를 덮친 뜨거운 공기는 지구가 불타고 있음을 온몸으로 느끼게 해주었다. 내가 잘 돌보지 못해서 화초가 시든 것처럼, 우리가 잘 돌보지 못해서 지구가 불타고 있다. 하나님에게서 멀어진 우리는 성스러움 대신 세속적 욕망을 추구해 왔다. 그 결과 인간은 하나님의 형상인 자기 자신을 잃고, 나아가 하나님의 몸인 지구를 잃어가고 있다. 어머니가 내게 주신 화초 돌보기 미션도 실패했는데, 하나님이 우리에게 주신 지구 살리기 미션은 과연 성공할 수 있을까?

자기(self)를 잃은 인간 — 칼 융이 본 현대인의 병

인간은 언제부터 자기 자신을 잃어버렸을까? 신과 신성을 잊고 부와 명예 같은 눈에 보이는 성공을 좇기 시작한 근대 이후가 아닐까? 사고의 중심에 신과 신의 음성, 이해할 수 없는 신비를 두었던 신본주의 시대에서, 사고의 중심에 인간과 그의 세속적 욕망, 이해 가능한 합리성을 둔 인본주의 시대로 건너오는 동안, 인간은 신을 부정했다. 한때 인간은 이해할 수 없는 신비 앞에 무릎을 꿇던 존재였다. 그러나 이제는 모든 것을 이해하고 통제할 수 있다고 믿는다. 지금 이해할 수 없는 것은 앞으로 이해할 수 있게 될 것이라고 믿는다. 일찍이 니체가 "신은 죽었다"고 선언하지 않았던가?

그러나 정신분석학자 칼 융(Carl Gustav Jung)은 말한다. 신은 죽은 것이 아니라 인간의 의식에서 추방되었을 뿐이라고. 그는 이 시대를 '신이 죽은 시대'가 아니라 '신의 궐위 시대'라고 불렀다. 신이 사라진 것이 아니라 신을 잊은 우리가 그 자리를 차지했다는 것이다. 그 결과 인간은 신의 형상으로서의 자신, 즉 자기(self)와 단절되었다. 그 단절의 대가가 바로 현대인의 불안, 공허, 방향 상실이다.

융에 따르면 인간의 마음은 세 층으로 되어 있다. 1층에는 의식, 우리가 '나'라고 부르는 자아(ego)가 사는 곳이 있다. 지하 1층에는 개인 무의식이 있고, 지하 2층에는 깊은 바다와도 같은 집단 무의식이 있다. 그 바다 안에는 태곳적부터 온 인류가 품어 온 원형(archetype)들이 깃들어 있다. 하늘을 아버지로, 땅을 어머니로 느끼는 감각, 십자가나 연꽃을 신성의 상징으로 여기는 마음이 그곳에서 나온다. 그런데 융은 이 모든 정신의 층을 하나로 꿰는 중심이 있다고 봤다. 그것이 바로 '자기'(self)다. 자기는 인간 정신의 중심이자 전체이며, 의식과 무의식을 조화시키는 힘이다. 자아가 나무의 가지라면, 자기는 그 뿌리다. 인간이 내면 깊이 들어가 그 뿌리를 인식할 때, 비로소 '온전한 나'로 서게 된다. 융은 그 과정을 '개성화'(individuation)라고 부른다. 그는 종교적 체험을 바로 개성화의 한 형태로 보았다. 왜냐하면 자기를 만난다는 것은 곧 신의 형상, 잃어버린 거룩함을 되찾는 일이기 때문이다. 요컨대 융에게 자기는 '신의 형상'이며, 따라서 종교적 체험 없이 자기를 만나 온전한 나로 서는 것은 불가능하다.

요즘 사람들의 삶을 보면, 융의 말을 실감한다. 스마트폰 알림에 쫓기며 하루를 보내고, SNS 속 타인의 성공을 부러워하면서도 마음 한 편은 늘 공허하다. 보이지 않는 선을 타고 전 세계가 하나로 연결된 시대지만, 정작 자기 자신과의 연결은 끊어진 채 살아간다. 가끔 학생들에게 묻곤 한다. "여러분 자신에 대해 얼마만큼 알고 있나요? 자신이 무엇을 좋아하는지, 무엇을 싫어하는지, 무엇을 잘하는지, 무엇을 못하는지, 무엇을 힘들어하는지, 무엇을 기뻐하는지, 무엇을 두려워하는지 잘 아는 사람?" 그러면 십중팔구 대답이 한결같다. "잘 모르겠어요." 그 말은 사실

"진정한 나 자신과 만날 시간이 없어요."라는 뜻이다. 자기 자신에 대해 잘 모른다고 대답하면서 아이러니하게도 A학점에, 대기업 취업에, 고액 연봉에 목을 맨다. 진정한 나는 모르면서 사고의 중심에는 대기업에 다니는 '나', 고액 연봉을 받는 '나', 서울 중심부 고층 아파트에 사는 '나', 온통 '나'뿐이다.

　우리는 지금 자아 과잉의 시대에 살고 있다. 의식과 무의식이 분리되고, 자아와 자기가 단절되었다. 자아는 부풀어 오르고, 자기는 그늘로 밀려났다. 의식이 인간 정신의 전부인 양, 자아가 정신의 왕좌에 앉았다. 모든 것을 논리로 설명하려는 동안, 인간은 설명할 수 없는 신비를 느끼는 능력을 잃었다. 과학적 지식은 늘어났지만 삶의 지혜는 줄어들었다. 기술은 정교해졌지만, 마음은 피폐해졌다. 내면의 공허 속에서 자기를 상실한 인간은 갈 길을 잃은 채 어디론가 달려가고 있다.

　이 상실은 개인의 마음에만 머물지 않는다. 자기를 잃은 인간이 만든 세계 역시 방향을 잃은 채 어디론가 달리고 있다. 개인적 차원에서 자기를 상실한 인간이 정신질환에 시달린다면, 세계적 차원에서 지구는 환경 파괴와 기후 위기로 신음하고 있다. 신의 자리를 차지한 인간이 자연을 마음껏 소유하고 지배하고 유린하는 동안 대기부터 끓어오른 지구는 이제 가쁜 숨을 몰아쉬고 있다. 자기를 잃은 인간이 불안에 시달리듯, 지구 역시 인간의 탐욕 속에서 병들고 있다. 자기를 잃은 인간은 결국 지구를 잃는다.

성스러움을 잃은 세계 ― 엘리아데가 본 현대 세계의 병

　내가 나 자신을 돌보지 못할 때 화초가 시든 것처럼, 인간이 내면의 자기를 돌보지 않으면 세상도 함께 병든다. 내면을 사막으로 만들면 결국 땅을 사막으로 만든다. 칼 융이 인간의 마음에서 일어난 자아와 자기의 단절, 나아가 신과의 단절을 말했다면, 미르체아 엘리아데(Mircea Eliade)는 신과의 단절이 세계 전체로 번진 모습을 보았다. 인간의 삶터에서 성스러움이 잊힌 것, 그것이 바로 현대 세계의 병이라는 것이다.

엘리아데에 따르면, 인간은 본래 성스러움을 인식하고 경험하는 존재다. 그런 의미에서 그는 인간을 '종교적 인간'(homo religiosus)이라 부른다. 신비를 향한 그리움, 성스러움에 대한 감각을 멈출 수 없는 존재가 바로 종교적 인간이다. 고대인에게 세계는 균질적 공간이 아니었다. 하늘에는 신이 거하고, 땅에는 신의 숨결이 깃들어 있었다. 나무 한 그루, 돌 하나에도 신의 흔적이 스며 있었다. 어느 날 불현듯 세속의 시공간에 성스러움이 나타나면, 세상은 잠시 거룩한 빛으로 물들었다. 엘리아데는 이런 순간을 '성현'(聖顯, hierophany)이라 불렀다. 절 마당의 돌탑을 떠올려 보자. 아무렇게나 쌓인 돌무더기 같지만, 그 안에는 누군가의 기도와 간절한 마음이 담겨 있다. 그래서 우리는 돌탑 앞에서 자연스레 몸가짐을 가다듬는다. 그것은 아직 우리 안에 희미하게나마 남아 있는 성스러움의 감각 때문이다. 과거에는 신전이나 제단, 마을 한가운데 우물처럼 세계의 중심을 상징하는 장소가 있었다. 인간은 그곳에서 성스러움을 경험하며 우주의 질서 안에서 자신의 위치를 깨달았다.

그러나 근대 이후 인간은 이 감각을 잃어버렸다. 성스러움이 사라진 세상에서 땅은 더 이상 신의 몸이 아니라, 개발할 수 있는 자원이자 계산 가능한 대상이 되었다. 영원과 이별한 시간은 이제 직선으로만 달린다. 더 빨리, 더 멀리, 더 효율적으로. 영원으로 되돌아가던 순환의 시간은 사라지고, 대신 속도가 시간의 주인이 되었다. 우주의 질서, 우주의 중심에서 탈선하여 방향감각을 상실한 현대인은 더 빠른 속도로 달리며 불안과 공허를 잊으려 한다. 그 끝이 죽음인 줄 알면서도 멈추지 않는다. "내일이면 죽을 텐데 먹고 마시면 어때?"(고전 15:32) 그러나 세속적 시간이 폭주한 자리에는 폐허만 남는다. 지난여름 폭염 속 예배당처럼 우리가 만든 세계는 더 뜨겁고 숨 막히는 곳이 되어 간다. 성스러움을 잃은 세계는 결국 생명을 잃은 세계다.

신 궐위의 시대, 종교인은 무엇을 할 수 있는가?

신이 자리를 비운 신 궐위의 시대, 세계에는 무슨 일이 일어났는가? 많은 이들은 인간의 이성과 합리성이 이룩한 경제적·과학적 진보를 찬양하지만, 그 뒤에는 양차 세계대전으로 상징되는 폭력성과 기후 위기로 상징되는 환경 재앙이라는 어두운 그림자가 길게 드리워져 있다. 어떤 이들은 인간의 이성과 합리성으로 이러한 위기마저 극복할 것이라는 낙관주의를 퍼뜨리고 있다. 그러나 당장 인공지능(artificial intelligence, AI)의 가공할 위력 앞에 그 발전 속도와 사용 방향을 어떻게 통제할지 우왕좌왕하는 현실 속에서 이러한 낙관주의를 얼마나 신뢰할 수 있을까?

신의 형상인 '자기'를 잊고, 성스러움에 대한 감각을 잃고, 자아만 비대해진 인간은 결코 인간 자신과 세계의 온전성을 회복할 수 없다. 자기가 모든 인간의 원형이라는 것은, 개인의 자아가 자기와 만났을 때에야 비로소 그가 자신을 타인과 연결된 존재로 인식하게 된다는 것을 뜻한다. 자아와 자기의 만남은 광활한 우주에서 원자처럼 홀로 존재하던 개인이 타인과 만나 인류라는 가족을 이루는 사건이기도 하다. 나아가 신성을 드러내는 자연 세계와 다시 연결되는 사건이기도 하다.

이렇게 자기를 만나고 성스러움을 느낄 수 있는 인간만이 파멸을 향해 폭주하는 인류를 멈춰 세울 수 있지 않을까? 그렇다면 신이 잊힌 시대 한가운데서 여전히 신의 존재를 느끼며 세상 만물에서 성스러움을 느끼는 종교인들이야말로 그 적임자가 아닐까? 지구의 생명이 촌각을 다투는 상황에서 어쩌면 실현 불가능한 이 사명을 감당하려면 엄청난 헌신과 자기희생이 필요할지 모른다. 결국 자신의 생명 보전으로 수렴되는 세속적 욕망을 추구하는 개인, 즉 비대한 자아를 가진 개인은 자기희생을 할 수 없지만, 신의 형상을 회복한 종교인은 지구의 생명을 살리기 위해 기꺼이 자신을 희생할 수 있다. 사실 예수의 십자가야말로 바로 그러한 자기희생과 세계 구원의 상징이 아닌가?

그러나 우리 앞에는 종교인들의 협력을 가로막는 큰 장애물이 놓여 있다. 자신의 종교가 타종교보다 우월하다고 믿고 타종교를 정복과 변화의 대상으로 바라볼 때, 종교 간 대화가 불가능한 것은 물론이고 종교인들이 지구 생명 살리기라는 인류 공통의 과제를 해결하기 위해 협력하기가 어려워진다. 그러나 우리에게는 시간이 얼마 없다. 내 종교의 우월성을 입증하고 싶어도 그 상대가 없다면, 이 세계에 모든 생명이 사라진다면, 그것이 다 무슨 소용일까? 푸른 지구와 그 안에 깃든 생명을 지키는 것이 더 급선무가 아닐까? 지금은 모든 종교인이 각 종교의 차이점보다는 공통점에 근거해서 당면한 전 지구적 문제를 해결하기 위해 협력해야 할 때이다.

철학자 칼 야스퍼스(Karl Jaspers)에 따르면, 기원전 900~200년 사이에 인류의 정신적 발전의 중심축이 형성되었다. 세계의 네 지역에서 인류의 정신적 자양분이 될 위대한 전통이 탄생했다는 것이다. 중국에서는 유교와 도교가, 인도에서는 힌두교와 불교가, 이스라엘에서는 유일신교가, 그리스에서는 철학적 합리주의가 탄생했다. 야스퍼스는 이를 가리켜 '축의 시대'라 명명했다. 종교학자 카렌 암스트롱(Karen Armstrong)에 따르면, 인류는 정신의 진보에서 이 시대의 통찰을 넘어선 적이 없다. 그렇기 때문에 정신적·사회적 위기가 올 때마다 인간은 축의 시대를 돌아보며 앞으로 나아가야 할 길을 찾아야 한다. 이에 따라 암스트롱은 종교 간 차이보다 공통점에 주목하고, 종교인들이 축의 시대에 도달한 황금률의 정신에 따라 지구를 구하는 데 앞장서야 한다고 주장한다.

암스트롱은 모든 종교는 공감과 자비의 영성을 가르친다고 말한다. 이른바 '하나님', '니르바나', '브라만', '도'를 만날 수 있는 유일한 방법은 자비로운 삶을 사는 것이다. 축의 시대 종교들은 이전과는 완전히 다른 인간의 창조를 지향했다. 자기중심주의와 탐욕, 폭력과 무례를 버리고, 민족적 경계마저 넘어서서, 자비를 전 세계로 확대하라고 가르쳤다. 이 과정에서 공자가 가장 먼저 '네가 당하고 싶지 않은 일을 남에게 하지 마라'(己所不欲勿施於人)라는 황금률에 도달했다. 이후 불교에서도 붓다가 '자기를 사랑하는 사람은 남들도 해치지 말아야 한다'는 황금률을 보여주었다. 유대교에서는 랍비 힐렐이 '네가 싫어하는 것은 남에게도 하지 마라. 이것이 모든 토라(율법)이며, 그 나머지는 이에 대한 주석일 뿐이다'라고 말했고, 기독교에서도 예수가 '그러므로 너희는 무엇이든지, 남에게 대접을 받고자 하는 대로, 너희도 남을 대접하여라. 이것이 율법과 예언서의 본뜻이다'라고 말했다. 이렇듯 축의 시대 현자들과 그 후예들은 공감과 자비의 영성을 가르치며 모든 존재에게 친절하고 관대하면 세계를 구원할 수 있다고 주장했다.

생태학자들은 끓어오르기 시작한 대기 속에서 밭은 숨을 몰아쉬고 있는 지구를 구하려면 완전히 새로운 문명 패러다임으로 전환해야 한다고 주장한다. 기후 위기라는 한 단어 안에는 오늘날 산업기술문명이 야기한 모든 폐해가 함축되어 있다. 처음에는 산업문명이 태어난 영국의 소농들을 도시 빈민과 값싼 노동자로 전락시켰다. 이어 산업문명의 열차에 올라탄 서양의 열강들에 의해 중동과 아시아, 아프리카에 자리한 여러 나라가 식민지가 되었다. 그리고 오늘날 기후 위기 속에서 삶의 터전을 가장 먼저 잃는 사람들은 남반구의 가난한 나라 국민들이다. 그들은 하루하루 사막으로 변해가는 고향을 뒤로한 채 세계를 떠돌고 있다. 전쟁 난민보다 환경 난민이 더 많은 시대다. 인간이 자신의 생명을 기대야 할 산과 나무, 땅과 바다 그리고 그 안에 깃든 뭇 생명의 운명이 인간의 손에 달려 있는 형국이다. 이러한 위기에서 벗어나려면 대량생산, 대량소비를 중심으로 돌아가는 자본주의 질서가 아닌 완전히 새로운 세계 질서가 필요하다.

그러나 이 거대한 문명 패러다임의 시작은 자신이 지닌 신성을 기억하는 한 사람 한 사람에게서 시작된다. 화초에 물을 주고, 길고양이에게 먹이를 주며, 가족을 위해 요리하고 빨래하는 사람, 세상의 작고 연약한 존재들의 상처를 돌보는 사람들에게서 시작된다. 생명을 지키고 일상을 살려내는 사람들, 그들의 손끝에서 성스러움은 깨어날 것이다. 그 길목에 여성 종교인들이 있다. 여성 종교인들[1]이야말로 신앙을 교리나 담론이 아니라 살림과 돌봄의 언어로 살아내며, 잊힌 성스러움을 다시 일상 속으로 불러들이는 사람들이다. 신 궐위의 시대, 그들의 삶이야말로 신의 귀환을 예비하는 조용한 기도이다.

여성 종교인의 길, 일상의 성스러움을 되살리기

신 궐위의 시대, 인간은 신이 떠난 교회와 절, 모스크의 지붕 위로 하늘을 올려다보며 묻는다. 신은 어디에 있는가? 어떤 이는 "신은 인간의 마음속에 있다"고 말하고, 또 다른 이는 "신은 인간의 역사 속에서 이미 사라졌다"고 말한다. 그러나 생태신학자 샐리 맥페이그(Sallie McFague)는 말한다. "신은 세계 안에 있다"고, "세계는 하나님의 몸"이라고. 그는 이렇게 말할 것이다. 신이 멀어진 것이 아니라, 인간이 자기 발 아래 땅과 자기 몸의 감각에서 신을 잃어버렸다고.

맥페이그는 20세기 신학이 지나치게 추상화된 하느님 개념에 매달려 있다고 보았다. 초월적 존재로서의 하느님은 인간의 삶과 세계의 고통에서 점점 멀어졌다. 그는 신학이 다시 몸의 언어, 생명의 언어로 돌아와야 한다고 주장한다. '세계는 하나님의 몸'이라는 은유는 단순한 시적 표현이 아니다. 그것은 존재의 관계를 새롭게 설정하는 신학적 선언이다. 이 은유 아래에서 인간은 더 이상 세계의 주인이나 관리자가 아니라, 하나님의 몸을 돌보는 지체가 된다. 우리가 지구를 돌보는 일은 곧 하나님의 몸을 돌보는 일이다. 지구의 상처는 하나님의 몸의 상처이자 우리의 상처이기 때문이다.

맥페이그는 이러한 신학을 은유 신학(metaphorical theology)이라 불렀다. 은유는 단순한 비유가 아니라, 우리의 사고방식이자 행동 양식이다. 그러므로 신학은 단지 하나님을 논하는 언어가 아니라, 삶을 새롭게 살게 하는 언어가 되어야 한다. 세계가 하나님의 몸이라는 은유 신학을 통해 맥페이그가 시도한 것은 신학의 언어를 관계 중심의 언어로 바꾸는 일이다. 그는 하나님을 당신이 창조한 모든 생명과 함께 숨 쉬는 관계로, 세계를 인간이 소유한 공간이 아니라 돌보아야 할 하나님의 몸으로 다시 썼다.

이러한 관계 중심적 언어는 여성의 종교적 감수성과 깊이 맞닿아 있다. 여성들은 전통적으로 살림과 돌봄의 자리에 서 있었다. 그 자리야말로 세계를 몸으로 경험하는 자리였다. 통통하게 살이 오른 호박과 가지를 손에 쥘 때 마음에 차오르는 충만감, 밥솥에서 퍼져 나오는 향긋한 밥 내음, 텃밭을 일굴 때 느껴지는 부드러운 흙의 촉감, 사랑하는 아이를 힘껏 안을 때 따뜻한 체온이 전해지는 순간, 그 모든 것은 하나님의 몸과의 만남이다. 성스러움은 하늘 너머에 있지 않다. 오늘의 밥상, 오늘의 숨, 오늘의 손길 속에 있다. 여성의 종교적 감수성은 그 성스러움을 감지하는 능력이며, 그 감각이야말로 잊혀진 신의 귀환을 준비한다.

맥페이그가 강조한 '풍성한 생명'(life abundant)은 소유 개념이 아니라 생명의 상호의존성을 뜻한다. 모든 존재가 서로의 생명을 나누며 유지되는 관계, 그 속에서 인간은 지배자가 아니라 공동참여자다. 그는 인간이 풍요롭게 살기 위해서는 다른 생명과 함께 잘 사는 법을 배워야 한다고 주장한다. 풍성한 생명은 경쟁이 아니라 공존, 축적이 아니라 나눔, 소유가 아니라 돌봄을 중심에 둔 세계의 재구성이다. 그런 의미에서 여성의 신앙적 삶은 이미 오래전부터 풍성한 생명의 모형이었다. 그들은 생명을 길러내는 일, 지켜내는 일, 함께 살아가는 일을 신앙의 행위로 수행해 왔다. 오늘의 여성 종교인은 부엌에서 음식을 만들고, 병든 이의 이마를 식히며, 마당의 화초에 물을 주는 일상 속에서 하나님의 몸을 돌보고 있다. 그들의 삶 자체가 작은 전례이며, 그들의 손끝은 세계의 상처를 어루만지는 기도다. 그들이 만드는 밥상은 성찬이고, 그들이 가꾸는 텃밭은 창조의 기억을 되살리는 성전이다. 이런 의미에서 신앙은 어떤 교리에 대한 동의가 아니라 생명을 살리는 살림이 되어야 한다.

기후 위기의 최전선에서 여성들이 가장 먼저 고통을 느끼는 이유도 여기에 있다. 생명을 다루는 일을 직접 수행하기 때문이다. 물이 오염되면 아이의 분유를 탈 수 없고, 곡식이 타들어 가면 가족의 밥상이 사라진다. 여성들은 몸으로 지구의 병을 느낀다. 그렇기에 가장 먼저 회복을 꿈꾸고, 가장 먼저 행동에 나선다. 그들의 신앙은 하나님의 몸인 지구를 간호하는 실천으로 이어지며, 그들의 기도는 "하늘의 뜻이 땅에서도 이루어지이다"라는 주기도문의 본래 의미를 몸으로 실천하는 행위다. 신 궐위의 시대, 여성 종교인들은 신의 대리인이 아니라 지구, 즉 성육신한 하나님의 몸을 돌보는 간호자이자 동반자로 부름받는다. 그들은 자신을 낮추어 하나님의 몸을 섬기며, 세계의 상처를 통해 하나님의 고통을 느낀다.

이처럼 구체적 일상에서 이 세상의 작고 연약한 뭇 생명, 하나님의 몸의 지체들과 눈을 맞추고 그 상처를 치료하는 여성 종교인들이 소유의 문명에서 나눔과 공존의 문명으로의 전환에 앞장설 때, 거대한 변화의 바람이 불어올 것이다. 그 바람이 지구를 질식시키는 뜨거운 열기를 식히고, 지구는 조금씩 회복의 숨을 쉴 것이다. 성스러움은 멀리 있지 않다. 삶을 돌보는 일이야말로 내 안의 신성을 찾고 그 불꽃을 지키는 일이며, 이 세계에 다시 성스러움을 되찾아 주는 일이다. 그들의 손끝에서 하나님의 몸이 다시 살아난다. 그것이 이 시대, 잊혀진 신을 다시 부르는 길이다.

나를 되찾는 일, 지구를 되찾는 일

가을이다. 지난여름 폭염 속에서 시들어가던 화초는 어머니의 손에서 다시 살아났다. 오늘도 아침 일찍 일어나 화초에 조심스레 물을 주시는 어머니 곁에 서서 사랑의 손길, 생명을 살리는 손길을 배운다. 나도 어머니를 따라 행여나 다시 살아난 잎사귀에 물방울이 튈까 조심스레 물을 준다. 신선한 물을 머금은 흙에서는 향긋한 냄새가 난다. 작은 숨소리가 들리는 것도 같다. 나도 그 리듬에 따라 가만히 숨을 들이쉬었다가 내쉬어 본다. 하나님이 인간을 흙으로 빚고 당신의 숨결을 불어넣었던 창조의 순간으로 되돌아간다. 그리고 지금 여기서 나와 화초가 하나님의 숨결, 생명의 호흡을 함께 나누고 있다.

신 궐위의 시대에도 성스러움은 사라지지 않았다. 단지 우리가 외면했을 뿐이다. 하나님은 여전히 땅속의 뿌리처럼, 보이지 않는 바람처럼, 우리의 일상 속에 숨어 있다. 잊히고 숨겨진 하나님의 형상을 되찾는 일, 그렇게 잃어버린 자기 자신을 되찾는 일, 그 작은 회복이 지구의 회복으로 이어진다. 우리가 서로의 숨결을 느끼고, 함께 살아 있는 존재임을 기억할 때, 하나님의 몸인 세계도 다시 숨 쉴 것이다. 자기를 잃고 지구를 잃은 시대에, 우리 종교인이 해야 할 일은 잊었던 성스러움을 다시 기억하는 것이다. 잃어버린 신을 다시 부르는 것이다.

주

1 이 글에서 '여성 종교인'은 단일한 여성성이나 보편적 여성 경험을 가리키지 않는다. 여기서 말하는 여성 종교인은 역사적으로 살림과 돌봄의 책임을 떠맡도록 배치되었던 이들의 위치를 가리키며, 이러한 소환은 여성에 대한 전통적·규범적 역할을 옹호하기 위해서가 아니라 그 자리에서 축적된 신앙적·신학적 자원을 조명하기 위한 것이다. 이 글은 이러한 전통적 여성의 경험을 여성에게만 머물러야 할 자원이 아니라, 오늘날 모든 인간이 함께 배우고 확장해 가야 할 신앙의 과제로 전제한다.

참고문헌

맥페이그, 샐리. 『은유신학』. 정애성 역. 서울: 다산글방, 2001.

_____. 『풍성한 생명』. 장윤재·장양미 역. 서울: 이화여자대학교출판부, 2008.

암스트롱, 카렌. 『축의 시대』. 정영목 역. 서울: 교양인, 2010.

야스퍼스, 칼. 『역사의 기원과 목표』. 백승균 역. 서울: 이화여자대학교출판부, 1986.

융, 칼 G. 『인간과 상징』. 이윤기 역. 서울: 열린책들, 1997.

_____. 『심리학과 종교』. 이은봉 역. 서울: 창, 2001.

Jung, C. G. *Answer to Job*. Vol. 11 of the Collected Works of C. G. Jung. Trans. by R. F. C. Hull; Rev. Ed. by S. Shamdasani. Princeton, NJ: Princeton University Press; Bollingen Foundation, 2010.

_____. *The Undiscovered Self*. Trans. by R. F. C. Hull; Rev. Ed. by S. Shamdasani. Princeton, NJ: Princeton University Press; Bollingen Foundation, 2010.

장양미

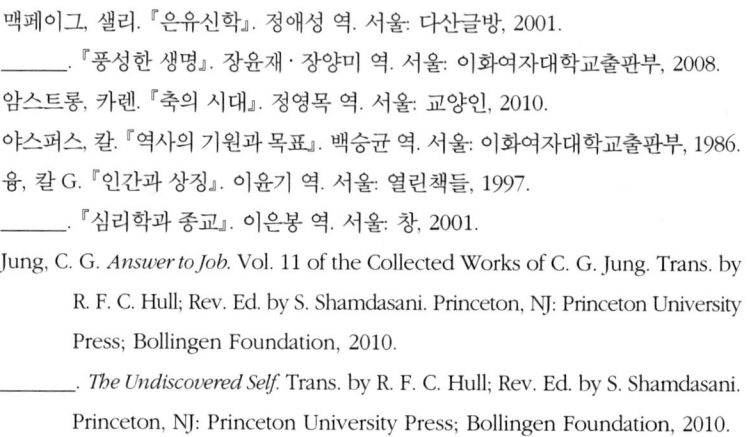

이화여자대학교 사회학과를 졸업하고, 동 대학원 기독교학과에서 신약성서신학 전공으로 석사학위와 박사학위를 받았다. 신학이 교회의 특수 언어에 머물지 않고 세상과 소통할 수 있도록 신학을 종교학, 심리학, 여성학, 사회학, 정치학, 생태학 등과 연결하며 이를 일상적인 언어로 표현하기 위해 노력하고 있다. 논문으로는 「영지주의 구원자 신화와 관련해서 본 요한복음서의 그리스도론」(2004)과 「바울의 자유 개념에 대한 정치신학적 고찰: 갈라디아서와 고린도전서를 중심으로」(2020) 등이 있으며, 역서로는 샐리 맥페이그의 『풍성한 생명: 지구의 위기 앞에 다시 생각하는 신학과 경제』(2008) 등이 있다.

성례전은 어떻게 그녀들의 언어가 되는가?

〈케이팝 데몬 헌터스〉의 루미와 교회 여성들의 성례전 경험을 통한 정체성의 갈등과 회복

대중문화와 여성신학의 만남

현대 사회는 디지털 문화와 신앙의 경계가 희미해지는 시대다. 특히 젠더와 정체성은 문화 콘텐츠와 신앙 공동체 모두의 핵심 쟁점으로 부상했다. 이러한 맥락에서 장편 애니메이션 〈케이팝 데몬 헌터스〉(K-Pop Demon Hunters)의 여성 캐릭터 루미의 서사를 통해, '말할 수 없는 여성', 상처의 표식, 정체성의 재구성 그리고 공동체적 관계 회복이라는 주제를 탐색해 보려고 한다. 이 서사는 오늘날 교회 현실에서 여러 여성들의 경험과 공명하며, 신학적 성찰을 요청한다.[1]

기독교 신앙의 중심에 놓인 성례전은 은총과 공동체, 상징과 실천을 매개하는 깊은 신학적 구조를 지닌다. 그러나 역사적 전개 과정에서 성례전은 여성의 몸과 목소리를 주변화하고 침묵시키는 장(場)으로 기능해 온 국면 또한 존재한다. 여성은 참여했으나 발화하지 못했고, 기호로 호출되었으나 해석의 주체로는 충분히 인정받지 못했다. 오늘의 여성신학은 이 침묵의 역사 속에서 성례전을 다시 응시하며, 그것을 '그녀들의 언어'로 재구성하려는 시도를 이어간다.

그런 점에서 본 글은 루미의 침묵/주변화-표식/갈등-관계 회복의 여정을 성례전적 상징과 실천의 관점에서 읽어내고자 한다. 루미의 표식과 갈등은 성례전 속에서 배제된 몸과 기억을 가시화하며, 관계 회복의 모티프는 성례전이 지향해야 할 공동체적 대화와 해방을 환기한다. 곧 "성례전은 어떻게 그녀들의 언어가 되는가?"를 질문하며 그에 답하고자 한다.

여성신학적 성찰은 성례전을 제도적 행위나 교리적 표상으로 환원하지 않는다. 성례전은 억눌린 목소리와 배제된 몸, 잊힌 기억이 다시 드러나 해석되는 자리이며, 공동체가 새롭게 빚어지는 영적·사회적 사건이다. 이러한 사건성은 단선적인 규범으로 포획되지 않는다. 성례전은 모호성-다양성-그리스도 중심성의 긴장을 본질로 삼는다.[2] 모호성은 곧 해석의 여백으로, 다층적 상징들이 겹치고 충돌하며 새로운 의미를 낳는 틈이다. 다양성은 그 여백을 실제로 채우는 다성(多聲)의 과정이며, 서로 다른 몸과 언어, 경험이 공존하고 협상하는 역동이다. 마지막으로 그리스도 중심성은 이 개방성의 흐름이 상대주의로 흩어지지 않도록 붙드는 신앙의 심장, 곧 예수 그리스도라는 공적 기억의 기준이다. 본 글에서는 이 세 축을 언어·몸·기억의 차원에서 따라가며, 성례전이 어떻게 '그녀들의 언어'로 재구성될 수 있는지를 신학적으로 해명하고자 한다.

성례전의 언어와 여성의 발화

성례전의 언어는 텍스트를 넘어선다. 말씀·기도(언어적 언어), 제단·

공간·이미지(시각적 언어), 몸짓·제의 행위(신체적 언어)가 맞물려 의미를 산출한다. 마조리 프로크터-스미스(Marjorie Procter-Smith)는 이 다층 구조가 해방적으로 전환될 때 비로소 성례전이 억눌린 이들의 발화와 참여를 가능케 하는 '열린 식탁'이 된다고 분석한다.[3] 곧 언어는 내용만이 아니라 구조—누가 말하고, 어디에서 말하고, 어떤 몸으로 말하는가—에 의해 규정된다.

역사적으로 언어적 언어는 남성 성직자의 목소리에 집중되어 여성과 평신도의 발화가 주변화되었다. 하나님을 '지혜'(Sophia)로 호명하는 시도는 여성의 역사와 몸속에 현존하시는 하나님을 가시화하려는 신학적 제안이었다. 초기교회의 여성부제가 세례에서 여성 후보자에게 기름을 바르는 보조를 맡은 기록은 전례 '언어' 자체가 원래 다성(多聲)의 구조였음을 시사한다.[4]

시각적 언어는 눈으로 말한다. 높은 제단, 성직자 전용 구역, 남성 중심 성상은 권위의 위계를 강화해 왔다. 반면 힐데가르트 폰 빙엔(Hildegard of Bingen)은 환시 속에서 성체·교회를 여성적 상징으로 재해석했고, 베긴회는 공동체가 직접 빚은 빵을 사용해 여성의 노동과 돌봄을 제단 위에 드러냈다. 이 흐름을 종합하여 테레사 버거(Teresa Berger)는 성스러운 공간을 권력의 표지에서 환대·평등의 표지로 전환할 수 있음을 논한다.[5]

신체적 언어는 떡을 떼고 잔을 나누는 손, 물과 도유, 안수와 평화의 인사를 포함하는 성례전의 핵심 문법이다. 중세 여성신비가들의 성체금식·성체조배·돌봄은 '먹지 않음/먹음/먹여 줌'이라는 수행을 통해 성체의 현존을 해석한 실천적 신학이었다. 여성의 몸은 배제된 강단을 대신해 성례의 언어를 말하는 자리가 되었고, 피·젖·빵의 상징을 통해 성찬을 양육·돌봄의 신비로 확장했다. 제도 바깥에서도 여성들은 병자 돌봄, 성찬 준비 등에서 꾸준히 전례적·반전례적 주체로 등장했고[6]

오늘날 성목요일의 상호적 발 씻김과 장애인·아동의 참여는 신체적 언어가 위계를 상호성으로 전환하는 사례가 된다.

요컨대 성례전의 언어는 억압의 기억을 품고 있으나, 그 모호성이 곧 해방의 여백이 된다. 여성의 발화, 새로운 상징, 몸의 실천이 결합할 때 성례전은 '열린 식탁'의 언어로 갱신된다. 이 다양성은 임의적 상대주의가 아니라 "이는 내 몸이라"는 고백 안에서 그리스도 중심성으로 분별된다.

성례전과 여성의 몸

성례전은 언제나 몸의 사건이다. 그러나 전통은 여성의 몸을 단순한 생물학이 아니라 신학적 상징으로 규정해 왔고, 그 규정은 양가적이었다. 아우구스티누스는 구원의 보편성을 말하면서도 창조·가정 질서의 위계를 전제했으며, 토마스 아퀴나스는 아리스토텔레스의 생물관을 수용해 여성을 "결핍된 어떤 것 그리고 우연적 산물"(*aliquid deficiens et occasionatum*)—흔히 "우연히 생겨난 남성"(*mas occasionatus*)으로 요약되는—결핍/우발적 존재로 설명했다(ST I, q92, a1). 한편, 교회는 마리아를 '새 하와'로 높였지만, 테르툴리아누스의 "너는 악마의 문" 같은 대중적 담론은 여성의 몸을 타락의 표지로 낙인찍었다. 이처럼 여성의 몸은 성스러움/불결함의 양극 사이에서 진자 운동을 해 왔고, 그 진동 속에 전통의 모순과 가능성을 동시에 품어왔다.

그리고 바로 이 모순이 은총의 새로운 통로가 되었다. 노리치의 줄리안은 『하나님의 사랑의 계시』(*Revelations of Divine Love*)에서 예수를 '어머니'로 체험하며, 성체의 자기수여를 모성 이미지로 해석한다(Ch. 60: "우리의 귀한 어머니이신 예수님은 복된 성례전을 통해 자기 자신으로 우리를 먹이신다" [our precious

Mother, Jesus... feed us with Himself... with the Blessed Sacrament]). 모유와 피, 상처와 양육의 상징이 교차하는 이 체험은 여성의 몸을 죄와 불결로 축소하던 해석을 전복하고, 성례전을 돌봄·생명·양육의 신비로 확장한다. 베긴회가 제단에 올린 일상의 빵은 '생활'과 '거룩'의 이분법을 흐리며, 여성의 노동을 신학적으로 가시화한다.[7]

현대에 이르러 엘리자베스 몰트만-벤델(Elisabeth Moltmann-Wendel), 그레이스 얀첸(Grace Jantzen), 티나 비티(Tina Beattie)는 몸을 각각 신적 현존의 거처, 신학적 상상력의 원천, 그리스도의 현존을 드러내는 상징으로 재해석한다. 여기에 메를로-퐁티의 '살'(la chair) 개념을 접목하면, 몸은 고립된 개체가 아니라 타자와 세계 속에서 스며드는 관계적 현현의 자리로 이해된다. 성례전의 몸은 이 철학적 통찰과 신학적 상상력을 결합해, 제도적 경계 바깥의 수행(병자 돌봄, 상호 봉사, 일상의 식탁) 속에서도 은총의 현존을 분별하게 한다.

현장의 차원에서 이러한 통찰은 배병·배잔 동역의 재구성으로 구체화된다. 분배의 손에 여성·장애인·청소년이 함께 설 때, 몸은 더 이상 상징을 '전달'만 하는 매개가 아니라, 은총을 나타내고 윤리를 수행하는 주체로 드러난다. 신체적 언어가 위계에서 상호성으로 이동하는 그 순간, 성례전은 단지 규정된 제의가 아니라 관계를 다시 맺는 사회적 행위가 된다. 여성의 몸은 배제의 근거가 아니라, 공동체가 서로를 살리는 상호-증언의 표지가 된다.

억눌린 기억의 귀환

성례전의 기억은 단순한 회상이 아니다. 예수께서 "이를 행하여 나를 기념하라"(눅 22:19)고 하셨을 때의 아나뮈네시스(ἀνάμνησις, 기념)는 과거의 구원 사건이 성령 안에서 지금-여기서 효력을 발휘하도록 현재화되는 전례적 기억을 뜻한다(고전 11:24-25). 이 기억은 유월절의 해방 기억과 결을 같이 하며, 감사와 선포, 중보의 행위 속에서 공동체의 현재 삶을 변혁하고, 주님의 다시 오심을 미리 맛보게 한다. 요한 밥티스트 메츠(Johann Baptist Metz)에 의하면 이것은 지배적 서사가 지워 버린 고통의 기억을 현재화함으로써 현실을 교란하는 '위험한 기억'이며, 이러한 기억은 신앙을 사적인 내면성에 가두지 않고 역사와 정치의 장으로 호출하는 정치신학적 실천이다.8 한편 테레사 버거(Teresa Berger)에 의하면 이 '기억'은 전례사의 정전화 과정이 남성 중심적 선택과 배제를 통해 구성되어 왔음을 비판적으로 드러내며, 성례전을 그러한 기억이 새롭게 배열되고 재구성되는 공적 장으로 이해하게 한다.9

억눌린 기억의 귀환은 중세 여성 신비가들에게서 선명하다. 캐롤라인 워커 바이넘(Caroline Walker Bynum)이 보여주듯, 여성들은 성체에 대한 갈망을 금식 · 환시 · 돌봄의 실천에 새겨넣으며, 공식 서사에 남지 않은 또 다른 기억을 만들었다. 노리치의 줄리안이 환시 속에서 "모든 것이 잘될 것이다"(All shall be well…)를 고백할 때, 그것은 고통의 현실을 부정하는 낙관이 아니라, 상처를 껴안고 미래의 은총을 호명하는 기억의 변형이었다. 오늘의 교회에서도 여성의 기억, 병든 몸의 기억, 장애인과 이주 여성의 기억은 서로 다른 상징과 언어를 낳으며, 그 교차가 공동체의 정체성을 새롭게 구성한다. 로스가 지적하듯 성례전의 상징은 본질적으로 모호성과 다의성을 품는다. 바로 그 모호성이 다양한 기억을 공적 예전의 언어로 번역할 여백을 제공한다.

그러나 모든 기억이 동일한 무게로 병치되는 것은 아니다. 성례전의 기억은 결국 그리스도의 죽음과 부활이라는 중심 사건을 향해 수렴되며, 그 안에서 서로를 비추고 공명한다. 다양성은 중심을 풍부하게 하고, 중심은 다양성을 분별의 빛으로 비춘다. 이 구조 속에서 여성의 기억은 단순한 '추가 항목'이 아니라, 공동체가 무엇을 믿고 어떻게 살 책임이 있는지를 새롭게 묻는 규범적 질문이 된다. 그래서 성례전에서의 기억은 과거의 보존이 아니라, 망각과 억압에 저항하는 현재적 실천이며, 미래를 창조하는 희망의 언어가 된다.

상징의 딜레마: 한국의 성만찬 이해

안선희는 한국 개신교의 성만찬 이해가 충분한 신학적 축적 없이 관행적으로 반복되어 온 현실을 비판하며, 그 결과 성만찬이 교회의 중심 기억임에도 불구하고 실제 예전에서는 삶을 형성하는 사건으로 작동하지 못하고 있다고 진단한다. 특히 한국교회의 성만찬 담론이 기념과 현존의 신학적 언어를 일관되게 통합하지 못한 채 분절되어 있으며, 시행 빈도와 개방성에 대한 규범 또한 명확히 정립되지 않았다고 지적한다. 더 나아가 성찬의 요소 선택과 전례 언어가 지닌 공적·윤리적 책임에 대한 성찰이 부족한 상황에서, 성만찬은 공동체의 삶을 해석하고 변형하는 상징이라기보다 관리되고 집행되는 예식으로 환원되기 쉽다. 이러한 맥락에서 안선희는 성만찬이 지닌 위기를 '상징의 딜레마'로 명명한다. 이는 성만찬의 상징이 초월적 의미를 지니면서도, 일상의 식사 경험과 단절될 때 오히려 현실과 유리된 기호로 기능하는 긴장 상태를 가리킨다. 이 딜레마를 극복하기 위한 대안으로, 성만찬의 상징이 삶의 경험과 유비적으로 연결되며 투명하게 드러나는 방식을 배워야 한다고 주장한다. 성만찬의 의미는 추상적 교리나 개념을 통해서가 아니라, 사람들이 실제로 먹고 나누며 살아가는 경험 속에서 해석될 때 비로소 생동력을 획득한다. 또한 안선희는 살아 있는 성만찬이 완결된 질서의 반복이 아니라, 예전의 질서와 삶의 우발성이 만나는 질서와 반질서의 긴장 속에서 발생한다고 본다. 이런 의미에서 성만찬 예배는 하나님 나라를 미리 연습하는 리허설이며, 예배 이후의 일상은 그 나라를 몸으로 수행하는 퍼포먼스가 된다.[11]

이러한 신학적 진단을 현장 경험의 차원에서 구체화하는 연구로서, 양승아의 질적 연구는 한국교회의 성찬 체험이 지닌 가능성과 한계를 경험적으로 드러낸다. 연구에 따르면 성찬은 참여자들에게 소속감, 치유, 감사의 정서를 실제로 생성하지만, 동시에 성찬 경험의 깊이는 여러 구조적 요인에 의해 제약된다. 특히 성찬 예식 안에서 발화 기회가 제한되고, 누가 어떻게 참여하는지가 명확히 드러나지 않으며, 분배 행위가 위계적으로 조직될 때 성찬은 수동적 참여의 경험으로 축소되기 쉽다. 양승아는 이러한 제약이 단지 개인의 신앙 태도에서 비롯되는 것이 아니라, 예전의 공간 구성과 동선, 시선의 배치와 밀접하게 연관되어 있음을 강조한다. 좌석 배열과 배병·배잔의 이동 방식은 참여자의 소속감과 주체적 참여감을 형성하는 중요한 요소로 작용한다. 성찬 경험이 언어적 설명 이전에 공간적·신체적 질서에 의해 강하게 규정된다는 점을 반복적으로 확인한다. 그 결과 성찬은 은총의 나눔이라는 의도와 달리, 관찰자와 수행자의 구분을 강화하거나 참여의 위계를 재생산할 위험을 내포한다. 양승아의 연구는 성찬의 갱신이 교리적 재해석만으로는 충분하지 않으며, 실제 예전의 구조와 몸의 참여 방식을 함께 전환해야 함을 보여준다. 이는 성찬을 다시금 공동체의 살아 있는 경험으로 회복하

기 위한 중요한 실천적 근거를 제공한다.[12]

　이 두 연구를 함께 읽으면, 성만찬 개혁은 말-보임-몸의 동시 전환으로 구체화된다. 곧 전례문과 응답의 재작성(말), 공간·시선·접근성의 재배치 (보임), 배병·배잔 동역의 다양화와 착석 분배의 병행(몸)이 요청된다. 이 한국 맥락의 통찰은 다음으로 이어질 서사 분석과 실천 설계의 근거가 된다.

루미와 교회 여성들의 정체성 서사

　〈케이팝 데몬 헌터스〉는 케이팝 아이돌로 활동하는 소녀들이 무대 밖에서는 악령을 사냥하는 비밀스러운 존재라는 설정의 애니메이션이다. 주인공 루미와 팀원들은 화려한 공연을 통해 사람들의 불안을 잠재우는 동시에, 음악에 깃든 힘으로 악령의 침투를 막는 임무를 수행한다. 이 세계관에서 루미는 악령과 귀마를 몰아내야 할 운명의 헌트릭스이며, 혼문은 그 침투를 막는 방패이자 경계다. 그러나 그녀는 태어날 때부터 데몬의 표식을 지녔고, 그 흔적 때문에 정체성 혼란 속에서 가장 가까운 친구들에게조차 표식을 숨겨야 하는 내적 고립을 견딘다. 이는 단순한 판타지 장치가 아니라 정체성의 균열과 공동체적 소속의 박탈을 상징한다. 서사 초반 루미는 표식을 숨긴 채 훈련과 임무를 수행하는데, 이 '강요된 비밀'이 바로 그녀의 침묵을 구조화하고 정체성 불안을 심화시키는 내적 장치로 기능한다. 서사 중후반 동료들이 우발적으로 루미의 표식을 목격하자 놀람은 즉시 경계와 폭력의 제스처로 치환되고, 무기까지 겨눈다. 이때 드러나는 것은 개인 성향으로 환원될 수 없는 침묵의 구조로서, 배제의 위협이 관계 속에 내면화된 규범이었다는 사실이다. 이 침묵은 내면의 고요가 아니라 구조적 침묵이다.

역사적으로 여성은 성례전에 참여했지만, 발화와 해석의 주체로는 인정되지 않았다. 수전 로스는 "여성은 성례전의 무대에서 끊임없이 참여하지만 동시에 발화하지 못하는 자리에 고정되어 있었다"고 지적하고, 로즈마리 래드퍼드 류터(Rosemary Radford Ruether) 역시 여성의 몸이 성례전적 상징으로 자주 호출되었으나 실제 발언권은 박탈되었다고 비판한다.[13] 루미의 '표식'은 이런 모순을 압축한다. 그러나 배제의 근거였던 표식이 역설적으로 증언의 자리가 되는 순간, 여성의 몸이 불결/성스러움의 경계에서 낙인/발화의 경계로 전위된다.

문화비평의 차원에서 루미의 침묵은 결핍이 아니라 전환의 잠재성을 품는다. 선행 코멘터리(개봉 전 자료 기반)는 루미의 여정을 "수치→발화"의 상징적 변환으로 읽어낸다.[14] 필자는 이 평가가 예고편·홍보 텍스트에 근거한다는 한계를 명시한 채, 정동의 사회적 순환과 여성 화자의 공적 권위 형성을 분석한 연구들과 접속하여 루미의 강요된 비밀을 교회 여성들의 "참여하지만 발화하지 못하는 자리"라는 구조적 침묵의 문화적 압축으로 독해한다.[15]

전환의 정점은 루미가 더 이상 표식을 숨기지 않고 공동체 앞에 드러내는 순간에 도달한다. 표식을 감춘 채 살아간다는 것은 곧 자기 존재의 일부를 부정하며 침묵 속에 머무는 행위였으나, 드러냄과 동시에 상처와 낙인은 수치의 흔적에서 새 정체성을 여는 문으로 변한다. 서사 후반 루미 개인의 고백은 공동체 앞의 공적 표명으로 변환되고, 수치의 기표는 발화의 표지로 회전한다. 이 장면은 세례의 공적 선포("옛사람을 벗고 새사람을 입는" 변화)와 성찬의 현재화(기억의 공동 수행)를 접합하는 성례전적 전환의 알레고리다. 표식은 처음엔 '오염'의 기표였지만, 루미가 이를 공적 언어로 선언하는 순간 은총의 표지로 회전한다. 이 상징 회전은 성례전의 기본 문법을 반영한다. 세례의 물은 씻음의 상징이면서도 죽음-삶의 경계 통과를 의미하고, 성찬의 떡·잔은 희생의 흔적이면서도 생명의 나눔을 의미한다. 표식이 '숨겨야 할 흔적'에서 '함께 올려놓을 증언'으로 바뀔 때, 공동체는 오염-순결의 이분법에서 상호-증언의 윤리로 이동한다.

이때 모호성은 결함이 아니라 창조의 자원이 된다. 성례전 참여가 본질적으로 품는 모호성과 양가성은 억압의 잔여가 아니라 새로운 의미 생성의 공간이 될 수 있다. 루미는 더 이상 주어진 혼문을 기다리지 않고 상처 위에 자신의 혼문을 새기며, "혼문 없는 자"에서 "혼문을 짓는 자"로 이동한다. 곧, 낙인은 지워야 할 오염이 아니라 공적 드러냄을 통해 은총의 표지로 전환된다. 세례의 물이 새 삶의 문을 열고, 성찬의 떡과 잔이 몸을 기억의 자리로 이끄는 것처럼, 루미의 표식 또한 상처이면서 동시에 새로운 혼문을 여는 징표가 된다.

또한 영화는 전환의 리듬을 공적 장면 구성으로 강화한다. '개별 고백'—'공동체 응시'—'새 질서의 합류'라는 순차가 따라붙으며, 이는 전례에서 고백-감사-파송으로 이어지는 구조와 상호 비추기(알레고리적 포개짐)를 형성한다. 즉, 루미의 드러냄은 내러티브 차원에서만이 아니라 공동체 행위의 재조율이라는 층위까지 걸쳐 있다. 이 신학적 전환은 곧바로 교회 현장에서의 언어·보임·몸의 재배치를 요구하며, 다음에서 그 전례적 함의를 확인한다.

교회 여성 서사와 전례적 함의

교회 여성들의 오랜 경험은 루미 서사와 구조적으로 공명한다. 여성들은 성례전의 중심 장면에 항상 존재했지만, 해석과 선포의 주체에서는 일관되게 배제되어 왔다.[16] 떡과 잔을 준비하고 나누는 손길은 보였으나, 그 행위의 의미를 규정하는 언어와 권위는 보이지 않는 장치 속에서 남성에게 집중되었다. 이 가시성/비가시성의 비대칭은 여성을 "참여자이되 발화하지 못하는 자"로 고정하며 신앙 정체성에 균열을 남겼다.[17]

필자는 한국기독교장로회 열린교회의 2대 담임목사로 여성목사이다. 필자가 취임한 2022년 이후 2024년에 열린교회의 5번째 장로로서 첫 여성장로가 배출되었다. 목회하면서 들은 '여성의 앞자리 금기'에 대한 증언 두 가지를 소개하려고 한다. 하나는 92세 여성 권사님이 새벽예배 동영상 실시간 채팅에서 가장 먼저 이름을 올리는 것에 대해서 괜찮을지 부담이 있었다고 토로한 것이다. 오늘날 여성 노 권사님이 가장 먼저 이름을 올리는 것이 무엇이 문제가 되겠는가. 그러나 그 권사님은 여성이 앞서는 것에 대한 시대적 분위기와 압력을 받았던 세대인 것이다. 다른 하나는 필자의 85세 된 어머니의 증언으로 옛날에는 여자가 버스 첫차에 처음으로 올라타면 버스 기사가 '재수 없네'하고 침을 뱉었다는 이야기다. 그래서 여성들은 눈치를 보면서 처음의 자리를 차지하지 않으려고 했다는 것이다. 그런데 여성인 필자가 담임목사로서 처음 성만찬을 집례하고 여성장로가 배병 배잔 위원으로 앞에 선 것을 상상해 보라. 앞자리 금기에 대한 의식적 무의식적 경험을 갖고 있는 이들이 무엇을 느꼈을지는 상상에 맡겨보겠다. 더군다나 여성장로를 세우자고 한 것은 남성 장로들이었으니 그만큼 시대와 의식이 얼마나 달라졌는지 알 수 있는 대목이다.

성례전에서 '이는 내 몸이라'는 선언은 다양한 기억을 억압하는 것이 아니라, 서로 다른 기억이 그리스도의 사건 안에서 서로를 비추고 공명하게 한다. 여성의 기억과 억눌린 자들의 기억은 그리스도의 몸과 맞닿을 때, 단순 과거 서술을 넘어 현재를 전복하고 미래를 창조하는 해방의 서사가 된다. 그러므로 필자의 교회에서 여성이 성찬 집례자 혹은 위원으로 공식 참여한 사건은 제도의 단순 변화가 아니라 담론 권위의 이동이라는 서사적 전환점으로 읽힌다. 같은 행위라도 누가 말하고, 누구의 몸이 중심에 서는가에 따라 그 장면의 의미가 달라지기 때문이다. 전례의 중심에서 여성의 목소리가 들리는 순간, 그동안 주변부에 축적되던 여성들의 노동과 기억은 공적 서사에 편입되고, 공동체는 기억 지형을 다시 그리게 된다. 한 여성 노 권사님의 구술—"평생 성찬을 준비했지만 직접 떡과 잔을 나눈 적은 없다"—은 이 전환의 전/후를 가르는 지표가 된다. 침묵의 시간이 해방의 기억으로 재분류되는 순간, 성례전은 과거의 반복이 아니라 기억의 재배치가 일어나는 장으로 드러난다(아나뮈네시스의 공적 차원).

이 변화는 상징 체계에도 파문을 만든다. 성례의 중심 표징이던 빵과 잔, 손과 시선, 자리 배치는 여성의 참여가 공적으로 승인되는 즉시 새로운 해석 프레임을 획득한다. 동일한 제스처라도, 여성의 몸을 통해 수행될 때 상징은 "수여-수납"의 수직 구도에서 "상호-증언"의 수평 구도로 이동한다. 달리 말해, 전례는 더 이상 은총의 단일 발화가 아니라 공동체의 다성(多聲) 발화로 인식되기 시작한다. 이때 여성의 몸은 단순 매개가 아니라 현존의 표지가 되며, 상징은 위계를 재생산하는 기호에서 상호성을 가시화하는 코드로 전환된다.[18]

나아가 이러한 서사적 이동은 권한-기억-상징의 세 축을 하나로 묶는다. 권한의 이동('받는 손'에서 '나누는 손'으로)이 일어나면 곧바로 기억의 공공화(비가시화된 돌봄의 역사→공동 기억)가 따라붙고, 이는 상징의 재의미화(위계의 몸→상호성의 몸)로 연결된다. 세 축은 선후라기보다 동시적 상호작용으로 작동한다. 이 점에서 루미의 '표식 드러냄'이 수치의 표식을 발화의 표지로 회전시키는 장면은, 교회 여성들의 성례전 경험이 침묵의 연대기를 발화의 역사로 전환시키는 과정과 개념적으로 상응한다.

정리하면, 여기서 말하는 전례적 함의는 즉각적 규범 처방이 아니라 의미 지형의 변화다. 여성의 공적 참여가 확대될수록 전례는 (1) 담론 권위의 재배치(누가 말하는가), (2) 기억의 재편입(누구의 역사가 공적으로 기억되는가), (3) 상징의 재의미화(몸이 무엇을 표상하는가)를 통해 그 자체로 다른 사건이 된다.

성례전은 어떻게 그녀들의 언어가 되는가

성례전은 전통적으로 교회의 언어, 사제의 언어, 제도의 언어로 이해되어 왔다. 그러나 앞서 확인한 "수치의 기호가 발화의 표지로 전환되는" 계기는, 성례전이 억눌린 몸과 목소리를 해방시키며 새로운 공동체 언어를 창조하는 사건임을 시사한다. 이제는 이 전환이 전례의 언어·공간·행위에서 어떻게 구현되는지, 곧 성례전이 '그녀들의 언어'가 되는 경로를 세 차원으로 살펴본다.

첫째, 해방적 언어의 형성이다. 앞에서 살펴본 언어·몸·기억의 층위는 루미와 교회 여성들의 서사 속에서 구체화되었다. 이제 이 요소들이 성례전 안에서 전례문 재작성을 통해 해방적 언어로 재구성된다. 말씀과 기도에서 여성들의 목소리가 발화되고, 떡과 잔을 나누는 몸짓 속에서 배제되었던 몸이 드러나며, 공동체의 기억 속에 침묵 당했던 역사가 다시 기록된다. 이 전환은 성례전이 단순한 교리적 행위가 아니라 새로운 언어의 장(場)임을 드러낸다.

이 지점에서 전례문 자체의 어휘와 문법의 재구성이 핵심이 된다.

전통적으로 "아버지-왕-주권"에 수렴되던 호칭을 관계·돌봄·지혜의 상징으로 확장하고, 감사·중보의 문장 안에 여성들의 역사·노동·상실·희망을 직접 명시한다. 예컨대 감사기도에서 "광야에서 식탁을 펴신 하나님"을 호명한 뒤, "이 공동체의 어머니들, 간병인들, 보이지 않는 돌봄을 감당해 온 이들의 손을 기억하게 하소서"와 같은 응답을 배치하면, 말의 구조가 곧 공동 발화의 구조로 전환된다. 이때 발화의 주체는 사제에서 회중으로, 남성 독점 언어에서 다성(多聲)의 언어로 이동하며, 설교·감사기도·중보기도의 층위가 곧 기억의 재구성을 수행한다. 마조리 프로크터-스미스가 말한 "언어적·시각적·신체적 언어의 동시 전환"은 이러한 전례문 재작성을 통해 실천 가능한 프레임으로 수렴된다.

둘째, 실천적 전환이다. 성례전은 이론 속에 머물지 않는다. 실제 예배와 성찬의 자리에서 여성의 발화, 시각적 상징, 신체적 참여가 변혁을 일으킬 때 제의는 비로소 "그녀들의 언어"로 들린다. 여성 목사와 여성 장로의 성찬 집례/위원 참여, 정신질환자 가족을 위한 특별 예식과 어린 시절의 성적 학대를 치유하는 예식,[19] 성만찬 예식에서 떡과 잔을 나눌 때 북녘의 동포들을 위해서 떼어놓는 것, 지역 공동체의 음식과 여성의 손길이 빚은 빵을 성찬상에 올리는 실천은 성례전이 배제의 언어를 환대의 언어로 바꾸는 현장임을 증언한다. 이는 단순한 포용 제스처가 아니라 은총의 언어가 재구성되는 수행이다.

이 재구성의 한 설계로, 남아공 성공회 맥락의 완전 포용 페미니스트/우머니스트 성만찬(feminist/womanist Eucharist)을 소개한다. 이 전례는 폭력적 속죄 이미지와 남성 독점 상징을 지양하고, 비폭력·참여·우분투(ubuntu) 환대를 핵심 원리로 삼는다. 성만찬 기도와 성령 임재의 기원 사이(또는 배병·배잔 직전) 회중이 "이 손으로 어떤 몸도 폭력으로 다루지 않겠습니다.

차별과 배제를 거부하겠습니다"라는 공적 서원을 공동 낭송함으로써, 빵과 잔을 받는 행위를 윤리적 수행이자 공동선의 언약으로 드러낸다.[20] 이러한 짧은 서원은 한국교회 예전에도 무리 없이 이식 가능하며, 성례전을 개인 내면 경건에서 공적 책임의 언어로 확장시킨다.

동시에 전례의 시각적 언어를 바꾸는 공간·상징의 재디자인은 보이지 않던 몸을 보이게 하는 해방의 수사학이다. 원형 좌석과 낮은 제단, 접근 가능한 동선, 지역의 빵과 여성의 직물(보)을 가시화하면 성찬상은 권력의 표지에서 환대의 표지로 전환된다. 배병·배잔 동역에 여성·장애인·청소년을 의도적으로 포함하면, 몸의 위계는 상호성의 제스처로 대체된다.[21] 이렇게 재배치된 시각·행위의 언어는 루미의 '표식 드러냄'—수치가 은총으로 전환되는 상징 회전—과 공명하며, 공동체가 서로의 얼굴을 바라보며 떡과 잔을 주고받는 순간 성례전은 실제로 그녀들의 언어가 된다.

아울러 전례 모음집 『물결을 일으키다: 정의를 위한 페미니스트 전례』(Stirring WATERS: Feminist Liturgies for Justice)는 노래-낭독-응답-행동을 한 묶음으로 제공해 절기별로 여성사 기억·정의·치유를 식탁의 언어로 연결한다. 사순 기간에는 "상처의 기억을 드러내는 고백-침묵-짧은 응답송", 창조절에는 "돌봄 노동·생태 돌봄"을 감사기도에 명시하여, 사회적 상처의 기억이 그리스도의 아나뮈네시스(기념) 안에서 공동의 책임으로 전환되게 한다.[23]

셋째, 모호성-다양성-그리스도 중심성의 긴장이다. 여성의 언어가 곧바로 정전화된 새 규범으로 굳어지는 순간, 또 다른 배제가 시작될 수 있다. 따라서 여성들의 발화는 모호성(은총의 여백)과 다양성(공동체의 풍성)을 품어야 한다. 동시에 모든 발화는 예수 그리스도라는 성례전의 중심 위에서만 가능하다. 교회 여성들의 경험이 침묵에서 발화로 바뀔 수 있는 것도 결국 그리스도의 몸이라는 중심 사건 속에서 의미를 얻는다.

이를 위해 (1) 제정과 기념사의 아나뮈네시스(기념)를 회중 공동발화로 분명히 하여 "우리는 주의 죽으심을 선포하며, 부활을 선포합니다. 주께서 오실 때까지!"를 고백하고, (2) 성령임재의 기원에서는 "상처의 표식을 은총의 표지로 바꾸시는 성령"을 청한 뒤 회중이 함께 "우리는 어떤 몸도 폭력으로 다루지 않겠습니다. 차별과 배제를 거부하겠습니다"라는 공적 서원을 짧게 낭송하며, (3) 파송은 감사기도를 겸한 마무리 기도로 이어져 "우리를 위로의 몸으로, 침묵을 깨우는 언어로, 정의를 일으키는 기억으로 보내소서. 비폭력과 환대로 세상을 섬기게 하소서. 아멘"이라고 선언한다. 이러한 중심의 재확인은 여성의 발화가 '새 규범'으로 경직되지 않게 하면서, 동시에 그녀들의 언어가 교회의 언어로 정착하도록 돕는다.[22]

2025년 한국기독교장로회 총회(이하 기장 총회)에서는 성서 세 본문을 세 사람이 나눠 읽는 중, 어린이와 장애인이 포함되었다. 2022년 기장 총회에서는 성서 본문 읽기에 이주민 여성이 포함되었다. 같은 해 성찬 예식은 총회 역사상 처음으로 세 사람이 '공동 집례' 하였는데, 한국 장로교 역사상 첫 여성총회장인 김은경 총회장과 장애인, 여성 목사가 집례하였으며, '세대, 성별, 신체적 조건의 다름' 등 세상의 모든 '다름'을 뛰어넘는 '하나됨'을 표현했다. 그리고 기장 총회는 매년 성만찬에서 배병 배잔을 위한 기도에서, 마지막으로 "이 떡과 잔은 북녘 동포를 위해 남겨두는 그리스도의 몸과 피입니다"하고 기도한다.

이러한 사례 분석은 단순한 기술이 아니다. 이것은 "성례전은 어떻게 그녀들의 언어가 되는가?"에 대한 구체적 증언이다. 성례전은 억눌린 자들의 발화와 몸짓이 하나님 앞에서 새로운 언어가 되는 자리이며,

그 언어는 교회를 새롭게 빚어내는 해방적 소통의 언어다.

정리하면, 언어의 재작성(Walton), 가시성의 재배치·'여성의 손' 전통의 회복(Berger), 행위의 상호성과 공동 서원(Visser)이 동시에 작동할 때 성례전은 억눌린 몸과 기억을 공적 발화로 전환한다. 이 전환은 루미의 '표식 드러냄'과 공명하며, 교회 여성들의 성례전 참여를 "참여하지만 발화하지 못하던 자리"에서 발화의 자리로 옮겨 놓는다. 요컨대 성례전은 말·가시성·몸의 재배치를 통해 공동체를 새롭게 구성한다.

이러한 실천은 성례전을 '그녀들의 언어'로 가시화하고, 그 언어가 모호성·다양성·그리스도 중심성의 긴장 속에서 단단해지는 경로를 보여준다. 이제 다음으로는 한국교회 예전과 목회 현장에 대한 구체적 제언을 제시해, 해방적 소통의 공간으로서의 성례전이 지속 가능한 변화로 이어지도록 모색할 것이다. 이러한 언어·보임·몸의 재구성 원리는 다음의 예식 시안에서 구체 문안과 절차로 제시된다.

성례전, 그녀들의 언어가 지속되기 위해

여기서는 앞선 논의를 응축해 통합하고, 한국기독교장로회 맥락에서 지속 가능한 변화를 낳을 실천 문안을 제시하려고 한다. 성례전은 제도의 말을 반복하는 의례가 아니라, 발화권의 재배치와 기억의 공공화를 통해 공동체를 다시 빚어내는 사건이다.

먼저, 언어의 전환은 상징의 교체가 아니라 말의 주체 이동을 뜻한다. 성만찬 '감사기도'(중보 내용 포함)와 '제정·기념사'(아남네시스, 회중 공동 발화), '감사기도'(파송 겸)를 회중 응답 중심으로 구성할 때, 침묵 당한 경험이 교회의 공식 언어로 편입된다. 다음으로, 몸의 전환은 위계를 상호성으로 바꾼다. 배병·배잔 동역에 여성·장애인·청소년을 의도적으로 포함하면, 몸은 단순한 상징의 매개를 넘어 은총의 현현이자 윤리의 수행으로 드러난다. 끝으로, 기억의 전환은 과거를 보존하는 추억이 아니라, 망각과 억압에 맞서는 아나뮈네시스(기념)의 공적 작동이다. 회중의 공동 발화와 공간·시선·자리 배치는 누구의 이야기가 기억의 중심에 서는가를 재조정한다.

이 세 전환은 각각 말-보임-행위의 층위에서 동시에 움직일 때 비로소 "그녀들의 언어"가 된다. 다만 발화의 다성(多聲)은 언제나 그리스도의 죽음과 부활이라는 중심 고백 위에 정박되어야 한다. 여성신학적 통찰은 바로 이 지점—상징의 이중성, 경계의 흔들림, 중심의 재확인—을 함께 붙드는 길을 보여준다.

이제 이러한 통찰을 기장의 『희년예배서』 순서에 따라 하나의 예식 흐름으로 제시한다. 목표는 분명하다. 말·보임·몸을 함께 전환하면서도 중심을 잃지 않게 하는 것 그리고 그 전환을 한 번의 이벤트가 아니라 공동체의 습관으로 정착시키는 것이다.

해방적 성만찬 시안

다음은 한국기독교장로회 『희년예배서』의 성만찬 순서(성만찬 초대-성만찬 기도-제정의 말씀-성령 임재의 기원-주기도-떡과 잔 의례, 성만찬 나눔-감사기도)를 준수하면서, 본 논문의 말-보임-몸의 실천 틀을 반영하여 구성한 해방적 성만찬 시안이다. 예식에 앞서 좌석은 원형 또는 반원형으로 배치하고 성찬상은 낮게 두어 서로의 얼굴이 보이게 한다. 보행과 휠체어 동선을 충분히 확보하고, 무글루텐/알레르기 표기를 명확히 한다. 지역의 빵과 회중이 만든 직물(보)을 성찬상에 가시화하며, 집례는 여성 목회자가 맡고, 배병·배잔 동역에는 여성·장애인·청소년을 포함한다. 이는 시작부터 기억의 가시화와 몸의 상호성을 예식의 표준으로 삼기 위함이다.

1) 성만찬 초대

인도자: "생명과 지혜의 하나님, 두려움의 문을 지나 소통의 식탁으로 우리를 부르소서."

회중: "우리는 서로의 얼굴을 바라보며, 하나님 앞에서 하나입니다."

(침묵 10초: 말하지 못했던 이들의 침묵을 기억)

공동기도(합독): "숨겨진 표식과 상처를 은총의 표지로 바꾸소서. 배제 대신 환대, 침묵 대신 발화를 배우게 하소서."

(현장 메모: 침묵→발화의 방향을 초대에서 명시)

2) 성만찬 기도

인도자(요지): 창조-해방-예수 그리스도의 삶·죽음·부활을 찬양하며, 광야에서 식탁을 펴신 하나님을 기억한다.

회중 응답: "감사합니다. 주께 영광!"

삽입 문장(감사 안): "이 공동체의 어머니들·간병인들·보이지 않는 돌봄의 손을 기억하게 하소서."

(현장 메모: 감사문 안에 여성의 역사·노동·상실·희망을 명시 → 전례문 재작성/기억의 가시화)

3) 제정의 말씀

인도자: "주 예수께서 잡히시던 밤에 떡을 가지사 ⋯ '너희가 이를 행하여 나를 기념하라' 하셨습니다."

회중 공동 발화(아나뮈네시스): "우리는 주의 죽으심을 선포하며, 부활을 선포합니다. 주께서 오실 때까지!"

(본 시안은 '말의 주체 이동' 원리에 따라 아나뮈네시스를 목회자 독백이 아닌 회중 공동발화로 유지하며, 이 공동 고백을 통해 그리스도의 중심 사건을 재확인한다.)

4) 성령 임재의 기원

인도자: "상처의 표식을 은총의 표지로 바꾸시는 성령이여, 우리와 이 빵과 잔 위에 임하소서."

회중: "오소서, 성령이여. 우리를 하나 되게 하소서."

공적 서원(회중 일동): "우리는 어떤 몸도 폭력으로 다루지 않겠습니다. 차별과 배제를 거부하겠습니다."

(현장 메모: 1-2문장 서원으로 임재→공적 책임 연결)

5) 주기도

전 회중: 주의 기도를 함께 드린다.

(현장 메모: 큰 글자/수어 등 접근성 강화)

6) 떡과 잔 의례, 성만찬 나눔

초청: "이 식탁은 주님의 식탁입니다. 경계가 없습니다. 모두 오십시오."

배병·배잔 동역: 여성·장애인·청소년이 함께 전하며, 이동이 어려운 이들에게 착석 분배를 병행한다.

전달 어구: "그리스도의 몸—당신과 함께. / 생명의 잔—당신 안에." (회중 응답: "아멘.")

(현장 메모: 배병·배잔 동역의 다양화로 위계→상호성 전환)

(선택 표징: 분단 현실을 기억할 공동체는 사전 안내 후 빵 한 조각을 비워 둔다 = 공동의 아나뮈네시스 확장)

7) 감사기도

회중 합독: "우리를 위로의 몸으로, 침묵을 깨우는 언어로, 정의를 일으키는 기억으로 보내소서. 비폭력과 환대로 세상을 섬기게 하소서. 아멘."
(현장 메모: 파송을 겸한 감사기도로, 예식의 언어를 삶의 윤리로 연결)

예식 후 정리 · 평가 및 지속을 위한 제언

국내 질적 범주(소속감·치유·참여감·주체성)에 상응하도록, 예식 후 4주 단위 점검은 언어 포용성 · 참여 다양성 · 접근성 · 인식 변화 지표로 실시한다. (1) 초대에서 마련된 침묵의 기억은 공동체가 누구를 환대할 것인지에 대한 감수성을 깨우고, (2) 감사기도에 삽입한 한 줄의 기억(돌봄·상실·희망의 호명)은 기억의 공공화를 실제 언어로 수행하게 한다. (3) 성령 임재의 기원 직후 회중이 함께 고백한 짧은 서원은 성만찬을 개인의 경건에서 공적 책임의 약속으로 확장하고, (4) 제정의 말씀의 공동 발화(아나뮈네시스)는 기억의 현재화를 목회자 독백이 아닌 교회의 언어로 자리매김한다. (5) 주기도에서의 접근성 배려는 참여의 문턱을 낮추고, (6) 배병 · 배잔 동역의 다양화는 몸의 위계를 상호성으로 전환한다. 마지막으로 (7) 파송을 겸한 감사기도는 예식에서 배운 말-보임-몸의 언어를 일상의 윤리로 잇게 한다. 이렇게 전 과정은 말 · 보임 · 몸의 동시 전환 위에 서되, 감사-기념(아나뮈네시스)-성령 청원-파송을 통해 그리스도 중심을 매 순간 다시 확인한다.

이 실천이 일회성 이벤트로 소진되지 않도록, 공동체는 4주 단위로 작게 점검하고 조금씩 수정한다. 구체적으로 ① 언어 포용성(감사·중보·응답문에 누구의 이야기가 호명되는가), ② 참여 다양성(분배 동역에 여성·장애인·청소년이 실제로 포함되는가), ③ 접근성(자리·동선·자막·수어·알레르기 안내), ④ 인식 변화(성례전을 '공동의 언어'로 체험했는가)를 간단 지표로 확인하고, 결과에 따라 기도문·응답문 · 공간 배치를 미세 조정한다.

이와 같이 안선희의 담론 분석이 제시한 문제틀과 양승아의 현장 자료가 드러낸 경로 위에서, 필자는 한국교회의 성만찬을 제도에서 사건으로, 절차에서 해방의 소통으로 전환하는 구체적 설계를 제시했다.

성례전은 반복되는 제의가 아니라, 억눌린 말 · 가려진 보임 · 고립된 몸을 "그녀들의 언어"로 현재화하는 교회의 공적 발화다. 이 발화는 모호성의 여백을 품되 다양성의 폭을 넓히며, 언제나 그리스도의 죽음과 부활이라는 중심에 정박할 때 지속된다. 그러므로 한국기독교장로회 맥락에서 성만찬은, 전례문을 바꾸고(말), 공간과 시선을 재배치하며(보임), 배병 · 배잔의 손을 다양화하는 일(몸)로 매주 새로워져야 한다.

작은 재배치가 습관이 되고, 습관이 공동체의 정체성을 새긴다. 이 전환은 모호성-다양성-그리스도 중심성의 긴장 안에서 지속된다. 다양성은 식탁의 넓이를, 그리스도의 죽음과 부활은 식탁의 깊이를 보장하며, 그 사이의 모호성은 진리의 결핍이 아니라 은총이 머무는 여백이 된다. 이 길에서 성례전은 제도가 아니라 사건, 규정이 아니라 해방의 소통, 기억의 보관이 아니라 기억의 재편으로 교회를 다시 빚어낼 것이다. 요컨대, 성례전이 '그녀들의 언어'가 될 때, 교회는 비로소 자기 언어를 되찾을 것이다.

별첨. 점검용 간단 설문

응답 척도: 1 전혀 그렇지 않다 / 2 그렇지 않다 / 3 보통이다 /

        4 그렇다 / 5 매우 그렇다

1. 예배/성만찬의 전례문과 설교·기도에서 여성의 경험·노동·역사가 분명히 호명되었다.

2. 최근 성만찬에서 여성·장애인·청소년 등 다양한 구성원이 배병/배잔 동역에 실제로 참여했다.

3. 좌석 배치·이동 동선·큰 글자 자막/수어·알레르기/무글루텐 안내 등 접근성이 충분히 보장되었다.

4. 이번 실천을 통해 성례전을 '공동의 언어'(그녀들의 언어 포함)로 경험했다.

5. 이번 성만찬에서 가장 크게 변화했다고 느낀 점과 다음에 개선할 한 가지를 적어 주시기 바랍니다(서술형).

주

1 Maggie Kang & Chris Appelhans 연출, Sony Pictures Animation 제작, Netflix 배급, 2025.06.20. 공개.

2 모호성, 다양성, 그리스도 중심성은 여성신학에서 논의되어 오던 것들이다. 수전 A. 로스는 성례전 자체가 복잡성과 모호성을 내포한다고 보고 여성들의 몸과 경험이 지닌 양가성과 모순을 직시해야 진정한 성례전 이해가 가능하다고 본다. 로스에 따르면 모호성은 단순히 극복해야 할 문제가 아니라 성례전과 여성의 신앙을 풍요롭게 하는 요소이다. 한편 많은 여성신학자는 여성 신학이 백인 중산층 여성의 문제로 축소되지 않도록 경계하면서 아프리카계, 가난한 여성과 소수자, 제3세계 여성의 억압을 진지하게 다루어야 한다고 강조한다. 이러한 다양성의 요구는 갈 3:28의 "너희는 유대인이나 헬라인이나 종이나 자유인이나 남자나 여자나 다 그리스도 예수 안에서 하나이니라"에 근거한 것으로 그리스도 안에서 모든 사람이 평등하다는 그리스도 중심성을 통해 모든 여성의 해방과 연대를 추구한다. Susan A. Ross, *Extravagant Affections: A Feminist Sacramental Theology* (New York: Continuum, 1998), 65-93; Elisabeth Schüssler Fiorenza, *In Memory of Her: A Feminist Theological Reconstruction of Christian Origins* (New York: Crossroad, 1983), 서문 및 ch. 1; Pamela Dickey Young, *Feminist Theology/Christian Theology: In Search of Method* (Minneapolis: Fortress Press, 1990), 76, 20.

3 Marjorie Procter-Smith, *In Her Own Rite: Constructing Feminist Liturgical Tradition* (Nashville: Abingdon, 1990), 52-71.

4 Apostolic Constitutions III.15 in *The Ante-Nicene Fathers*, Vol. 7, ed. Alexander Roberts and James Donaldson; rev. A. Cleveland Coxe. (Peabody, MA: Hendrickson, 1994).

5 Teresa Berger, *Gender Differences and the Making of Liturgical History: Lifting a Veil on Liturgy's Past* (Farnham, UK: Ashgate, 2011), 37-66.

6 Kevin Madigan, and Carolyn Osiek, *Ordained Women in the Early Church: A Documentary History* (Baltimore: Johns Hopkins University Press, 2005).

7 Caroline Walker Bynum, *Holy Feast and Holy Fast: The Religious Significance of Food to Medieval Women* (Berkeley: University of California Press, 1987).

8 Johann Baptist Metz, *Faith in History and Society: Toward a Practical Fundamental Theology* (New York: Seabury, 1980), 170-171.

9 Berger, *Gender Differences and the Making of Liturgical History*, 37-66.

10 안선희, 「교회의 성만찬과 일상의 식사」, 『기독교사상』 2025년 7월호, 33-43.

11 양승아, 「성찬에 대한 질적 연구」, 『신학과 사회』 36(2) 2022, 237-267.

12 Procter-Smith, *In Her Own Rite*, 52-71; Rosemary RadfordRuether, *Sexism and God-Talk: Toward a Feminist Theology* (Boston: Beacon Press, 1983), 120.

13 Caitlynn McDaniel, "How 'K-Pop Demon Hunters' Tackles Shame, Identity & Finding Your Truth," Gayety, https://gayety.com/how-k-pop-demon-hunters-tackles-identity.

14 Eve Kosofsky Sedgwick, *Touching Feeling: Affect, Pedagogy, Performativity* (Durham: Duke University Press, 2003), 62-65; Sara Ahmed, *The Cultural Politics of Emotion* (Edinburgh: Edinburgh University Press, 2004), 10-12; Susan Sniader Lanser, *Fictions of Authority: Women Writers and Narrative Voice* (Ithaca: Cornell University Press, 1992), 15-20.

15 Teresa Berger, "The Challenge of Gender for Liturgical Tradition," *Worship* 82, no. 3 (May 2008), 255-258.

16 Ruether, *Sexism and God-Talk*, 120.

17 Procter-Smith, *In Her Own Rite*, 52-71.

18 Janet R. Walton, *Feminist Liturgy: A Matter of Justice?*, Collegeville (MN: The Liturgical Press, 2000), 56-63.

19 M. R. Visser, "A Fully Inclusive Feminist/Womanist Eucharist." University of Johannesburg. 2020.

20 Berger, *Gender Differences and the Making of Liturgical History*, 37-66.

21 Diann L. Neu, *Stirring Waters: Feminist Liturgies for Justice* (Cleveland: The Pilgrim Press, 2020).

22 Walton, *Feminist Liturgy*, 2000.

참고문헌

안선희. "교회의 성만찬과 일상의 식사."「기독교사상」(2025.7): 33-43.

양승아. "성찬에 대한 질적 연구."「신학과 사회」36(2) (2022): 237-267.

한국기독교장로회 총회.『희년예배서』. 서울: 한국기독교장로회 총회, 2015.

Ahmed, Sara. *The Cultural Politics of Emotion*. Edinburgh: Edinburgh University Press, 2004.

Apostolic Constitutions. *In The Ante-Nicene Fathers*. Vol. 7. Eds. Alexander Roberts and James Donaldson; Rev. A. Cleveland Coxe. Peabody, MA: Hendrickson, 1994.

Beattie, Tina. *New Catholic Feminism: Theology and Theory*. London/New York: Routledge, 2006.

Berger, Teresa. "The Challenge of Gender for Liturgical Tradition." *Worship* 82, no. 3 (May 2008).

_____. *Gender Differences and the Making of Liturgical History: Lifting a Veil on Liturgy's Past*. Farnham, UK: Ashgate, 2011.

Bynum, Caroline Walker. *Holy Feast and Holy Fast: The Religious Significance of Food to Medieval Women*. Berkeley: University of California Press, 1987.

Fiorenza, Elisabeth Schüssler. *In Memory of Her: A Feminist Theological Reconstruction of Christian Origins*. New York: Crossroad, 1983.

Jantzen, Grace M. *Power, Gender and Christian Mysticism*. London/New York: Routledge, 1995.

Johnson, Elizabeth A. *Quest for the Living God: Mapping Frontiers in the Theology of God*. New York: Continuum, 2007.

Julian of Norwich. *Revelations of Divine Love* (Long Text, chs. 32, 60). Trans. Elizabeth Spearing. London: Penguin Classics, 1998.

Lanser, Susan Sniader. *Fictions of Authority: Women Writers and Narrative Voice*. Ithaca: Cornell University Press, 1992.

Madigan, Kevin and Carolyn Osiek. *Ordained Women in the Early Church: A Documentary History*. Baltimore: Johns Hopkins University Press, 2005.

Merleau-Ponty, Maurice. *The Visible and the Invisible*. Trans. Alphonso Lingis.

Evanston: Northwestern University Press, 1968.

Metz, Johann Baptist. *Faith in History and Society: Toward a Practical Fundamental Theology.* New York: Seabury, 1980.

Neu, Diann L. *Stirring Waters: Feminist Liturgies for Justice.* Cleveland: The Pilgrim Press, 2020.

Procter-Smith, Marjorie. *In Her Own Rite: Constructing Feminist Liturgical Tradition.* Nashville: Abingdon, 1990.

Ross, Susan A. *Extravagant Affections: A Feminist Sacramental Theology.* New York: Continuum, 1998.

Ruether, Rosemary Radford. *Sexism and God-Talk: Toward a Feminist Theology.* Boston: Beacon Press, 1983.

Sedgwick, Eve Kosofsky. *Touching Feeling: Affect, Pedagogy, Performativity.* Durham: Duke University Press, 2003.

Tertullian. "De Cultu Feminarum (On the Apparel of Women), I.1." *In The Ante-Nicene Fathers.* Vol. 4. Eds. Alexander Roberts and James Donaldson; Rev. A. Cleveland Coxe. Peabody, MA: Hendrickson, 1994.

Hildegard of Bingen. *Scivias.* Trans. Columba Hart and Jane Bishop. New York: Paulist Press, 1990.

Visser, M. R. "A Fully Inclusive Feminist/Womanist Eucharist." University of Johannesburg, 2020.

Walton, Janet R. *Feminist Liturgy: A Matter of Justice?.* Collegeville, MN: The Liturgical Press, 2000.

Young, Pamela Dickey. *Feminist Theology/Christian Theology: In Search of Method.* Minneapolis: Fortress Press, 1990.

K-Pop Demon Hunters. Directed by Maggie Kang and Chris Appelhans. Culver City: Sony Pictures Animation; Distributed by Netflix, 2025 (released June 20, 2025).

McDaniel, Caitlynn. "How 'K-Pop Demon Hunters' Tackles Shame, Identity & Finding Your Truth." Gayety. https://gayety.com/how-k-pop-demon-hunters-tackles-identity.

조관순

한신대학교 신학과, 한신대학교 신학전문대학원에서 수학하고 한신대학교 대학원에서
"엘리자벳 A. 존슨의 소피아 그리스도론 연구"로 박사학위를 받았다. 네 아이를 키우는
엄마이자 한국기독교장로회 목사로서, 용인 수지의 열린교회에서 즐겁게 목회하고 있다.
논문으로는 「여성신학적 설교」(2024) 등이 있다.

| 3부 |

배우다

공공성

여성들, 공적 영역에 출현하다! 소통하다!
한나 아렌트의 정치이론에 비추어 보는 「새가정」 잡지 창간 초기의 좌담회

여성과 가족 사이

꽤 오랫동안 우리나라에 '여성가족부'가 존재했기에 우리는 대체로 여성과 가정(가족)이 한꺼번에 거론되는 것이 낯설지 않다. 그런데 현대 사회에서 여성 관련 문제가 반드시 가정·가족 개념과 한 줄기여야만 하는 건 아니다. 오늘날 여성 주제는 '젠더 평등, 젠더 정의'를 추진하는 것으로 충분하다.

돌아보면 우리나라의 여성가족부도 처음부터 여성가족부였던 것은 아니었다. 여성정책총괄조정실(1988), 대통령직속여성특별위원회(1998), 여성부(2001) 등의 명칭 변천사를 지닌다. 곧바로 눈치챘겠지만 이 명칭들에는 '가족'이 없다. '여성'이라는 단어만 단독으로 존재한다. 하지만 여성부는 2000년대에 들어서자마자 보건복지부에서 가족복지 업무를 하나둘씩 이관받더니 여성가족부로 변신한다. 어쩌다 보니 마치 여성

혼자 가족을 소위 전담하는 모양새가 되었다. '젠더 평등, 젠더 정의'라는 각도에서 보면 확장일 수도 있고, 축소일 수도 있다.

이후에도 여성가족부의 명칭은 혼선을 거듭하며 오락가락한다. 여성부로 잠시 회귀했다가(2008), 여성가족부로 도로 복구되었다(2010). 이쯤 되면 도대체 어느 쪽이 진짜 복구인지 판단하기 어려운데, 이 와중에 2025년 10월 1일 명칭이 또 달라져, 성평등가족부가 됐다. '여성'이 사라지고 '성평등'이 나타났다. 부처 명칭에서 여성이란 글자가 공식적으로 자취를 감추었다. 그리하여 2025년 현재 우리나라에 여성 주제를 전담하는 행정부 조직은 없다. 성평등가족부가 있을 뿐이다(성평등가족부, 구 여성가족부 홈페이지). 물론 성평등가족부는 여성을 삭제했음에도 불구하고, 기존 여성가족부와 비슷하게 여성 이슈와 가족 이슈를 묶어서 다루는 부서인 것 같다.

보수와 진보 사이

간략하게 우리나라 여성가족부의 명칭 변경사를 훑어보았다. 그런데, 역사적으로 하나의 국가공동체가 감당해야 하는 사회적 이슈들 가운데 여성 이슈와 가족 이슈가 언제나 샴쌍둥이처럼 꼭 붙은 채 출현했던 건 아니었다. 여성이 공적으로 가족 문제 해결사로 등극했던 시대도 없었다. 여성이 가족 대표로 추대됐던 적도 물론 없었고….

그래서 까다롭게 따지고 들어가면 여성과 가족, 두 이슈가 붙어있는 상황이 도리어 좀 어색해 보인다고 말해야 할지 모르겠다. 아닌 게 아니라 여성 개념 및 이슈는 특히 페미니즘 지평에서 대체로 진보성과 연결되지만, 가정(home) 또는 가족(family)이라는 개념은 개념 그 자체로 정치적·

사회적 · 종교적 보수성과 연결되는 사례가 더 잦다. 즉, 두 이슈 중 하나는 대체로 진보를 향하고, 다른 하나는 대체로 보수를 향하는 것이다. 그래서 두 이슈 및 주제를 함께 다루고자 하는 순간 우리는 적잖이 당황하게 될 수 있다. 현실에서 두 항목 모두에 공평하게 동등한 무게를 부여하기가 사실상 상당히 어렵다.

여성과 가족 이슈를 동시다발적으로 다루는 작업 자체는 때로 아슬아슬 위험하기까지 하다. 여성 개념 및 젠더 인식보다 가족 개념을 의도적으로든 무심결에든 좀 더 부각하려 할 경우 꽤 난처한 문제가 파생될 수 있는데, 이는 보수적 가족 개념이 내포하고 있는 두 가지 속성 때문이다.

첫째, 보수적 가족 개념은 가족을 보수적 미덕 및 전통적 가치 수호의 최일선 단위로 취급하는 한편 '현상 유지'(*status quo*)의 첨병으로 간주하는 경향이 짙다. 실제로 가족 옹호 진술은 가족이라기보다는 사회 전체에서 가부장제 유지와 보존을 주장한다. 예를 들어 '한국기독교청년회'(YMCA) 총무를 지낸 전택부는 아버지의 병환 혹은 실종의 와중에 불가피한 현실적 요청을 따라 어머니가 가족의 대표자로 활동하는 경우에도 그 어머니를 진짜 머리가 아니라 "머리의 대행"으로 일컬었다(전택부, 1994, 146). 굳이 '대행'이란 단어를 써야 했을까 싶어 의아하지만, 그는 그렇게 했다. 이는 그가 표면에선 가족애 같은 윤리적 가치 폄하를 염려하는 듯하나, 속내는 남성 가부장 중심의 가족 형태가 흔들리지 않도록 정신 똑바로 차리자고 독려한 것으로 해석할 수 있다.

둘째, 보수적 가족 개념은 '근본주의적, 이기주의적, 정서 편향적'이라는 몇 가지 부정적 요소에 오염될 수 있다. 가족주의는 우리 현실에서 자주 건전한 사회변동 추세를 의도적으로 외면 · 간과하려는 "근본주의적 반작용"으로 나타난다(박영신, 1985, 41-42). 그것은 종종 건전한 사회변동을 훼방한다. 또 그것은 가족 중심으로 문제를 인식하고 해결하겠다는 보수적 이데올로기로 빈번히 출몰하는데, 그 저변에는 이기주의적 속성이 깔려있다. 한편 가족주의는 공동체적 문제의식이나 국가적 이슈 차원에서 가족의 역할이 부각될 경우, 사람들의 관심이 시민적 참여 및 정치적 의견보다는 인간적 돌봄이나 자선적 관심 쪽으로 치우치도록 조절한다(Borutka, 2020, 235-249).

사정이 이러한 까닭에, 가족 개념을 여성 개념에 한 걸음이라도 앞세우려 하는 논자는 보수적 태세(stance)를 취한다는 혐의에서 자유로울 수 없다. 이는 『여성의 지위』의 줄리엣 미첼(Juliet Mitchell), 『성의 변증법』의 슐라미스 파이어스톤(Shulamith Firestone) 그리고 『자본주의와 가족제도』의 엘리 자레스키(Eli Zaretsky) 등 여성학자들이 꾸준히 지적해 온 내용이기도 하다. 가족 주제가 여성 주제 앞에서 보수적 태세를 취해왔다는 혐의는 다만 혐의가 아니라 어느 정도는 기정사실이다. 우리나라에서 1980년대에 『가족연구의 관점과 쟁점』이란 연구서가 나타난 것도 그 기정사실에 대한 하나의 반응일 수 있다(이효재 편, 1988, 6).

왜 「새가정」은 여성과 가족을 같이 추구하는가?

지금으로부터 70여 년 전의 일이다. 1953년 7월 27일에 한반도 휴전협정이 체결된 그 이듬해 1월, 한국 기독교계 최초의 여성 월간잡지 「새가정」 창간호가 세상에 나왔다. 창간호에서 「새가정」은 1948년부터 3년간 매월 발간되다 한국전쟁 발발로 정간할 수밖에 없었던 월간지 「기독교가정」을 계승한다고 밝혔다. 이후 「새가정」은 역동적 한국사회 안에서 쉬지 않고 발간되어 왔다. 21세기에 이르도록 정간 및 휴간 없이 여전히 발간 중이며, 2026년 가을엔 800호에 이르게 된다.

이 잡지 「새가정」은 독특한 정체성을 지녔다. 마치 우리나라 여성가족부처럼, 여성 주제와 가족 주제를 한 줄기로 뒤섞고 엮었다. 창간 당시부터 여성잡지와 가족잡지 사이에 드러내놓고 혼종(hybridity)을 자처하였다.

이 글은 이 잡지의 혼종에 '긴장'(tension)이 들어있음에 주목한다. 물론 「새가정」 잡지가 혼종을 자처하며 나선 처음부터 여성과 가족 간 긴장을 의도적으로 설계하거나 배치했는지는 명확하지 않다. 그러나 그 긴장을 숨기지 않았음은 명백하다.

「새가정」이 여성 이슈를 다룰 때는 전반적으로 진보적 페미니즘을 지향한다. 이는 창간호에 게재된 몇 편의 원고만 읽어봐도 대번에 알아챌 수 있다. 김재준은 "그리스도교와 여성해방"이라는 제목의 글을 창간호에 기고했다. 여성해방을 페미니즘 이데올로기 차원이 아니라 신앙 차원에서 조명하는 글이다. 같은 책에서 조병화는 "아내에 대한 남편의 변"에서 호주제를 정면으로 비판했고, 이순경은 "남편에게 보내는 편지"를 통해 아내의 자아 및 여성의 자유를 확증했다(새가정, 1954년 1월호). 또 「새가정」은 4·19혁명 직후 "축첩자들은 우리의 대변자가 될 수 없다"는 여성들의 성명서를 게재했다(새가정, 1960년 7월호). 그뿐이 아니다. 몹시 소망하는 수학 공부를 하기 위해 위장결혼마저 불사해야 했던 소피야 코발렙스카야(Sofya Kovalevskaya, Софья Ковалевская)라는 러시아 여성의 삶을 상세히 소개하기도 했다(새가정, 1954년 1월호). 「새가정」은 모든 시대 모든 나라에서 여성들이 얼마나 변혁적, 저항적, 진보적 성향을 드러내며 살았는지 알리는 데에 전혀 게으르지 않았다. 세계 각국 여성들의 삶을 한국의 여성상과 암시적으로 비교하는 글을 연재하여, 여성의 인권과 지위가 나라별로 노력 여하에 따라 다를 수 있음을 또한 시사했다.

    그렇지만, 가족 주제(혼인·모성·육아 등)가 중심을 차지하는 순간 「새가정」의 표정은 180도 달라진다. 진보적 페미니즘의 빛은 뿌옇게 흐려진다. 1957년 4월호 특집 주제는 "크리스챤 부인의 사회생활"인데, 특집 주제 글 가운데 신연식은 기독교인 기혼여성들에게 경제적으로 궁핍하지 않은 경우가 아니면 굳이 직업을 갖지 말라고 권유한다(새가정, 1957년 4월호). 동일한 특집 주제 아래 이영복은 여성, 정확히 말하면 아내가 직업을 갖지 않길 바란다는 주장을 태연히 펼친다(새가정, 1957년 4월호). 그로부터 몇 년 뒤, 일본어 투 청산을 촉구하는 등 민족주의를 고취하며 「새가정」 편집위원으로 수년간 맹활약했던 안신영은 아내들의 직장 생활을 반대하는데 그 이유를 엥겔스(Friedrich Engels) 같은 공산주의자들이 아내들을 직장으로 불러내기 때문이라고 명시하는, 기발한 관점을 제시한다(새가정, 1962년 3월호). 가족 주제를 우선하는 과정에서 여성들의 직장 생활을 비판하는 목소리는 이 정도에서 멈추지 않는다. 박종순은 직업여성이 되어야만 자부심을 느끼는 당대 여성들의 심리를 한탄함과 동시에 어머니들의 치맛바람을 비판한다. 공사(公私) 양면으로 어머니들이 '자신'을 잃어버린 것 같다며 걱정하는 이 글의 제목은 무려 "어른들은 반성하자"다(새가정, 1963년 3월호). 두 달 뒤 직장 생활과 가정생활을 병행해 온 자신의 어머니를 존경한다는 김자원의 원고가 나타나긴 하지만(새가정, 1963년 5월호), 가족 주제 위에서 여성의 활동이 운위될 때는 대체로 가족 주제가 선두를 잡고, 우위를 점한다. 그리하여 여성 주제는 짐짓 뒤로 물러서서 양보하는 자세를 갖춘다. 가족 주제에서 현상 유지 및 가족주의 관점이 맘껏 활개 치도록 방치하는 것처럼 보일 정도다. 심지어는 여성 주제를 가족 주제에 뒤섞느라 길을 잃은 것처럼 보이는 몇몇 원고들이 자칫 여성에 대한 반동적 이야기를 늘어놓을지라도 이에 대해 강력한 제재(制裁) 조치를 하지 않는다(이를테면, '게재 취소' 같은!).

그런데 이는 역설적으로, 지금 독자들이 읽고 있는 기사가 「새가정」의 전부가 아님을 확인해 주는 현상으로 읽힌다. 무슨 소리냐면, 여성 주제와 가족 주제에 관한 보수적 문장들을 거기 그냥 둔 채로 여성 주제에 관련된 진보적 문장들을 동일한 책의 다른 곳에 배치함으로써 가족 주제와 여성 주제가 서로를 직접적으로 마주쳐 공격하지는 않도록 하되, 다만 '그것과 다른 소리가 버젓이 존재함'을 확증하고 있다는 말이다.

왜 「새가정」에서 소통 관련 통찰을 얻으려는가?

실제로 「새가정」에는 여성의 주체성과 자기 결정권을 예찬하는 글과 여성의 가족 내 위치 존속을 주장하는 글이 함께 배치되는 사례가 빈번하다. 그러다 보니 「새가정」 독자들은 책 한 권을 읽는 동안, 소위 진보와 보수를 오가는, 다소 혼란스러운 체험에 빠져들 수 있다. 그럴 때 혼란스러움에만 집착하면, 잡지로서 「새가정」이 보수도 아니고 진보도 아닌 애매한 위치를 선택하였다는 식의 부정적 비평 정도가 가능할 것이다.

그러나, 이 글은 그 혼란스러움의 기저에 깔린 긴장(tension), 곧 여성과 가족이라는 주제 사이에 「새가정」 방식으로 놓아둔 긴장에 주목한다. 이러한 긴장은 비단 여성과 가족 주제뿐 아니라 여러 다양한 사안에서 다른 의견 및 정체를 지닌 사람들이 서로 소통하고자 할 때 막연하지만 명확히 감각하게 되는 긴장과 그 본질 면에서 유사하다고 말할 수 있다. 그러므로 이 글은 「새가정」이 여성과 가족 주제 사이의 긴장을 다루고 전시하는 방식에서 보편적 의미의 소통과 관련된 통찰을 얻을 수 있다고 확신한다.

관찰컨대 오늘날 우리 사회는 진보와 보수로 갈라져 선명하게 '진영'(陣
營)을 이루어 대결하고 있는 듯하다. 실제로 군사용어 '진영'이 아무렇지도
않게 통용될 정도로 양 진영 사이에는 공격과 반격이 마치 전쟁 치르듯
구현된다. 자극과 도발이 뾰족하게 날아다닌다. 이쪽 진영 내부에서는
저쪽 진영이, 저쪽 진영 내부에서는 이쪽 진영이 망하면 좋겠다고 생각한
다. 이러한 때에 진보와 보수 중 되도록 진보 쪽을 선택하여 적극적으로
진보적 대안을 제출하는 일이 올바른 사회 변혁적 방향에 들어서는
일일 수 있다. 또 그것이 이른바 진보 진영의 선구자다우며 페미니스트다
운 활동일 수 있다.

하지만 이 글은 진보와 보수 사이에서 소통을 모색하는 일 또한
진보 진영의 선구자 역할 못지않게 페미니즘 정치학을 위해 필요한
활동이라고 판단한다. 그리하여, 이제부터 이 글은 「새가정」 잡지가
표출하는 긴장이 여러 사람들 사이에서 소통을 이룩하고자 의도하는
이들에게 의미 있는 통찰을 줄 수 있는 단서가 될 수 있다는 점을 부각하고,
그 긴장과 관련하여 페미니즘 정치학의 한 부면을 전개할 것이다. 이를
위해 「새가정」 창간 초기 좌담회 기사들이 전달하는 여성들의 공적
대화를 여성 정치이론가 한나 아렌트(Hannah Arendt)의 행위이론과 공공성
논의에 견주되, 그렇게 견주는 전 과정을 발터 벤야민(Walter Benjamin)의
약한 메시아주의 위에서 수행하고자 한다.

역설 혹은 긴장을 수긍하며

조앤 W. 스콧(Joan Wallach Scott)은 『페미니즘 위대한 역사』에서, 페미니
즘이 성차(sexism)에 대한 '상반된 두 입장'의 마주섬과 부딪힘 속에서

발전해 왔다고 주장한다. 스콧의 분석에 따르면, 페미니즘은 여성을 정치적으로 배제하는 것에 맞서 항변할 때는 '성차'를 제거하려는 입장에 서고, 여성의 권리를 요구할 때는 '성차'를 생산하려는 입장에 선다(스콧, 2017, 54). 페미니즘이 여성을 남성과 동등한 존재 즉 추상적 의미의 개인으로 보는 관점, 여성을 남성과 근본적으로 불일치하는 존재로 주장하는 관점 사이에서 이편 아니면 저편을 취해왔다는 것이다(스콧, 2017, 343). 마치 상황에 따라 "깃발 내려"와 "깃발 올려"를 오가듯 페미니즘이 역사적으로 성차 내림과 성차 올림 사이에서 오락가락 해왔다는 이야기가 된다. 그 같은 속성을 묘사하는 용어로 '역설'(paradox)이라는 단어를 내놓는 동시에 스콧은 그 역설을 그대로 수용한다. 성차 제거와 성차 생산 사이에 드러나는 긴장을 제거해야 할 것으로 말하지 않는다는 말이다. 그보다는 그 긴장을 이용하는 페미니즘 정치학을 전망한다(스콧, 2017, 342-346).

평등과 차이가 빚어내는 긴장을 이용하는 일이 가능하겠다는 스콧의 긍정적 전망과 큰 틀에서 볼 때 유사하게, 인간들 사이의 평등과 차이(동등성과 차이성)에 관하여 정치적 논의를 전개한 정치사상가가 있다. 바로 악의 평범성, 전체주의의 기원 등으로 유명한 아렌트다. 그러나 아렌트는 성차한 가지에만 집중하진 않았다. 아렌트에 따르면 동등성과 차이성은 인간의 특질 전반, 인간의 존재 전반에서 나타난다. 이 세상 모든 개인들 사이에는 동등성과 차이성이 내재한다. 이는 아렌트의 정치철학 기조 중 하나로서, 인간복수성이라는 용어로 갈무리됐다.

인간복수성 그리고 약한 메시아주의

인간복수성(줄임 표현 '복수성')은 세상 모든 인간이, 이제까지 지구상에 살았거나 지금 살고 있거나 앞으로 태어날 그 누구와도 '같지 않다는 점에서 같다'고 강조한다(Arendt, 1998, 8). 2026년 현재 82억 명 남짓한 지구인들은 같은 인간이기 때문에 서로 다르다. 환언하면, 인간들은 여러 면에서 서로 남다른 차이점을 간직하지만 인간이라는 공통점 또한 보유한다. 흥미롭게도, 인간들 간의 개별적 차이성은 인간 종족이라는 동일성 때문에 의미를 갖는다. 우리는 메뚜기와 인간 사이에 식사량의 많고 적음을 비교하지 않는다. 바닷속 따개비와 인간을 두고 무성 생식과 유성 생식의 장단점을 대조하지 않는다. 같은 인간 종족 안에서 동등성과 차이성을 이야기할 때에만 동등성과 차이성의 의미가 옳게 발현된다.

한편, 월간잡지 「새가정」은 여성들이 남성들과 인간이라는 지점에서 동일·동등하며, 여성들이 여성들끼리 유사하긴 하지만 그렇다 하여 하나의 덩어리로 취급해도 될 만큼 동질적인 건 아니라는 입장을 견지한다. 그런 의미에서 「새가정」의 좌담회 기사는 남성 집단과 여성 집단이 빚어내는 차이성 및 동등성, 동시에 여성 집단 내에서 포착되는 차이성 및 동일성을 긴장감 있게 인지할 수 있는 좋은 역사 자료로 볼 수 있다. 이 역사 자료를 벤야민이 제기한 신학적 역사철학의 눈으로 읽어가며 앞서 언급한 아렌트의 인간복수성으로 적극 풀이해 보는 것이 이 글의 기획이다.

벤야민의 신학적 역사철학 방법을 간결하고 인상적인 문구로 요약하면 약한 메시아주의다. 이것은 미래에 강림할 강력하고 위대한 메시아가 구원을 일으킬 것이라고 주장하지 않는다. 그와 반대로 구원은 '지금'(now-time, Jetztezeit) 과거를 들여다보는 미약한 인물들을 중심으로 이 역사 안에서 전개될 수 있다(신명아, 2014, 53). 전통적 의미의 종말론적 메시아를 기다릴 게 아니라 과거 역사 속에서 구원의 작은 단서들에

지금 주의를 기울이고 밝히 드러내자는 것, 그것이 벤야민의 약한 메시아
주의가 지향하는 바다.

토론회 말고 좌담회

「새가정」 창간 초기 5년 동안(1954-1958년) 좌담회는 도합 4회 열렸다.
1956년 3회, 1957년 1회였다. 특히 1956년 한 해의 좌담회는 여성의
삶을 직접 주제로 내걸었다는 점에서 눈길을 끈다. 직장인 비혼여성들의
좌담회, 시어머니들의 좌담회 그리고 목사 부인들의 좌담회였다. 이 좌담
회 기사들을 읽을 때 우리는 70여 년 전, 그러니까 아무래도 오늘보다
젠더 의식 면에서 다소 흐릿했으리라 추정되는 시대에 옛 여인들의
좌담회가 여성들 사이의 소통뿐 아니라 보편적 의미의 소통 주제와
관련해 의미 있는 통찰을 내포한다는 사실에 적잖이 놀라게 된다.

　한편, 20세기 초반 우리나라 곳곳에서 개최된 수많은 좌담회는 이를테
면 공적 영역의 대화모임이었다. 좌담회는 말(speech)로만 이루어진 공간
이었다. 좌담회는 자신의 의견과 정체가 타인과 다르다는 것을 오직
말로써만 설명하며(위력이나 폭력을 동원하지 않음), 오로지 말로써만 겨루는
활동이 일어나는 공적 영역이었다. 따라서 당대의 좌담회는 아렌트의
공적 영역 개념에 대체로 적합하게 조응한다. 아렌트에 따르면, 공적
영역은 사람들의 개별적·집단적 이해득실과 무관하게 존재하는 영역이
다. 거기서 일어나는 사람들의 활동은 사유재산 보호나 이익분배적 동맹(동
반자 관계, *societas*)으로 기울어지지 않는 한, 정치적 행위들이다.

　「새가정」 잡지가 그 같은 성격의 좌담회를 염두에 두었음은 물론이다.
무엇보다 「새가정」 좌담회는 당대 토론회로 호명되던 찬반 토론식 대화모

임과는 성격을 달리한다. 「새가정」은 1967년에 서울소년원 수감 중인 청소년들의 토론회를 녹취하여 몇 달에 걸쳐 연속으로 게재하였다. 소년원에 수감된 원인이 수감자 자신에게서 기인하는지, 수감자의 환경에서 기인하는지에 대한 찬반 토론을 녹취한 기사들이다. 이때 「새가정」 편집부는 토론회 기사 안에 '반론'이라는 중간 제목을 사용해 의견들을 구분하여 대립하게 하는 편집 기술을 가미한다. 토론회를 '대결함으로써 승패 확정하기' 혹은 '의견 하나로 통일하기' 같은 특정 목표를 지향하는 대화모임, 즉 목표 지향적 대화모임으로 간주했던 때문이 아닐까 싶다. 이는 「새가정」이, 목표 지향적 성격의 토론회에 비하여 좌담회를 소통 지향적 성격이 더 짙은 모임으로 이해하고 있었음을 방증한다.

공적이고 정치적인 좌담회에 들어선 여성들

「새가정」이 대체로 토론회가 아니라 좌담회라는 제목으로 대화모임을 개최한 것은 두 가지 시대사회적 배경에 대한 반응이었다고 설명할 수 있다. 첫째, 「새가정」 좌담회는 당대 한국 사회의 상식 수준을 일정 정도 반영한 용어 선택이었다. 구한말을 지나 일제강점기를 지나는 동안 한국인들의 머릿속에는 토론회와 좌담회의 차이가 사실상 '당국의 눈총을 덜 받을 수 있음'에 놓여 있었다. 당시 식민지 조선의 공적 영역에서 토론회가 개최되면 일제는 대번에 억압하고 탄압했으며, 감시의 눈총을 거두지 않았다. 그것이 일제에 대한 반체제라는 목적을 표방하는 목표 지향적 모임으로 보였기 때문이었다. 그러자 뜻있는 한국인들은 공적 대화모임이라는 성격은 버리지 않되 일제의 감시를 효과적으로 우회할 수 있는 대체용어로서 좌담회를 채택한다(조미숙, 2009, 205-207). 그러던 것이 해방공간과 한국전쟁 기간을 지나면서도 지속된다. 「새가정」도 그와 같은 사회 전반의 분위기를 따라 좌담회라는 단어를 선호했던 것 같다. 그리하여 결과적으로 목표 지향성보다 소통 지향성을 채택한 셈이 되었다. 「새가정」이 좌담회를 개최했다는 것은, 의견 통일, 이슈 파이팅을 통한 승패 확정 같은 것을 목표하기보다 대화가 이루어지는 현상 자체를 추진하는 쪽으로 나아갔다고 해석할 수 있다.

둘째, 「새가정」 잡지는 참석자들 사이에 공격적 발언 및 태도가 덜 표출되는 방식의 평화적 대화모임으로 좌담회의 성격을 수용한 것 같다. 실제로 「새가정」 좌담회에서는 참석자의 공격적 반응이 단 한 줄도 기록되어 있지 않다. 예를 들어, 좌담회 사회자가 시집살이의 힘겨운 점을 회상해달라고 제안하자, 한 참석자는 "그리스도교 가정이었기 때문에 전연 부자유란 모르고 지냈어요"라며 자기 삶의 경험이 사회자의 질문에 정확히 배치된다는 점을 명시한다. 그러나 사회자를 향해 "질문하는 방식 자체가 잘못됐네요"라는 식의 지적을 하지는 않는다. 그뿐이 아니다. 또 다른 참석자는 곧바로 "옛날이라고 다 심하진 않았어요"라는 발언을 구성함으로써, 시집살이라는 것을 모든 여성이 겪는 보편의 질곡으로 간주하는 사회자의 통상적 발언이 문제적이라는 사실을 다시 한번 일깨운다(새가정, 1956년 3월호). 그들은 시집살이라는 좌담 주제에 대하여 자기 경험에서 우러나온 자기들만의 의견을 갖고 있었다. 그러나 그 누구도 자신의 의견을 최종적 결론으로 주장하진 않았다. 그들은 대체로 '당신은 그리 생각할지 모르지만, 나는 달리 생각한다오' 정도의 자기표현을 지향한다. 내 말이 온통 맞다고 내세우진 않지만, 자신의 정체와 의견을 표현하는 데에서만큼은 한 발짝도 양보하지 않는 모습이다.

조심스러운 추측이지만, 실제 좌담회 현장에서는 공격적인 발언이 오갔을지도 모른다. 당시 「새가정」의 기사 작성 방침은 오늘날 일부 언론이 취재 대상의 대화 내용을 녹취한 날것 그대로 공개하는 황색언론식 보도 관행과는 달랐던 까닭에, 현장의 공격적 발언이 생략되었을 가능성도 배제할 수 없다. 그럼에도 이 글은 다만 기사 작성 방식 때문만이 아니라, 「새가정」 좌담회 장면에서 실제로 상호공격적 발언이 없었으리라고 추론한다. 좌담회 기사가 좌담회 전체의 대화 가운데 중요 대목만을 얼핏 선별적으로 전달하는 듯 보이지만('중략'[中略]이란 표현이 가끔 등장함), 사실은 '일동 웃음'이나 '일동 폭소' 같은 비언어적 활동까지 빼놓지 않고 일일이 표기했기 때문이다.

그러므로 여기서 좌담회 참석자들이 아주 뚜렷이 의식했다고 단정지을 순 없지만, 그들이 공적 영역을 이해 및 공유하고 있었다고 말할 수 있다. 환언하면, 1950년대 중후반 「새가정」에서 전개된 우리 옛 여인들의 좌담회는, 벨 훅스(bell hooks)가 중요하게 추어올렸던 '심리치료 과정에 버금가는 여성들의 의식화 모임'과는 다른 성격의 모임이었다는 말이다(훅스, 2017, 38-39). 「새가정」 좌담회는 심리적 집단상담 류의 모임이 아니었다. 공적이고 정치적인 대화모임이었다.

사적 영역이 다루는 차등 혹은 어둠

인간의 삶에서 사적 영역을 대표하는 것은 가정(가족)이다. 역사적으로 가정을 대표하거나 연상케 하는 이는 대체로 여성이었다. '사적 영역=가정 또는 가족=여성'이라는 연쇄적 의미의 연결이 꽤 오래전에 형성되어 오늘에 이르렀다. 그리하여 동서고금을 막론하고 남편은 '바깥양반' 아내는 '안사람'이다.

사적 영역은 주로 가족 구성원들의 생계가 전개되는 공간이다. 동서양을 막론하고 옛날에는 가족의 살림살이를 주로 여성과 노예가 전담했다. 그게 바람직하다거나 이상적이었다는 이야기가 아니다. 가족이 경제(생산과 소비)의 한 단위였으며, 이를 대체로 여성과 노예가 담당했다는 것은 돌이킬 수도 없고 부인할 수도 없는 역사적 사실이다. 아니, 역사적 사실에만 그치지 않는다. 그것은 현재적 진술이기도 하다. 미첼이 『여성의 지위』에서 지적하듯 "변화에 따른 모든 적응에도 불구하고 어떤 확실한 경직성과 자기보존성을 가지고 엄격한 이데올로기적 경제적 단위"로서 아직도 존재하는 조직이, 우리가 익히 잘 알고 있는 바로 그 가족, 즉 가정이다(미첼, 1984, 166).

아렌트도 미첼과 유사하게 가정을 사적 영역의 대표 공간으로 언급한다. 그러고 나서 '사적'(private)과 '빼다'(deprive)의 어원이 'priv'로 동일하다는 사실을 환기하며, 공적 영역의 빛(정치적 활동)을 빼낸 곳이 사적 영역이라는 설명을 덧붙인다. 아렌트에 따르면, 밝게 빛나는 무대로서 공적 영역이 중시하는 것이 '평등·동등'인 반면, 어두우며 아늑한 사적 영역이 소중히 다루는 것은 '차등(위계 서열)·질서'이다. 공적 영역은 평등과 동등에 대한 공동체적 합의를 바탕으로 존재해야 하지만, 사적 영역은 그럴 필요가 없다. 사적 영역에서는 평등과 동등이 존재의 바탕을 이루지 않는다. 사적 영역은 평등과 동등에 대한 공식적 합의보다는 신체적·물질적·경제적 목적에 충실한 생존 활동이 더 진지하고 섬세하게 진행된다. 일례로 가정 안에서 아기는 일방적으로 보호를 받는다. 아니, 받아야 한다. 우리는 돌잡이 어린이에게 젓가락을 똑바로 쥐고 어른들과 동등하게 식사하라고 다그치지 않으며, 두 살배기 어린이더러 어른들과 동등하게 무거운 짐을 들도록 강요하지 않는다. 가정 안에서 우리는 어린이와 어른은 물론이거니와 다양한 정도의 장애인이나 노인에 대하여 차별적으로 행동하며, 각각의 사람에게 알맞은 돌봄을 수행한다. 요컨대 차별과 질서와 돌봄이 주로 이루어지는 공간이 사적 영역이다.

아리스토텔레스와 아렌트가 한목소리로 강조하였듯, 인간은 '정치적 동물'인 동시에 사적 영역을 필요로 하는 사적 존재다. 인간은 비유컨대 "네 개의 벽"으로 둘러싸인 사적 영역 안에 머물 때 안전하다(Arendt & Blücher, 2000; Arendt, 1998, 71). 영화 〈트루먼 쇼〉의 주인공 트루먼처럼, 만천하에 자신의 사적 생활이 공개되는 것을 원하는 이는 없으며, 보통 사람들에게 그런 일은 거의 일어나지 않는다. 대다수 인간은 공적 영역의 빛을 빼낸 곳, 공적 영역의 합의와 규칙과 관계가 거의 영향을 미치지 않는 공간, 공적 영역에서 멀리 떨어져 있어 상대적으로 어두운 사적 영역을 필요로 한다(아렌트, 1996, 125-127).

그런데 1950년대 중후반 「새가정」이라는 공공기관이 주최한 좌담회에 참석자로 나타난 사람들은 전원 여성이었다. 역사적으로 오랫동안 사적 영역의 대표자로 인정되었던 사람들이 사적 영역 아닌 장소, 즉 공적 영역에 '반짝' '깜짝' 출현한 것이다.

공적 영역이 다루는 의견과 정체

아렌트의 행위이론에 따르면, 공적 영역에서 행위가 나타나면 그 행위가 '무엇인지'(what)뿐 아니라 행위자가 '누구인지'(who)도 밝혀진다 (Arendt, 1998, 182; 283). 1956년 「새가정」 좌담회에서 바로 그러한 행위들이 빈번히 일어났다. 예를 들어, 직장인 비혼여성 좌담회에 참석한 김응옥은 "하다못해 넘어지는 것도 여자가 넘어지면 말이 많단 말이야요, 글쎄"라는 말로, 여성의 일거수일투족을 조절하려는 직장 내 남성 우월적 분위기를 지적한다. 그럼으로써 그녀는 자신의 여성 의식을 표현할 뿐 아니라, 직장 내 성차별 문화를 비판할 줄 아는 자신의 페미니스트 정체성 일면을 슬쩍 내보인다. 한편 은행원으로 일하는 김승자는, 남자들은 집에 돌아오면 직장을 핑계 대며 휴식을 취할 수 있지만 여자들은 그렇지 않다고 말한다. 그 말끝에 김승자가 "하다못해 설거지라도 하는 것이 당연하다고들 생각하잖아요?"라고 표현하자, 참석자들은 "옳습니다!"를 합창한다(새가정, 1956년 2월호).

이와 같은 좌담회 참석자들의 모습은 개화기 이후 '말하는 주체'로 등장한 몇몇 교육받은 탁월한 여성 개인들과 얼핏 유사해 보인다(이숙진, 2023, 29-33). 그러나, 좌담회 참석자들이 소위 '알파걸' 류의 여성 웅변가들이 아니라는 점에서 그 '말하는 주체'들과는 성격을 조금 달리한다. 1950년대 중후반 「새가정」 좌담회 참석자들은 정치 행위자로서 자신의 의견과 정체를 드러내고, 동시에 타인의 의견과 정체를 알아보는 일을 감당한다. 그 여성들에게서는 행위 이외에 다른 목표나 동기가 보이지 않는다. 그중 어느 누구도 여성 웅변가들 유의 '말하는 주체'가 아니다. 그들은 연설이 아니라, 대화에 참여한다. 바로 그 때문에 그들의 활동이 아렌트가 정의한 행위(action) 개념에 꼭 들어맞는다.

아렌트에 따르면, 행위에는 목표와 동기가 없다. 행위에 목표 및 동기가 없어야 한다는 말이 아니다. 목표 및 동기의 유무를 기준으로 행위인지 아닌지를 판정하지 말아야 한다는 이야기다. 행위자가 특정한 사회적 및 정치적 목표를 명확하게 제시했는가 여부로 행위의 품질이 평가받아서는 안 된다. 또는 행위가 내포한 동기의 윤리적 지향을 두고 한 사람의 행위 여부를 판가름하려 해서도 안 된다(김비환, 2001, 112-114).

예를 들어 바로 위에 예시한 좌담회에서 김승자는 자신이 결혼하게 되면 직장을 그만두게 될 것 같다고 말하는데, 그 이유는 기혼 여성이 직장 생활을 하면 눈총을 받게 되기 때문이다(새가정, 1956년 2월호). 이 의견에 대하여 좌담회 참석자 누구도 "투철한 여성의식으로 그러한 우리 사회 분위기를 깨뜨려야 한다!"는 식으로 의식 개혁을 주장, 설득하지 않는다. 반대로 "그게 어차피 더 현실적인 방법이다"라고 자포자기하듯 타협하지도 않는다. 그들은 그녀의 말을 그저 경청할 따름이다. 그리고 미용사로 일하는 이영자가 여성에겐 미용사라는 직업이 제격이라며, 여성들과 주로 일하기 때문에 남편에게 오해받을 우려가 없기 때문이라고 그 이유를 밝힐 때에도 그들의 경청 행위는 지속된다.

무엇보다 좌담회 참석자들은 타인의 의견과 정체에 대하여 가타부타 평가하지 않는다. 타인의 의견과 정체에 대하여 딱히 적대적이지 않지만 그렇다고 특별히 더 우호적인 것도 아니다. 그때 그 자리에 모인 여성 행위자들은, 타인의 행위(의견과 정체)가 나의 이해관계(이익과 손해)를 좌우할 수 없음을 이미 잘 안다는 듯 행위를 전개하거나 행위를 주시한다. 이는 아렌트의 정치이론에 비추어 보면, 그들이 공공성(publicity)을 기반으로 하여 거기에 모였음을 반증한다.

공익은 공공성이 아니다

공공성에 대하여 가끔 만나는 오해가 있다. 공공성을 공익과 혼동하거나 최소한 그와 비슷한 개념으로 간주하는 것이다. 그러나 공공성은 공익과는 질적으로 다르다. 공익(public interest)은 이익과 관계가 있다. 개인의 사적인 이익을 추구하지 않는 까닭에, 공익은 때때로 선한 것으로 보이며, 그런 점에서 공동체 구성원들의 지지를 전폭적으로 받을 수도 있다. 많은 경우에 공익은 일종의 공공선으로 수용되나, 그렇다 할지라도 공익이 이해관계에 집중한다는 본질이 없어지는 건 아니다.

　예를 들어 한일·한미 간 외교협상 중일 때 우리는 한국이라는 국가공동체의 공익을 우선하게 된다. 이에 따라 한국의 외교 관료들은 상대국(일본, 미국)도 역시 자국의 공익을 우선하리라 예측하는 한편, 우리나라의 공익 확보에 유리한 외교정책을 세운다. 한국의 공익을 위하여 때로는 신속히 응답하고, 때로는 응답을 지연하기도 한다. 당연한 일이다. 또한 전쟁이 일어나면 전쟁 당사국이나 전쟁을 지켜보는 이웃 국가들은 저마다 자국의 이익을 도모하는 데에 모든 외교력을 투입한다. 비극적인 사례이지만, 2023년에 시작되어 2년 이상 지지부진한 전투를 수행 중인 러시아-우크라이나 전쟁 그리고 이스라엘-하마스 팔레스타인 전쟁 역시 따지고 보면 모두 공익을 염두에 둔 국가 행위이다. 이러한 전쟁을 둘러싸고 각국은 저마다 자국의 공익을 어떻게 더 확보하고 증진할지 계산하느라 분주하다. 한국은 이 와중에 폴란드를 상대로 어마어마한 금액의 첨단무기 수출계약을 성사시켰다(연합뉴스, 2025년 12월 30일자). 전쟁이란 위기 속에서 절묘하게 (혹은 얄밉게?) 공익을 챙긴 셈이다.

　그런데 공공성은 공익과는 다른 차원을 가리킨다. 아렌트는 칸트의 『판단력 비판』을 강의하면서, 정치적 동물이 반드시 익혀야 할 공공성의 의미를 섬세하게 환기한 바 있다. 한마디로 요약해 공공성은 이익 및 손해를 다루는 활동이 아니다. 공공성은 투명한 공개 즉 '투명성'을 지향하며 촉진한다. 이 투명성엔 자율적 공개와 타율적 폭로가 두루 포함될 수 있다. 공공성은 강요된 검열, 은폐된 비밀을 거부한다. 공공성에서는 모두에게 공정하게 낱낱이 충분히 알려진다는 것이 중요하다.

이 세상에 처음 나왔을 때부터 오늘날까지 페미니즘 방법론은 은폐된 남성중심주의를 밝혀내는 일에 꾸준히 종사해 왔다(피퍼, 2008, 12). 한 사회에 공공성의 빛을 비추어, 거기서 발견되는 남성중심주의 문제를 적합하게 평가하고, 그 문제를 해소하고자 노력을 경주해 온 것이다. 그러므로 우리 시대 페미니즘 정치학은 여성들의 '집단적 이익'(공익)에 집착할 게 아니라 공공성을 우선 건설하여 거기에서 공공성의 빛이 계속 타오르도록 하는 데에 초점을 맞출 필요가 있다고 생각한다. 누가 더 여성 집단의 공익을 배타적으로 추진하는가 평가하고 싶은 마음이 혹시 올라온다 할지라도 오늘날 페미니즘 정치학은 우리 공동체 전체의 투명한 공공성을 촉진하는 일에서 발을 빼서는 안 될 것이다. 이는 다만 최근 전 세계를 중심으로 번지는 극우 계열 '매노스피어'(남성계, Manosphere)가 "남성을 다시 위대하게!"('미국을 다시 위대하게!'와 동일한 구조)라는 표어 아래 '남성의 이익을 되찾고자' 운동하는 젊은 남성들의 백래시를 다만 무력하게 하기 위해서가 아니다(코플런드, 2025, 18-22). 그보다는 공공성의 빛 아래에서 젠더 관련 불평등 문제들이 환히 밝혀질 때 공동체가 공동으로 함께 문제해결 방안들을 찾아낼 수 있으리라는 긍정적 믿음, 즉 공공성의 빛에 대한 신뢰를 지켜가야 하기 때문이다.

동등성과 차이성의 한가운데서

공공성의 빛 아래에서는 여성의 권리나 책임 그리고 희생이나 소망뿐 아니라 여성들 사이에 존재하는 동등성과 차이성에 얽힌 온갖 문제들이 밝히 드러난다. 드러날 수밖에 없다. 우리가 공공성의 빛을 더욱더 환히 밝혀야 할 이유다. 「새가정」 1956년 4월호 좌담회를 예시해 보겠다.

이 좌담회는 목사 부인들의 좌담회였다. 사회자가 어쩌다 목사 부인이 되었는가, 말해달라고 제안한다.

이 질문에 대하여 이상희는 목사가 될 남자를 남편으로 작심하고 물색한 게 아니라 어쩌다 그리된 것으로 설명했다. 하지만 박용길은 의도를 갖고 목사 될 남자 중에서 남편감을 선택했노라고 발언했다. 김필규는 중매결혼이라 고르고 말고 할 게 없었다고 이야기한 반면, 정용숙은 중학교 다닐 때부터 아예 목사를 지정해 배우자 기도를 드렸다고 고백했다(새가정, 1956년 4월호). 그들은 목사 부인이란 결과에서는 동등하고 동질적이지만(동등성), 목사 부인이 되기까지의 사연은 전혀 동일하지 않다(차이성). 현재 목사 부인이라는 이유로 교회 안팎에서 유사한 대우를 받지만(동등성), 개성과 상황을 따라 서로 다르게 활동한다(차이성). 공공성의 빛 아래에 확연히 드러난 그들의 발언과 태도를 보면, 아렌트가 말한 의미의 동등성과 차이성이 제각각 힘 있게 뻗어 오르는 게 확인된다. 동등성의 면에서 보면 동등성이 살아있고, 차이성의 면에서 보면 차이성이 살아있다.

1956년 한 해 동안 무려 3차에 걸쳐 열린 「새가정」 좌담회는 직장인 비혼여성, 시어머니 그리고 목사 부인의 자리에 있는 여성들을 한군데 모아놓고 그들의 차이성을 부각함과 동시에 동등성을 표시한다. 그 기사들을 읽다 보면 차이성만 눈에 띄는 것도 아니고, 동등성만 도드라지는 것도 아니다. 차이성이 눈에 띄는 순간 동등성이 눈에 들어온다. 동등성을 전제하는 순간 차이성이 너무나도 생생히 모습을 드러낸다.

정치이론가 아렌트에 따르면 동등성과 차이성을 다루는 공적 영역의 대화는 그것 자체로 정치적 활동일 수 있다. 물론 당시 좌담회에 참석한 여성들이 아렌트의 정치이론을 알지는 못했겠지만, 그들은 분명히 공공성의 빛을 의식하였다. 인간복수성 개념을 몰랐다 하더라도, 그들은 직관적으로 또 인간적으로 자기들의 동등성과 차이성을 다룰 줄 알았다. 그리하여 그들은 동등성과 차이성 한가운데서 인간복수성을 구현하고 체험하였다.

소통을 위한 단서, 인간복수성

지금 우리 사회는 끼리끼리 모여 아군과 적군으로 나누어 서로를 대적하는 방식으로 대화하는 것에 몹시 익숙하다. 대화 상대자들 사이에서 포착되는 차등적이거나 차별적인 것을 꼬집거나 조롱하는 데에 능수능란하다. 대결과 대립을 선명히 할수록 오히려 재미있다고 느끼고, 심지어 적대감을 기반으로 전의를 불태울 때 생생한 열정을 감지하기도 한다.

그리하여 우리 중 어떤 이들은, 가시 돋친 말을 얼마나 더 효과적으로 따갑게 들려줄지 궁리한다. 그게 안 되면 상대를 비꼬거나 비웃거나 냉소한다. 예컨대 상대의 비상식적 태도에 대하여 정당한 비판을 가하며 함께 일을 도모하려 하기보다는 "당신들이 더 비상식적으로 행동하세요, 그래야 우리가 더 상식적인 사람으로 보이게 되지요"라는 식이다. 또는 적대적 집단에 속한 사람들 앞에 서게 되면 아예 맥이 빠져서 모든 종류의 소통을 지레 포기하는 경우도 많다. 극우니까(극좌니까), 보수니까, 꼴통이니까, 페미니까, 펨코니까, 영포티니까, 반민주세력이니까 등등…, 거기엔 나름의 합리적 이유가 줄줄이 따라붙는다.

물론 대화하기 힘든 사람, 성의를 보이지 않는 사람을 상대로 진지한 대화를 시도하는 일은 쾌적한 소통을 결과로 가져오지 않을 가능성이 매우 크다. 그런 대화를 머릿속으로 상상하는 것만으로도 피로감이 몰려올 수 있다. 소통을 자기중심적으로 생각하면, 즉 내 쪽으로 상대의 의견을 잘 끌어오는 게 대화의 목표가 되면 불편하고 불쾌한 마음이 앞설 수밖에 없다. 그러나 자기 의중을 전달하는 것을 목표로 삼는 발언은 소통을 구현하기 어렵다. 또한 상대의 의견에 휩쓸려 넘어가면 안 된다고 고집부리는 경우에도 소통은 발생하기 어렵다.

소통의 발생과 유지에 관해 아렌트의 표현을 빌려 말하자면, 원칙적으로 인간복수성 다시 말해 동등성과 차이성이 빚어내는 '쾌적하지 않은 긴장'을 피하지 말아야 한다. 20세기 중반 「새가정」 좌담회에 참석했던 그녀들처럼.

대화 상대자를 좋아하라는 이야기가 아니다. 다만 상대가 혹시 내 눈에 이상해 보이고 비합리적 발언을 구사하는 사람이라 할지라도 원칙적으로 그 사람을 인간복수성의 현현으로 믿어보자는 말이다. 어쩌면 상대의 눈에는 내가 이상하고 비합리적 발언을 구사하는 사람으로 보일지도 모를 일이다.

소통을 위한 기억, 약한 메시아의 힘

우리는 여성 행위자들이 공적 영역에 진입하여 공공성의 빛 아래에서 인간복수성을 존중하며 대화했다는 사실을 보여주는 역사적 기록물이 바로 「새가정」 좌담회 기사라는 아이디어에서 출발하여 여기에 이르렀다. 그러나 보기에 따라서는 이러한 「새가정」 기사들이 자칫 별 대단한 게 아닌 듯 느껴질지 모르겠다. 어쩌면 '약해' 보일 수도 있다.

위대한 평론가 벤야민에 따르면, '역사가' 다른 말로 '기억하는 자'는 지나간 과거의 역사에서 발견된, 약해 보이는 것들의 의미를 되살려 북돋우는 사람이다(설수현, 2020, 118). 기억하는 자로서의 역사가는 막강하고 위대한 것을 추앙하는 존재가 아니며, 힘의 강약을 근거로 역사를 판단하지 않는다. 이 글은 처음부터 지금에 이르기까지 바로 그러한 역사가의 작업을 추진해 왔다고 자부한다.

또한 벤야민에 따르면, 역사가는 우리 사회가 가만히 놔두기만 해도 미래에 필연적으로 진보할 것이라 믿는 옛 사회주의자들 식의 막연하고 "미심쩍은 낙관주의"에 대해 경계하는 자다(벤야민, 2024, 294). 가만 놔두어도 진보하는 사회란 없다. 오늘을 사는 우리가 과거에서 의미를 건져내어 현재로 가져와 읽어내어, 진보적 방향 설정에 관련된 타당한 주장을 공적 영역에서 전개하고 실천할 때 우리 사회는 진보를 기대할 수 있다. 실제로 2025년과 2026년을 지나며 우리 사회를 진지하게 주시하는 페미니스트라면 "미심쩍은 낙관주의"에 속절없이 빠져들 순 없을 것이다. 2025년 하반기 대한예수교장로회(예장) 통합교단은 110회 총회에서 그동안 권고사항이었던 여성 총대 1명 할당제 법안을 부결시켰다. 예장 합동교단은 여전히 여성 목사 안수를 거부하였다. 한국기독교장로회(기장) 여러 교회들은 동성애 관련해서 우선 연구부터 해보자는 다소 중립적인 안건마저 회피하였다.

기억과 정치 그리고 소통

이 글은 오늘 우리 사회를 향한 미심쩍은 낙관주의를 페미니스트 관점에서 걷어내려는 소박한 의지에서, 또한 소통에 대한 정치적 통찰을 얻고자, 공공성의 빛 아래에서 인간복수성을 존중하며 대화한 과거 여성들이 한 여성잡지에 남긴 작은 단서들을 기억하는 작업을 진행하였다. 벤야민의 용어로 바꾸면 '회억'(回憶, Eingedenken) 활동을 전개한 것이다.

그런데 회억의 빛 아래 나타난 그 단서들은 일견 사소해 보이고, 희미해 보인다. 작고 하찮아 보인다. 그러나 이 글은 크고 작음을 차별하지 않았다. 커서 집중하거나 작아서 무시하는 일을 우회하고자 하였다. 이는 보다 타당성 있게, 설득력 있게 여성신학적 주장을 구성하기 위해 채택한 방법이었다. 벤야민의 말 그대로 역사가가 해야 할 일을 시험적으로 수행한 것이었다. 아닌 게 아니라 벤야민의 신학적 역사철학 방법론은 「새가정」 잡지가 품은 작은 역사 기록물 조각들을 퍼올려 적극적으로 기억하도록 이끈다. 바로 그 자리에서 내내 후세의 해석을 기다렸다는 듯 발랄하게 튀어 오른 여성들의 정치적 활동 관련 기사들을 주의 깊게 바라보도록 인도한다. 그 과거와 소통하도록 우리의 마음을 건드린다. 과거 어느 날에 '장차 오리라 예견됐던' 우리에게, 과거가 요구하는 바로 그 (약한 메시아의) 힘을 펼쳐보라 권한다(벤야민, 2024, 332).

다행스럽게도 「새가정」이라는 잡지 매체는 오늘도 우리 곁에 있어 과거와 소통하도록 자극한다. 이 역사 기록물이 보여주는 여성 대화자들의 모습을 아렌트의 정치이론이 제시하는 공공성과 인간복수성에 견주어 의미를 부여한 것이 이 글의 작업이었다. 끝으로, 20세기 중반 「새가정」 좌담회 기사들에 대한 이 글의 기억 작업과 정치적 해석이, 목하 불통을 한탄하며 소통을 갈망하는 21세기의 수많은 대화자들에게 하나의 작은 '팁'으로 다가가기를 바라며 글을 맺는다.

참고문헌

김비환. 『축복과 저주의 정치사상』. 서울: 한길사, 2001.

미첼, 줄리엣. 『여성의 지위』. 이형랑 · 김상희 옮김. 서울: 동녘, 1984.

박영신. "한국 사회의 변동이론: 가족주의와 변동의 구조적 접합." 「사회이론」 12월 (1985): 24-43.

벤야민, 발터. 『발터 벤야민 선집 5; 역사의 개념에 대하여, 폭력비판을 위하여, 초현실주의 외』. 최성만 옮김. 서울: 도서출판 길, 2024.

설수현. "벤야민의 '수집가' 개념에서 나타나는 역사인식의 가능성." 「범한철학」 제96집, 봄 (2020): 93-124.

스콧, 조앤 W. 『페미니즘 위대한 역사』. 공임순 · 이화진 · 최영석 옮김. 서울: 앨피, 2017.

신명아. "발터 벤야민의 정치신학과 약한 메시아주의." 「비평과이론」 제19권, 봄/여름 (2014): 51-84.

아렌트, 한나. 『인간의 조건』. 이진우 · 태정호 옮김. 서울: 한길사, 1996.

이숙진. 『한국 근대 기독교와 여성의 탄생』. 서울: 모시는사람들, 2023.

이효재 엮음. 『가족연구의 관점과 쟁점』. 서울: 까치, 1988.

전택부. 『가정의 뜻, 금혼잔치 베품의 뜻』. 서울: 홍성사, 1994.

조미숙. "일제 강점기 매체에 게재된 좌담회 연구: 잡지의 만주 담론을 중심으로." 「겨레어문학」 43 (2009): 203-235.

코플런드, 사이먼 제임스. 『젊은 남성은 왜 분노하는가?』. 송은혜 옮김. 서울: ㈜바다출판사, 2025.

피퍼, 안네마리. 『페미니즘 윤리학의 이해』. 문영식 옮김. 서울: 철학과현실사, 2008.

훅스, 벨. 『모두를 위한 페미니즘』. 이경아 옮김. 파주: 문학동네, 2017.

Arendt, Hannah. *The Human Condition*. Chicago: The University of Chicago Press, 1998.

_____ and Blücher, Heinrich. *Within Four Walls: The Correspondence between Hannah Arendt and Heinrich Blücher 1936-1968*. Ed. Kohler, Lotte, Trans. Constantine, Peter. New York: Harcourt Inc., 2000.

Borutka, Tadeusz, "Caring for the Person and the Human Family as a Priority for the State and the Church." *The Person and the Challenges* Vol. 1010 (2020): 235-251.

성평등가족부(구 여성가족부) 홈페이지. http://mogef.go.kr.

김보경. "한화에어로, 폴란드와 5.6조 천무 추가계약‥ "방산외교 성과." 「연합뉴스」 2025. 12. 30. https://v.daum.net/v/20251230091354332. 최종 접속일: 2026. 1. 3.

월간잡지, 「새가정」(1954~1963).

이인미

아무도 궁금하다 말하지 않을지 모르지만, 이인미의 포털 사이트 아이디나 닉네임은 '아렌트' 혹은 '러빙아렌트'다. 정치사상가 한나 아렌트를 향한 우정 혹은 사랑(Philia)을 표방하고자 궁리 끝에 만들어낸 나름 귀여운 작명법이라 자부한다. 이인미는 이화여자대학교에서 석사학위를, 성공회대학교에서 박사학위를 받았다. 혼자 쓴 책으로는 『해나 아렌트의 행위이론과 시민 정치』(2020), 『외로운 사람들을 위한 정치 수업』(2023), 『AI와 악의 평범성』(2025), 『한나 아렌트 환경생각』(2026)이 있고, 동료들과 같이 펴낸 책으로는 『박원순의 죽음과 시민의 침묵』(2020), 『환경 살림 80가지』(2022), 『더 이상 침묵하지 않을 거야!』(2025) 등이 있다.

광장에서 배우는 설득

신학의 공적 소통에 대한 덕 윤리적 고찰

찰리 커크와 '설득의 정치'

2025년 9월 10일 미국 극우 논객 찰리 커크의 피살 이후 미국의 정치권과 언론계가 보여주는 반응이 걱정스럽다. 행정부와 기업 차원에서 그에 대한 비판적 발언을 억누르는 매카시즘적 조치들이 취해지는 한편(N. Yousif, Sep. 16, 2025), 진보적 언론이라고 여겨지는 뉴욕타임스에서도 칼럼니스트 에즈라 클라인(Ezra Klein)의 사설을 통해 커크의 생전 활동을 '올바른 방식'(exactly the right way)이라고 평가했다(E. Klein, Sep. 11, 2025). 클라인은 커크를 대학 캠퍼스에서 자기와 다른 의견을 가진 학생들과의 자유로운 대면 논쟁을 통해 진보적 가치가 독점해 온 공적 공간을 흔든 인물로 묘사하며, "우리 시대에 가장 효율적으로 '설득'(persuasion)을 행한 사람"이었다고 평가하였다. 여기서 클라인이 말하는 설득은 상대와의 갈등을 피하지 않고 직접 대면해 견해를 교환하는 태도로 정의된다. 클라인은 이러한 '다른 의견을 즐기는 태도'(a taste for disagreement)가 민주주의를 지탱하는 미덕이라고 강조하며, 진보 진영도 커크가 보여준 '두려움을 모르는 패기'(moxie and fearlessness)를 배워야 한다고 말한다(E. Klein, Sep. 11, 2025).

클라인의 사설은 절차적 합리성을 최우선 가치로 삼는 우리 시대 민주주의 담론이 얼마나 취약한 토대 위에 놓여 있는지를 보여준다. 실제 토론의 장면들에서 커크가 수행한 것은 클라인이 평가하듯 민주주의적 설득과는 거리가 멀었다. 설득이 상호 존중의 조건 아래 상대가 자신의 견해에 동의하도록 유도하는 기술이라면, 커크의 화법은 토론과 표현의 형식을 빌려 공론장의 규칙 자체를 자신에게 유리하게 바꾸는 '수사적 지배'(rhetorical domination)에 가깝다(B. Kabala, 2020). 예를 들어 커크는 다양성(DEI) 정책과 '블랙 라이브즈 매터'(Black Lives Matter) 운동을 '분열적'(divisive)이며 '반-능력주의적'(anti-meritocratic)이라고 반복적으로 호명하며 국가 안보의 위협이나 도덕적 태만으로 낙인찍는다(C. Kirk, 2022). 자신과 다른 견해를 논의의 장 밖으로 밀어내며, 동시에 사회적 약자를 겨냥한 혐오적 발언들을 '논쟁에 참여하는 용기' 또는 '표현의 자유를 방어하는 행위'로 호명한다. 실제로 그는 "법적으로 미국에는 혐오 표현이라는 것은 없다"라며 미국 수정 헌법 1조를 근거로 제시했고, '추악하고 역겨운 언설'까지도 자유의 보호를 받아야 한다고 주장했다(C. Kirk, Jun. 15, 2022). 라벨링을 통해 발언의 폭력적 내용을 은폐하고, 공정성이라는 객관적 가치의 언어를 선점하는 전형적인 수사적 지배의 방식이다. 여기에 무대 조명, 카메라 앵글, 마이크 위치, 관객의 동선과 반응 유도 같은 연극적 장치들이 더해지면서, 토론장은 상호 이해를 모색하는 대화의 장이 아닌 극적 긴장과 감정의 몰입을 연출하는 수사적 장치가 된다(V. Ashrof, Sep.

26, 2025). 클라인은 혐오와 폭력을 조장하기 위해 정교히 기획된 찰리 커크 토론의 내용적 문제를 무시한 채, 그것이 논쟁과 토론이라는 절차를 수행한다는 이유만으로 민주주의적 미덕을 갖춘 행위로 호명한 것이다.

한국의 극우 담론과 혐오 표현

이는 극우 담론과 자유민주주의 담론이 뒤섞여 폭력적이고 혐오적인 언설까지 공론장의 다양한 의견 중 하나로 간주되는 듯한 우리나라에서도 무관하지 않다. 2025년 9월에 개최된 한미 극우 청년 컨퍼런스 '빌드 업 코리아'는 찰리 커크를 비롯한 미국 극우 논객들을 초청하여, 혐오와 음모론이 국경을 넘어 한국의 청년 세대에게 직접 침투하는 양상을 극명하게 드러냈다. 이들이 반공, 반중, 반동성애, 인종차별 등 각종 혐오 발언을 쏟아냈음에도 불구하고 그들의 발언은 언론을 통해 표현의 자유라는 외피를 쓰고 여과 없이 보도되었다(이창기, 2025. 9. 8). 혐오의 정동은 거리 시위에서도 확산하여 '차이나 아웃' 등 공개적으로 발화되기 어려운 수준의 혐오 구호들이 관광객이 붐비는 도심 한복판에서 울려 퍼지고 있다. 사태가 심각해지자 이재명 대통령이 직접 나서 규제 필요성을 언급할 만큼 심각한 사회적 문제로 비화하였다.

이와 같은 혐오 표현을 바라보는 국내 언론과 사회의 태도는 찰리 커크를 민주주의 미덕의 전형으로 그린 에즈라 클라인의 뉴욕타임스 사설만큼이나 우려스럽다. 2025년 9월 17일 국가인권위원회가 주최한 〈혐오표현 판단기준에 관한 토론회〉에서는 혐오 표현을 규제해야 한다는 주장과 표현의 자유를 침해해서는 안 된다는 입장이 맞섰다. 특히 반(反)성 소수자 단체의 개입은 혐오적 언설이 '공익적 의견'으로 포장되어 공적 논의의 자리를 차지하는 방식을 보여주었다. 언론도 양비론적 관행대로 이를 '표현의 자유 vs 규제'의 대립 구도로 보도하면서 혐오 발언의 폭력적 내용을 희석했다(조선일보, 2025. 9. 18). 2025년 10월 2일 서울행정법원이 개천절 집회에서 혐중 구호를 제한한 경찰 조치에 제동을 건 판결은 이러한 우려를 제도적 차원에서 입증한 셈이었다. 재판부는 "폭력과 협박을 허용하는 것은 아니다"라는 단서를 달기는 했지만, 경찰의 제한 통고가 법정 기한을 넘겨 내려졌다는 절차적 하자를 근거로 집행정지를 인용했다(조해영, 2025. 10. 2). 이 판결은 혐오 구호의 내용적 문제를 다루지 않은 채, 그것이 표현의 자유라는 제도적 언어의 보호 아래 집회 현장에 등장할 수 있는 길을 열어주었다. 언론의 균형 보도 관행과 절차적 민주주의의 관습이 더해지면서, 혐오 발언이 공론장에서 입장권을 얻는 걱정스러운 상황이 도래한 것이다.

자유주의 공적 소통 모델

찰리 커크식의 공적 발언이 그 문제적 내용에도 불구하고 '다른 의견을 즐기는 태도'로 평가되고 민주주의적 미덕으로 호명될 수 있는 데에는, 미국식 자유주의적 공적 소통 모델에 내재한 합리성과 민주적 절차에 대한 깊은 신뢰가 작용한다. 서로 다른 입장을 가진 시민들이 합리적인 대화를 나눈다면 그 절차 자체가 갈등을 완화하고, 최소한의 합의를 끌어내며, 결국 민주적 질서를 안정시킬 것이라는 믿음이 전제된 것이다. 이러한 믿음은 서구의 현대 자유주의 정치철학이 구축해 온 이론적 기반 위에 서 있다.

존 롤스(John Rawls)는 자유주의 정치철학과 윤리학에서 가장 영향력 있는 사상가 중 하나로, 『정의론』에서 다원주의 사회에서 자유롭고 평등한 시민들이 안정적인 민주주의의 질서를 형성할 수 있는 공적 영역을 구상하였다(J. Rawls, 1999). 민주주의 안정성을 위한 그의 핵심 구상은 '중첩적 합의'(overlapping consensus)의 개념이다. 다원주의를 살아가는 개인이나 집단은 저마다 세계를 이해하고 삶의 의미와 목적을 규정하는 서로 다른 포괄적 가치 체계, 즉 '포괄적 교리'(comprehensive doctrines)를 가지고 있다. 이러한 교리들은 개인의 정체성 형성, 도덕적 판단, 선악의 기준 그리고 궁극적 삶의 목표를 규정하기 때문에 매우 두텁고 안정적이며, 쉽게 타협되거나 포기되기 어렵다. 롤스가 주목한 문제는 바로 종교적, 세속적, 철학적으로 다양한 포괄적 교리들이 공존하는 다원주의 사회에서, 어느 하나의 교리를 공적 질서의 기초로 삼을 경우 필연적으로 배제와 강제가 발생한다는 점이다. 따라서 정의 사회의 기본이 되는 원칙은 특정한 포괄적 교리에 의존해서는 안 되며, 서로 다른 교리를 가진 시민들이 각자의 이유에서 지지할 수 있는 규범으로 제시되어야 한다. 중첩적 합의란 바로 이러한 조건 아래서, 서로 다른 교리들이 각자의 내부 논리로 승인할 수 있는 정치적 정의의 공통분모를 형성하는 합의 방식을 의미한다. 서로 다른 '선에 대한 두터운 개념'(thick conception of goodness)을 가진 개인들이 중첩적 합의를 도출하기 위해서 각자는 자신의 사회적 배경이나 정치적 · 종교적 입장, 고유한 선악에 대한 판단기준 등을 모르는 가상적 상황인 '무지의 베일'(veil of ignorance)을 쓴 '원초적 입장'(original position)에서 논의에 임해야 한다. 이 가상의 상태에서만 개인들은 공론장에서 '합리성'(rationality)에 기초하여 자신이 어떠한 위치에 놓이더라도 수용할 수 있는 자유와 평등을 보장하는 최소한의 정의의 원칙을 선택할 수 있다는 것이다. 이것이 롤스가 '공정으로서의 정의'(justice as fairness), 즉

어느 포괄적 교리에도 치우치지 않은 공정한 정의의 규범들을 보장할
수 있다고 보는 방법이다.

그의 정의론의 구상은 후속작 『정치적 자유주의』에서 더 고도화된다(J.
Rawls, 1993). 여기서 그는 합리성에 기반한 '공적 이성'(public reason) 개념을
발전시켜 민주사회의 시민들이 헌법적 기본사항이나 기본적 정의 규범과
같은 공적인 문제에 대해 논의하고 정치적 의사결정을 할 때 따라야
하는 논의의 규범으로 제시한다. 공적 논의에서 시민들은 자신의 포괄적
교리에 근거한 주장을 피하고, 이 공적 이성에 기반한 주장만을 전개해야
한다. 시민들은 자신의 포괄적 교리를 공적인 토론에서 언급할 수는
있지만, 합당한 정치적 가치와 공적 이성의 언어로 자신의 주장을 뒷받침
하는 설명을 반드시 제공해야 한다. 공적 이성은 시민들이 서로에게
합당하게 행동하겠다는 약속이자 공적 이성에 따르는 법률과 정책에
대한 자발적 복종을 정당화하는 기제이다. 또한 공적 이성은 사회가
어떤 하나의 포괄적 교리를 공적인 권력으로 강제하는 것을 막아 자유주의
사회의 다양성과 개인의 자유를 보장하는 장치이기도 하다.

절차적 민주주의의 취약성

포괄적인 교리를 논쟁에서 배제하고, 공적 이성과 정의의 정치적
개념에 근거하여 정의 사회의 기본 구조에 합의할 수 있다는 롤스의
철학적 이상은 미국 민주주의가 다원주의 속에서도 안정적인 질서를
유지하기 위해 요구하는 토론의 이상적인 규칙을 제공했으며, 이는 대중
담론, 제도적 절차, 사법적 판단 등 미국 공론장의 기본 작동 방식의
규범적 전제로 작용하고 있다. 토론, 숙고, 타협 등이 민주주의적 미덕으로

강조되고, 의회 및 사법부와 같은 제도적 절차가 이성적 합의를 도출하는 주요 장치로 작동한다. 그러나 공적 이성의 엄격한 규범적 제한과 중립성의 요구는 롤스의 구상을 '절차적 민주주의' 혹은 '형식주의'로 만든다. 공론장에서 시민들이 공적 이성만을 사용한다는 것은 실제로 그들이 가장 중요하게 생각하는 삶의 근본적인 가치들, 그들의 '선에 대한 두터운 개념'들이 공적 논의의 장에서 배제되거나 추상화된다는 것을 의미한다. 실질적인 정의의 내용을 둘러싼 토론이 아닌 어떤 주장이 공적 이성의 요건을 충족하는지, 혹은 정치적 가치라는 형식에 맞는지를 따지는 절차적 타당성 검토가 논의의 중심이 되기 때문이다.

자유주의 공론장이 스스로 설정한 절차적 합리성의 규범은 역설적으로 혐오 발언의 침투를 막아내는 데 있어 구조적 취약성을 드러낸다. 정치철학자 샹탈 무페(Chantal Mouffe)의 비판은 이 논리가 정치의 생명력인 열정과 '적대'(antagonism)를 공론장 바깥으로 밀어낸다고 지적한다(C. Mouffe, 1993). 무페는 인간이 결코 순수한 합리적 존재가 아니며, 정치적 실천은 언제나 감정과 정체성 그리고 소속감의 차이를 수반한다고 보았다. 공적 이성이 인간의 이러한 '두터운' 정체성과 신념을 억압할수록, 그것은 사라지지 않고 비합리적이고 폭발적인 방식으로 되돌아온다. 혐오 발언은 바로 그 억압된 정치적 열정이 왜곡된 형태로 귀환한 결과다. 시민들이 공적 장에서 자신들의 정체성과 신념을 정당하게 표현할 수 없을 때, 그 억눌린 정서가 적을 상정하고 배제하려는 언설로 변질되어 표출되는 것이다. 더욱이 롤스의 모델은 정치의 본질적 속성인 적대적 감정을 비합리적이라고 간주하여, 이를 제도적 절차로 흡수하고 합의를 통해 해소할 수 있다고 믿는다. 그러나 무페는 정치가 본래 '우리와 그들'의 구분을 통해 구성되는 적대적 공간임을 강조한다(C. Mouffe, 2016). 민주주의란 이러한 적대를 완전히 제거할 수 없으며, 다만 그것을 폭력적 대립이 아닌 '경쟁적 공존(agonism)'의 형태로 전환해야 유지될 수 있다고 보는 것이다. 롤스적 형식주의가 모든 갈등을 합리적 합의로 환원하려 할 때, 오히려 공론장은 적대의 언어를 제도적으로 인식하지 못하게 되고, 혐오 발언과 같은 비이성적 침투에 대응할 준비를 잃는다. 혐오 발언은 논리로 설득될 수 있는 담론이 아니라 특정 집단을 도덕적으로 배제하고 정치적으로 지워버리려는 적대의 언어이기 때문이다.

공론장은 참여자들이 사회적 배경이나, 정체성, 개인적 신념 등을 잊은 채 순수한 무지의 베일 뒤에서 말할 수 있는 공간이 아니다. 모든 발언은 발화자의 위치, 권력관계, 역사적 맥락과 분리될 수 없으며, 모든 발화자는 하나의 총체적 개인으로서 공동체를 설득하고 사회의 방향성을 재설정하고자 하는 의도를 가지고 발언한다. 따라서 내용은 차치하고 형식만 보고 민주주의를 가늠하려는 시도는 실패할 수밖에 없다. 자유주의 공론장은 스스로 내세운 중립의 이상에 갇혀 안정적 정의와 평등의 구현이라는 본연의 의도를 방어할 힘을 잃었다. 혐오 발언을 허용함으로써가 아니라, 혐오의 정치적 성격을 인식하지 못함으로써 그것이 의견의 하나로, 혹은 설득의 정치로 둔갑하여 공론장에 들어오는 일을 막지 못하는 것이다.

공공신학의 접근

공공신학은 교회의 사회적 책임을 시민사회 안에서 재정의하려는 시도 속에서 등장했다. 한국의 공공신학은 교회를 시민사회의 한 행위자로 이해하며, 공론장에서 사회적 약자의 목소리를 듣고 이들의 자리를 마련하려는 윤리적 실천에 힘써왔다. 이는 롤스의 정치적 구상과 마찬가지로, 민주주의와 다원주의가 전제된 현대 사회에서 기독교 신앙이 건설적으로 이바지할 방식을 모색한 결과이다. 그러나 공공신학은 자유주의적 공론장이 전제하고 있는 합리성과 중립성의 규칙을 그대로 수용한 채 자신의 언어를 세속적 이성의 문법에 맞추려는 경향을 보였다. 따라서 공공신학은 자유주의적 절차적 합리성의 틀 안에서 신학의 언어를 공적 이성의 언어로 번역하는 일을 복음의 증언과 공동선의 실현이라는 더 근본적인 사명을 수행하기 위한 첫 단계로 간주한다(김승환, 2024; 김창환, 2021; 문시영, 2018; 이창호, 2024; 황진수, 2021).

최경환은 『공공신학으로 가는 길』에서 한국 공공신학을 두 가지 접근, 곧 '번역 모델'과 '대화 모델'로 나누고 그 각각의 전제를 살펴본다(최경환, 2019). 이 두 모델은 모두 교회의 공적 역할을 새롭게 모색하려는 시도라는 점에서는 공통되지만, 그 신학적 방향과 공론장에 대한 이해에서 뚜렷한 차이를 보인다. 첫째, 번역 모델은 위르겐 하버마스(Jürgen Habermas)의 '종교적 언어의 번역 가능성' 논의를 수용한다. 이 접근은 종교가 세속 공론장에서 시민적 합의를 이루기 위해서는 자신의 신앙 언어를 보편적이고 합리적 언어로 번역해야 한다는 원칙을 따른다. 최경환은 이 모델이 공공신학의 출발점으로서 의의를 인정하지만, 결과적으로 신학의 고유한 언어와 정체성을 약화하고 합리성의 문법에 종속되는 위험을 지닌다고 비판한다. 둘째, 대화 모델은 데이비드 트레이시(David Tracy)의 공적 신학과 한스 큉(Hans Küng)의 세계 윤리 구상을 계승하여, 신학이 타 종교나 비종교적 시민들과 상호 존중과 이해의 대화를 통해 공적 책임을 수행해야 한다는 입장을 취한다. 그러나 최경환은 이 모델 역시 대화의 형식을 강조하는 나머지, 공론장의 권력 불균형과 배제의 구조를 간과한다고 지적한다. 즉, 대화의 주체가 이미 제도적으로 불평등한 상황에서 합리적 대화만을 이상화하면, 신학은 오히려 구조적 불평등을 유지하는 형식적 언어에 머무르게 된다는 것이다.

최경환은 공공신학이 자유주의적 공론장의 규칙을 전제한 채 참여하는 것이 아니라 그 규칙 자체를 성찰하고 변형하는 새로운 공공성의 가능성을 탐구해야 한다고 주장한다. 이에 최경환은 프레이저가 제시하는 정의의 '지위 모델'(status model)을 이용하여 공공신학의 공적 참여 모델을 다시 그린다. 지위 모델은 정의를 인정의 문제로 축소하지 않고, 동등한 참여를 가로막는 제도적 조건을 비판한다(프레이저, 2016). 다시 말해, 개별 집단의 정체성을 인정받는 데서 그치지 않고 모든 사회 구성원이 서로를 동등한 동료로 대하며 상호작용할 수 있게 만드는 동등한 참여 능력을 보장하는 사회적 조건을 마련하는 것이다. 이를 공공신학에 접목하면, 공공신학의 과제는 교회의 동일성을 방어하거나 교리를 합리적 언어로 번역하는 작업이 아니라, 공론장에서 누가 말하고 참여할 수 있는가를 묻고 그 조건을 새롭게 설계하는 작업이어야 한다는 것이다(최경환, 2019: 190).

최경환이 제시하는 대안은 루크 브레더튼(Luke Bretherton)의 '급진적 환대'(radical hospitality) 개념을 차용한 '환대 모델'이다. 환대는 구체적 행동을 통해 공동선을 실현하는 것, 즉 프레이저가 말하는 동등한 사회적 참여를 제도적·사회적 현실 속에서 구현하는 행위이다(최경환, 2019: 191). 최경환은 자크 데리다(Jacques Derrida)의 환대 개념을 타자의 도래 앞에서 자기 동일성이 흔들리고 재배치되는 사건으로 읽는다. 환대란 이미 마련된 공간으로 손님을 초대하는 행위가 아니라, 낯선 이의 등장이 교회의 경계와 규범 자체를 바꾸어 놓는 경험이라는 것이다. 따라서 환대는 공론장의 문턱을 낮추고 제도와 관행을 재구성하여 배제된 이들이 실제로 자리를 잡을 수 있게 하는 실천이다. 교회의 공공성은 '참된 교회'라는 동일성을 방어하는 데서가 아니라 오히려 타자의 도래로 인해 교회가 자기 자신을 새롭게 배치하는 열림의 과정에서 성립한다. 공적 소통의 성패도 정교한 명제의 설득력이 아니라, 새로운 목소리가 실제로 참여할 수 있게 되었는지, 그들을 가능케 한 구조적 변화가 있었는지로 평가된다.

필자는 공공신학이 세속적 공론장의 규칙 자체를 성찰하고 변형시키는 실천적 담론이 되어야 한다는 최경환의 입장에 깊이 동의한다. 나아가 그의 환대 모델이 지향하는 방향성, 즉 공론장에서 배제된 이들의 목소리를 새로운 공공성의 구성 요소로 포함하려는 시도는 오늘날 신학이 수행해야 할 가장 중요한 과제라 생각한다. 그러나 환대는 타자를 포용하고 공론장에서 그들의 자리를 마련하겠다는 선언으로 완성되지 않는다. 그것은 서로 다른 언어와 신념, 적대의 감정이 공적 장 안에서 부딪혀 변형되면서 새로운 관계와 연대를 만들어가는 과정이 되어야 한다.

신학의 공적 언어로서의 설득

이러한 맥락에서 '설득'이라는 개념을 다시 생각해 볼 필요가 있다. 오늘날 우리 사회에서 설득은 찰리 커크식의 수사적 지배나 이준석이 전용하는 '키배'(keyboard battle)의 수사처럼 상대를 특정 전제 속에 가두고 조롱함으로써 우위를 점하는 말의 기술로 오염되어 있는 듯하다(김관식, 2025). 그러나 본래의 설득은 논쟁에서의 승리를 위한 기술이 아닌, 서로의 마음과 욕망이 진리의 방향을 향해 움직이게 하는 관계적 행위였다.

하버드신학대학교(Harvard Divinity School)의 기독교윤리학자이자 퀴어

신학자인 마크 조던(Mark D. Jordan)은 고대 그리스 철학의 '프로트렙틱'(pro-treptic) 장르, 즉 "누군가를 돌이켜 세우는 말"이라는 의미의 수사적 실천으로부터 설득의 본래적 성격을 복원한다(M. Jordan, 1986). 플라톤의 대화에서 전형적으로 드러나는 프로트렙틱 장르의 목표는 합의가 아닌 전향(轉向)이다. 상대로 하여금 돈이나 명예와 같은 세속적인 목표를 버리고, 이성적 성찰과 미덕의 추구라는 철학적 삶을 시작하도록 격려하는 말하기 방식을 의미한다. 조던은 여러 저작에서 바로 이러한 '설득의 장르'(persuasive genre)가 근대 이전의 신학 담론의 가장 본래적인 수사적 형식이었다고 분석한다. 초대 교회는 고대 철학의 프로트렙틱 기법을 단순 차용한 것이 아니라, 그 장르를 복음 선포의 형식으로 재기획하였다는 것이다. 알렉산드리아의 클레멘스가 『프로트렙티코스』(Protreptikos)에서 이교적 가르침을 비판하면서도 고대 철학의 장르와 교수법을 빌려 하늘의 진리로 청중을 인도하고자 한 것이 그 전형이다(M. Jordan, 1986: 312). 설교와 교리문답, 권면, 고해성사, 전례 같은 교회의 담론적 실천들은 삶의 방향을 돌이키는 형성적 말하기로 작동해 왔다(M. Jordan, 1997; 1998; 2002). 이는 곧 신학의 공적 가르침이 명제 전달을 넘어 욕망과 습관, 행위를 재배열하는 수행적 언어였음을 뜻하며, 따라서 신학적 텍스트들을 읽을 때 우리는 그 말의 수사적 목적을 먼저 식별해야 한다고 그는 강조한다.

문제는 근대 이후 신학이 계몽주의적 학문 모델을 따라 학문적 과학성과 교리적 객관성을 강조하며 자기 언어의 수사학적 성격을 부인하기 시작했다는 데 있다. 신학이 마치 과학처럼 보편적이고 증명 가능한 진리를 다루는 것처럼 포장한 것이다. 신학이 자신의 수사학적 조건을 은폐할 때 그 언어는 객관적 진리를 말하는 듯한 가면을 쓰게 된다(M. Jordan, 2014). 롤스가 경계한 지점이 여기서 드러난다. 기독교 신학이라는 특정한 포괄적 교리가 자기 언어의 수사학적 조건을 감춘 채 객관과 중립을 가장하고 공론장에 진입하면, 공적 규칙의 문법이 사실상 그 교리의 언어로 재기술될 수 있다. 이를 차단하기 위해 롤스는 헌법적 기본사항과 기본적 정의처럼 강제력이 수반되는 결정의 영역에서 깊은 신념의 차이를 인정하되 교리 경쟁이 중립을 사칭해 공권력에 탑승하는 사태를 제도적으로 막고자 한 것이다. 롤스가 그리는 공론장은 각자가 자신의 두터운 신념을 한 걸음 물리고 헌법적 기본사항과 기본적 정의를 정당화할 수 있는 정치적 가치의 문법으로 자신을 번역해야 하는 장소였고, 공공신학은 이 공론장에 진입하기 위해서 복음의 언어는 세속 시민들이 공유할 수 있는 합리적 언어로 옮겨져야 하며, 그 번역을 통해서만 기독교 신학은 다원주의 사회의 공적 논의에 책임 있게 참여할 수 있다고 이해해 온 것이다.

그러나 조던은 바로 이 지점에서 신학의 언어가 오히려 설득의 수사적 형식을 다시 회복해야 한다고 주장한다. 신학이 수사적 성격을 은폐하고 자신을 보편적이고 중립적인 언어로 제시할 때, 그것이 역사적으로 수행해 온 형성적 기능, 즉 욕망을 조직하고, 특정한 몸과 관계를 정상으로 규정하며, 삶의 방향성을 도덕적으로 배치해 온 역할을 은폐하게 된다. 신학적 언어의 '돌려세우는' 방식이 공적 이성의 이름으로 자연화될 때, 그 언어는 더 이상 자신의 효과에 대해 설명하거나 책임질 필요가 없는 권위로 탈바꿈한다. 예컨대 특정한 가족 형태, 성적 규범, 고통을 감내하는 방식 등이 신앙의 요청이나 신학적 제안, 곧 어떤 삶의 태도와 미덕을 배우고 훈련하라는 윤리적 초대로서가 아니라 자연적이고 합리적 질서로 표상될 때, 신학의 언어는 설득의 형식을 지우고 삶의 다채로운 가능성을 봉쇄하는 규범적 질서로 작동하게 된다.

반대로 설득의 수사적 형식을 회복하는 신학은 자신의 말이 타인의 삶에 개입하고 그 방향을 형성하려는 요청이라는 사실을 숨기지 않는다. 이때 신학의 언어는 자신이 서 있는 역사적 위치와 윤리적 전제, 욕망과 두려움을 함께 포함한 채 공론장에 놓인다. 그러한 말하기는 발화자가 어떤 삶의 형태와 덕을 바람직한 것으로 제시하고 있는지를 분명히 하며, 그 제안에 대한 동의와 거부의 가능성을 동시에 열어 둔다. 설득은 이처럼 언어를 통해 관계를 만들고 삶의 궤적을 바꾸는 힘을 지닌다는 사실을 인식하고, 그 결과에 응답하겠다는 태도를 포함한다. 조던이 말하는 설득의 수사학은 신학이 자신의 언어가 욕망과 습관, 규범을 형성해 온 과정을 공적으로 드러내고, 그 효과가 낳는 윤리적 결과에 대해 설명 책임을 지도록 요구하는 훈련이다. 이러한 수사학적 자기 노출을 통해 신학은 공론장에서 하나의 제안으로 말할 수 있게 되며, 자신의 언어가 행사해 온 형성적 권력을 비판과 응답의 장 안에 두게 된다. 이 점에서 설득의 수사학은 혐오와 배제가 객관적 질서나 상식의 이름으로 침투하는 공론장에 맞서, 신학이 자기 언어의 형성적 힘을 드러내고 그 효과에 책임을 지게 만드는 가장 엄격한 공적 훈련이 된다.

조던이 이 설득의 수사학을 가장 급진적으로 체현한 현대의 신학자로 꼽는 이가 바로 라틴 아메리카 퀴어 신학자인 마르셀라 알트하우스-리드(Marcella Althaus-Reid)이다(M. Jordan, 2021: 39-46). 조던은 알트하우스-리드가 가난, 성적 수치, 사회적 배제 등으로 고통받는 '단정치 못한'(indecent) 몸들을 신학적 해석의 자료로 삼아 독자들에게 자신이 어떤 정상성에 안주해 왔는지, 어떤 고통을 보지 않으려 했는지를 스스로 인식하게 만드는 '신학적 부끄러움'(theological embarrassment)을 불러일으킴으로써 라틴 아메리카 해방신학의 "단정한"(decent) 담론을 교란하고 신학적 텍스트를 윤리적 감수성을 배우는 교육의 장면으로 다시 전환했다고 평가한다. 즉 독자들의 도덕적 직관을 흔들어 삶의 방향을 다시 묻게 만드는 설득의 신학을 실천한 것이다. 알트하우스-리드는 라틴 아메리카 해방신학에서 삭제된 성(sex)과 도착(per/version)을 신학의 주제로 되돌려 놓으며, 동시에 신학자가 자신의 욕망을 신학 속에 다시 불러들이기를 촉구한다(M. Althaus-Reid, 2000). 조던은 '속옷을 벗고 글을 쓰는 신학자'의 은유로 표현되는 이 장면이 독자에게 충격을 주는 이유는 "신학은 몸으로 쓰는 것이라는 너무 오래된 신학의 진리가 불현듯 돌아오기 때문"이라고 해석한다. 이 '외설적'(obscene) 글쓰기는 독자를 불편하게 만들면서도, 바로 그 불편함 속에서 비판적 반성과 공감의 회심을 일으킨다. 조던은 이 장면을 본래적인 신학적 교육의 장면으로 읽는다. 독자의 얼굴을 붉히게 만들고, 그 수치심이 성찰로, 성찰이 관계적 책임으로 전환되는 과정이야말로 신학적 설득의 본래적 모습이라는 것이다.

조던의 이러한 이해는 공공신학이 공론장의 규범으로 존중해 온 자유주의적 소통의 형식을 근본부터 재고하도록 요구한다. 그가 말하는 설득에서 말은 절차와 논리의 형식 안에 머물지 않는다. 그것은 서로의 상처와 욕망, 신념과 두려움이 서로 맞부딪혀 변형되는 관계의 장이자 새로운 그러나 본래적 신학적 미덕, 즉 합리성의 문법을 넘어 사랑을 통해 타자를 돌이켜 세우는 덕의 형성 과정이다. 필자는 이 지점에서 공공신학의 환대 모델이 조던의 설득 개념을 통해 그 구체적 실천 방안을 모색할 수 있을 것이라 생각한다. 환대가 지속적인 자기 성찰과 윤리적 결단을 통해 타자를 초대하고 그들의 목소리가 진입할 수 있는 공간을 여는 행위라면, 설득은 그 공간에서 진행되는 공적 소통의 실제적 방식이 되어야 한다. 환대의 공공신학이 공론장에서 누가 말할 자격을 가지는지,

어떤 말이 공동체의 방향성을 결정하는지, 그를 위해 어떤 변화가 뒤따라야 하는지를 고민한다면, 설득은 그 말의 수사적 형식을 제시한다.

조던이 밝히듯 설득의 목표는 논쟁이 아닌 대화 참여자들의 성품적 전환과 그로 인한 삶의 방향성 변화에 있다. 설득의 언어는 타자의 고통과 사실을 접촉점으로 삼아 나 자신의 욕망과 행동을 재배열하게 하는 훈련을 의미한다. 환대의 자리에서 공유되는 소외된 자들의 발화를 들으며 슬픔과 고통에 공감하고, 부끄러움과 분노를 느끼며, 그 감정들로 인해 그동안 교회가 걸어온 길을 성찰하고 반성하여, 겸손, 공감, 인내, 용기, 정의감을 습관화하는 일련의 과정이 곧 본원적 의미의 설득 장면인 것이다. 공론장이 정의와 연대의 덕을 습관화하여 그 공적 목표와 방향성을 획득할 때 비로소 혐오와 조롱, 비인간화, 낙인, 허위의 선동처럼 타자의 지위를 훼손하는 발화도 의견의 하나로서 존중되는 것이 아니라 옳지 못한 행위로서 배제될 수 있을 것이다. 이렇게 설득의 과정으로 길러낸 미덕들이 실천적 지혜의 통제를 받아 구체적 판단으로 수렴되어 결국 사회적 변화를 불러일으킬 때 신학은 환대의 자리를 혐오의 침투로부터 지켜내고 복음의 진리를 사회에 증거하고 공적 신뢰를 회복할 수 있을 것이다.

광장에서 배운 설득의 모습: 고통의 증언과 연대로의 초대

설득이 개인의 변화를 넘어 사회적 연대를 이끄는 힘임을 우리는 2024년 겨울에서 2025년 봄에 이르는 광장에서 보았다. 2024년 12월 21일 대통령 탄핵과 농업정책 개혁, 식량주권 회복을 요구하며 트랙터를 이끌고 서울로 진입하던 전국농민회총연맹과 전국여성농민회총연맹 전

봉준투쟁단이 경찰에 의해 서초구 남태령 고개에서 저지되자, 광화문에서 정권퇴진집회에 참여하던 수많은 시민이 물리적 충돌을 저지하기 위해 남태령으로 모여들었다. 21일에서 22일로 넘어가는 밤, 모진 추위와 경찰의 물리적 진압 위협 속에서 시민들은 경찰의 차벽과 농민의 트랙터 사이에 인간 띠를 만들어 충돌을 저지하고, 발언을 통해 왜 이 자리에 함께하게 되었는지 나누며 생명의 위협에서 서로를 지켜냈다. 도로 위에 밤새 함께 밥을 짓고, 핫팩을 나누며, 휴대전화를 충전해 주는 돌봄이 이어졌다(이혜리, 2025. 4. 3).

해가 바뀌고 2025년 1월 3일 공수처에서 대통령 체포영장 집행정지를 결정하자 분노한 시민들은 대통령 관저가 있는 한강진으로 모였다. 신고된 집회 공간을 경찰이 봉쇄하자 민주노총은 "민주노총이 길을 연다"는 구호와 함께 한남대로 차선을 확보했고, 그 밤부터 3박 4일의 노숙투쟁이 이어졌다. 남태령 대첩 이후 연대의 흐름은 한강진으로 이어졌다. SNS에는 "민주노총이 날 불렀다"는 말이 들불처럼 번지며 시민들의 합류가 이어졌다. 은박지와 응원봉을 들고 눈발 속 도로에서 밤을 지새운 '키세스 시민'들은 자유발언과 공연으로 추위와 졸음을 이겨냈다. 퀴어 · 페미니스트 · 청년 · 장애인 · 이주민들이 각자의 자리에서 왜 여기 서 있는지를 고백하는 발언 대기 줄이 끊기지 않았다(송승현, 2025. 1. 6). 현장 주변에서는 꼰벤뚜알 프란치스코 수도회가 화장실과 쉼터를 개방하고, 후원 트럭과 난방 버스, 음식과 의약품이 끊임없이 도착해 돌봄의 인프라가 구축되었다(이정규, 2025. 1. 7).

주목해야 할 점은 남태령과 한강진에 모이고 발언한 퀴어 · 페미니스트· 청년 · 장애인 · 이주민들이 각자의 상처와 삶을 고백함으로써, 개인의 고통을 사회 전체의 윤리적 결핍을 폭로하고, 그 존재 자체가 설득의 언어가 되는 방식이다. 차별과 억압, 소외의 경험을 가진 개인들의 고통이 광장에서 분노와 부끄러움, 연민이라는 정동을 낳고, 청중들이 그들의 투쟁을 자신의 일로 받아들이게 되는 전환이 광장에서 즉각적으로 경험되었다. 광장의 발언들은 청중들로 하여금 타인의 진실 앞에서 자신의 사고와 감정 구조를 재배열하도록 이끄는 설득의 언어였다. 남태령과 한강진의 발언들은 이후 이어진 사회대개혁 운동의 기준점이 되었다. 조롱과 낙인, 비인간화, 허위 선동처럼 타자의 지위를 훼손하는 말은 발언대에 서지 못하도록 공론장의 발언 기준은 즉각 조정되었다. "각자 자기 정체성으로 활동하기에는 너무나 위험한 상황인데, 그 사람들이 다 모이니까 오히려 광장이 더 안전해졌다"(박소영, 김지수, 2025. 2. 23에서 재인용)는 증언처럼, 국가 폭력의 물리적 위험에 저항하며 오히려 서로의 안전을 만들어낸 것이다. 반대로 소수자들의 증언은 공동선의 정의를 새로 쓰며, 정권 교체를 넘어 소수자들이 안전하고 행복하게 살 수 있는 사회를 만들기 위한 투쟁과 연대가 필요하다는 공적 합의를 끌어내었다.

남태령과 한강진을 거치며 연대는 특정 정당이나 노조에 소속되지 않은 시민의 자발적 행위로 전환되었다. 그들은 자신을 말벌로부터 꿀벌을 지키기 위해 달려가는 '말벌 아저씨'처럼 연대가 필요한 투쟁 현장 어디든 달려가는 '말벌 동지'로 호명했다. 2024년 말, 남태령에 참가했던 말벌 동지들이 '거제·통영·고성 조선하청지회'(이하 거통고지회)로 향한 것은 이러한 연대의 확장 과정에서 결정적이었다. 그 과정에서 '무지개조선소' 프로젝트와 '연대투쟁호' 모형 제작 같은 포용적이고 참여적 실천들이 등장해, 전통적 노동운동의 언어를 유머와 놀이, 예술로 변형시키는 새로운 문화적 연대 양식을 만들어 냈다(이혜리, 2025. 4. 3). 남태령과 한강진의 밤은 그렇게 타인의 세계를 이해하고 자신의 삶을 재구성하도록 이끄는

"시민들이 서로를 가르치는 학교"가 되어 우리 사회의 연대 방식을 바꿨다 (이오성, 2025. 1. 6). 거통고지회 연대투쟁의 주역 중 한 명인 트위터리안 '하은'은 다음과 같이 기억한다.

우리는 거기서 우리를 닮은 이들을 만났고, 우리를 드러내도 야유하지 않음을 알았다. 광장식 자기소개는 자신의 '소수자성'을 드러내기다. 내 소수자성을 드러내는 것은, 신뢰의 표시라고 생각한다. 일상을 살 때 심지어 가족에게도 오픈하지 않던 나의 정체성을 광장에 이야기하는 것은, 광장이 내 소수자성을 지우거나 외면하지 않을 것이다—혹은 그렇게 두지 않을 것이다—는 믿음의 표시라고 생각한다. 이번 광장의 가장 큰 변화다. 나는 이게 가능한 것은 이 '광장식 자기소개'에 대한 참가자들의 상호적 반응이라고 생각한다. 자신의 소수자성을 드러낸 상대방 자체를 존중하고, 광장을 안전하게 지켜가는 의무가, 광장에서 그를 만난 우리에게 생겼다. 그 의무를 다하는 이들이 자신도 광장식 자기소개에 동참하고, 돌아와 혐오와 맞서며, 절박하게 매일을 싸우고 있다. 그래서 우리는 매일 강해지고 있다. 광장의 안전감은 다시 일상으로 퍼져나가고, 실은 내가 혼자가 아니었고, 나와 같은 존재들이 세상에 있다는 것을, 우리를 환대하는 이들이 있다는 것을 알게 했다(하은 [@_xiayin], 2025. 1. 9).

이 트윗에서 목격되는 자신의 소수자성을 주저 없이 드러내는 상대의 말을 경청하고, 그 존재를 존중하고, 연대하여, 광장에서 돌아와 일상에서도 혐오와 맞서며 싸우는 일련의 과정이야말로 공공신학이 배워야 할 공적 소통의 새로운 모습이다. 이는 롤스적 공적 이성이 배제했던 두터운 교리들과 정체성의 언어가 광장이라는 환대의 장에서 새로운 소통의 규칙으로 자리 잡았음을 의미한다. 존재의 인정과 경청을 전제로 하는 '무지개빛 환대'의 장에서, 참여자들은 고통과 취약성을 드러내는 증언을 통해 서로의 포괄적 교리와 윤리적 전제를 뒤흔들고 존재의 돌아섬을 경험했다. 이러한 말하기는 논리적 승리가 아닌 전향을 목표로 하는 본래적 의미의 설득으로 작동했다. 너의 투쟁과 나의 투쟁이 무관하지 않다는 깨달음으로 연대가 형성되는 이 과정에서, 공동체는 절차적 합의가 아닌 끊임없는 자기 변형과 연대의 사슬을 통해 구축된다. 궁극적으로 이 새로운 사회는 롤스적 절차적 합의의 얇은 토대가 아니라, 타자의 존재에 응답해 스스로 변형되기를 기꺼이 받아들이는 두터운 설득의 힘을 토대로 구성될 것임을 알려준다.

공공신학이 광장에서 배워야 할 점은 분명하다. 그것은 교회가 타자의 설득에 의해 스스로 변형하는 공적 소통의 장을 구축해야 한다는 것이다. 환대는 타자의 설득에 귀 기울이고 스스로 변화하겠다는 윤리적 결단이 되어야 한다. 설득은 소외된 이들의 고통의 증언을 통해 듣는 이의 세계를 동요시키고 겸손, 연대, 용기와 같은 덕을 형성하는 전향적 행위다. 교회가 설득의 언어를 회복하여 자신의 실천과 지향점을 근본적으로 변형할 때, 비로소 신학은 공적 성격을 회복하고 복음의 진리를 사회에 증거하며 공동선을 실현하는 실질적인 힘을 갖게 된다. 공공신학은 이처럼 타자의 설득에 응답함으로써 교회와 사회가 함께 갱신되는 변형의 연쇄 속에서 완성될 것이다.

참고문헌

김승환. "한국적 공공 신학에 관한 연구: 민중 신학에서 공공 신학으로." 「신학과 사회」 38(3) (2024): 35-61.

김창환. 『공공신학과 교회』. 서울: 대한기독교서회, 2021.

문시영. "'낙태 비범죄화' 논란에 관한 공공신학적 제언." 「장신논단」 50(1) (2018): 247-265.

이창호. "맥그래스의 스택하우스 공공신학 비판에 대한 비평적 탐구." 「기독교사회윤리」 58 (2024): 77-111.

최경환. 『공공신학으로 가는 길: 공공신학과 현대 정치철학의 대화』. 서울: 도서출판 100, 2019.

프레이저, 낸시. 『불평등과 모욕을 넘어: 낸시 프레이저의 비판적 정의론과 논쟁들』, 이현재, 문현아, 박건 역. 서울: 그린비, 2016.

황진수. "종교의 공공성과 평화: 스택하우스와 하우어워스의 관점을 중심으로." 「평화학연구」 22:3 (2021) 7-29.

Althaus-Reid, Marcella. *Indecent Theology: Theological Perversions in Sex, Gender and Politics*. 1st ed. London: Routledge, 2000.

Jordan, Mark D. "Ancient Philosophic Protreptic and the Problem of Persuasive Genres." *Rhetorica* 4, no. 4 (Fall 1986): 309-335.

_____. *Telling Truths in Church: Scandal, Flesh, and Christian Speech*. Boston: Beacon Press, 1997.

_____. *The Invention of Sodomy in Christian Theology*. Chicago: University of Chicago Press, 1998.

_____. *The Ethics of Sex: New Dimensions to Religious Ethics*. Malden, MA: Blackwell, 2002.

_____. *Convulsing Bodies: Religion and Resistance in Foucault*. Stanford, CA: Stanford University Press, 2014.

_____. *Transforming Fire: Imagining Christian Teaching, Theological Education between the Times*. Grand Rapids, MI: Eerdmans, 2021.

Kabala. Bolesław Z. "Augustine and Contemporary Republicanism: On Speech as

Domination." *Political Research Quarterly* 73, no. 1 (March 2020): 15-26.

Kirk, Charlie. *The College Scam: How America's Universities Are Bankrupting and Brainwashing Away the Future of America's Youth*. Winning Team Publishing, 2022.

Mouffe, Chantal. *The Return of the Political*. London: Verso, 1993.

_____. "Democratic Politics and Conflict: An Agonistic Approach." *Política común* vol. 9 (2016). https://doi.org/10.3998/pc.12322227.0009.011.

Rawls, John. *A Theory of Justice*. Revised ed. Cambridge, MA: Harvard University Press, 1999.

_____. *Political Liberalism*. New York: Columbia University Press, 1993.

김관식. "이준석의 말들, '키배'서 사용되는 수사⋯ 그는 여전히 제도화된 일베." 「오마이뉴스」 2025. 6. 28. https://www.ohmynews.com/NWS_Web/View/at_pg.aspx?CNTN_CD=A0003140730.

박소영, 김지수. "트위터로 트랙터의 길을 트다, 트위터리안 '향연'." 「이대학보」 2025. 3. 2. https://inews.ewha.ac.kr/news/articleView.html?idxno=73318.

송승현. "'민주노총이 날 불렀다' 시민과 함께한 한남대로 투쟁 기록." 「노동과세계」 2025. 1. 6. https://worknworld.kctu.org/news/articleView.html?idxno=506327.

이오성. "서로를 가르친 28시간, 남태령은 '학교'였다." 「시사IN」 2025. 1. 6. https://www.sisain.co.kr/news/articleView.html?idxno=54716.

이정규. "'사탄 내쫓는 등불 같았다'⋯ '아미밤' 들고 화장실로 시민 이끈 신부." 「한겨레」 2025. 1. 8. https://www.hani.co.kr/arti/society/society_general/1176765. html.

이창기. "한·미 극우 컨퍼런스 '빌드업코리아' 진행." 「평화나무 쩌날리즘」 2025. 9. 8. https://www.logosian.com/news/articleView.html?idxno=9799.

이혜리. "'우리랑 닮았으니 연대한다'⋯ '자신의 세계'를 확장하는 '말벌 동지'들의 투쟁." 「경향신문」 2025. 4. 3. https://www.khan.co.kr/article/202504031057001.

조선일보. "'표현의 자유냐 적극 대응이냐'⋯ 혐오표현 규제 두고 맞선 찬반." 「조선일보」 2025. 9. 18. https://www.chosun.com/national/national_general/2025/09/18/FEHD62G7PVHWRJMYMTCIOCWHVQ/.

조해영. "법원, 개천절 '혐중 집회 제한'에 제동⋯ '폭력·협박 허용하는 건 아냐.'" 「한겨레」 2025. 10. 2. https://www.hani.co.kr/arti/society/society_general/122

2091.html.

하은. (@_xiayin). "이건 말벌아저씨들 이야기." 트위터. 2025. 1. 9. https://x.com/
_xiayin/status/1877345644504895887?s=32.

Ashrof, V. A. Mohamad. "Charlie Kirk: Discourse Analysis Based on Universal
Values." *Countercurrents*. September 26, 2025. https://countercurrents.
org/2025/09/charlie-kirk-discourse-analysis-based-on-universal-values/.

Kirk, Charlie(@charliekirk11). X (formerly Twitter). June 15, 2022. https://
x.com/charliekirk11/status/1786189687260103119.

Klein. Ezra. "Charlie Kirk Was Practicing Politics the Right Way." *The New York Times*.
September 11, 2025. https://www.nytimes.com/2025/09/11/opinion/charlie-
kirk-assassination-fear-politics.html.

Yousif. Nadine. "Report Those Who Celebrate Charlie Kirk Death to Employers,
Vance Says." *BBC News*. September 16, 2025. https://www.bbc.com/
news/articles/cn0r5y33pj5o.

홍혜빈

인본주의자로 나고 자란 홍혜빈은 이화여자대학교에서 국문학을 공부하다가 접한 역사적 예수 연구에 이끌려 신학 공부를 시작했다. 어쩌다 보니 미국까지 가서 보스턴대학교 신학대학원에서 기독교윤리학으로 박사학위를 받았다. 후기식민주의, 퀴어이론, 장애학, 페미니즘 등의 비판이론을 통해 기독교 덕 윤리를 재구상하는 연구를 하고 있다. 이제 막 대학 강의를 시작해 어떻게 하면 더 재미있는 강의를 할 수 있을지 매일 머리를 싸매고 고민한다. 노견 세 마리를 모시며 북한산 자락에서 살고 있다. INTJ라 매주 복권을 사며 당첨되면 뭐 할지 계획 세우는 재미에 산다.

| 4부 |

톺아보다

과거

문학의 언어로 쓴 여성들의 시대기록

반목의 역사와 화해할 수 있을까

우주는 모든 이의 조국이다

"우주는 모든 이의 조국이다. 물질적으로든 정신적으로든 이 거주지를 파괴하거나 인간들을 사회적 쓰레기로 간주해 거주지 밖으로 내몰게 될 경우, 인간의 영혼과 우주 사이에 존재하는 시와 사랑의 관계는 모조리 단절되고 만다. 그것은 그들을 공포와 비루함 속으로 밀어 넣는 행위다. 이보다 더 큰 범죄행위는 없다. 우리 모두가 무수히 많은 그런 범죄의 공범이다"(『신을 기다리며』, 213).

34년 짧은 생 속에서 양차 세계대전을 모두 겪은 시몬 베유(1909-1943)의 글이다. 신체적 통증과 사회적 고통을 동시에 짊어진 생애였다. 개인적 고통에 갇히는 것을 극도로 경계했고 시대적 사회적 고통을 스스로 끌어안고자 몸부림쳤다. 어느 한 곳에 뿌리내리기 어려웠던 생을 살면서도 늘 세상과 시대와 소통하고자 노력했고 믿어지지 않을 만큼의 기록을 남겼다. 그가 남긴 기록은 혼란과 상실의 시대를 그대로 드러낸 가장 정직한 시대기록이 되었다. 그의 생애가 '불꽃의 여자'로만 기억되는 것은 슬픈 일이다.

시몬 베유의 시대 통찰은 미래를 내다본 듯 한국 현대사를 그대로 관통한다. 2차 세계대전 이후 국제질서는 미소 중심의 양극 체제로 재편되었고, 한반도는 가장 먼저 '이념의 전쟁터'로 호명되었다. '냉전 시대 첫 열전'으로 기록된 한국전쟁은 "3차 세계대전의 예행연습"에 비견될 만큼 잔인하고도 폭력적이었다(베른트 슈퇴버, 2023; 폴 토머스 체임벌린, 2023). 여기에서 파생된 적대와 증오는 한반도 전체를 공포와 비루함 속으로 밀어 넣었을 뿐 아니라, 인류 전체를 가장 큰 범죄에 연루된 무수한 공범으로 만들어버렸다.

분리되어 존재할 수 없는 개념인 '자유'와 '평등'의 이념 분열을 초래한 냉전의 역사는 아직 끝나지 않았다. 기독교와 사회주의는 경쟁 종교가 아님에도 이념적 도구로 냉전의 최전선에 소환되어 세계를 양분하는 검이 되었다. 동시에 자기부정의 역사를 스스로 짊어지면서 인류 사회에 크나큰 상처와 숙제를 안겼다. 에릭 호퍼는 이를 빗대어 "예수는 기독교 신자가 아니었고, 마르크스도 마르크스주의자가 아니었다"고 일갈했다 (『맹신자들』, 204). 인류 사회는 아직도 전선 없는 전쟁과 승자 없는 반목의 역사를 이어가고 있다. 이는 한국교회가 해방 이후 줄곧 자기부정의 역사를 써왔다는 뜻이기도 하다. 한국기독교는 왜 냉전의 전위를 자처했을까. 무엇을 얻고자 평화 대신 전쟁을 격려하고, 대화 대신 단절을 고집하며, 화해 대신 증오를 전파했을까.

우리 현대사의 비극은 반목과 단절에서 비롯되었다. 자연스러운 선택의 결과가 아닌 외부 세력에 의한 강제된 선택으로 체제와 이념 분리가 이루어졌고, 이는 식민지 시대에도 경험하지 못한 뿌리뽑힘의 집단적 체험과 인위적 가족 분리가 동반되었다. 그 결과 한반도는 국가 정체성 재건이라는 민족적 과제 앞에서, 단순한 영토 분단을 넘어 공동체 전체가 집단적 트라우마에 갇히는 불행의 씨앗을 안은 채 새로운 출발점에 서게 되었다.

가장 큰 비극은 여러 차례 부침을 겪으며 제 역사를 훼손한 것이다. 헤아릴 수 없는 자료들이 흩어졌고, 사라졌고, 편집되었고, 삭제되었다. 한마디로 자기부정의 역사를 동반했다. 근현대사 자체가 '선택적 기억'으로 재구성된 역사라 해도 과언이 아니다. 그리고 우리는 여전히 '반쪽이' 역사조차 정면으로 마주하지 못하고 있다.

이 글에서는 시몬 베유와 동시대인으로 굴곡 많던 한국 현대사를 누구보다 치열하게 살아낸 세 여성이 자신의 온 생을 담아 남긴 시대기록을 소개하고자 한다. '통속문학'이라는 새로운 장르를 개척한 기독교계 대표적인 문인 김말봉(1901-1961), '혁명가의 아내'라는 남다른 생을 짊어진 교육자 이숙의(1926-2000), 제3지대에서 고립을 무릅쓰고 '화해의 다리'를 놓았던 신학도 김순환(1928-)이 그 주인공들이다. 세 여성은 해방과 분단 그리고 전쟁을 헤쳐나오며 서로 다른 삶의 궤적을 그렸고, 문학이라는 장르에 담아 이를 기록으로 남겼다. 이들의 시대기록이 한국여성신학의 지평을 넓히는데 소중한 자료가 될 수 있기를 기대한다.

왜 문학인가

여성이 남긴 글이 의미 있는 시대기록으로 주목받기 시작한 것은 그리 오래되지 않았다. 가부장제 질서를 절대가치로 삼아온 공간에서는 단어 하나에도 성별이 담기고, 짧은 글 한 편도 남자 글과 여자 글이 나뉜다. 오랫동안 여성들은 기록에서 아예 배제되거나 기록이 있더라도 지극히 '사소한' 글로 치부되어 그 가치를 인정받지 못했다. 이는 여성사를 재구성하는 데 수많은 빈칸을 만들어냈다. 지금도 자료 빈곤이라는 근본 문제에 발목이 잡혀 여전히 빈칸으로 남아 있는 역사가 수두룩하다. 여성사뿐 아니라 인류 역사의 재구성에도 큰 걸림돌이 되고 있다. 다행히 최근 여성들이 주로 남겨왔던 기록 방식 즉 문학작품, 편지, 일기, 자전적 글 등이 또 다른 시대기록으로 주목받기 시작하면서 다층위적 기억들이 중첩된 역사를 새롭게 들여다보는 일이 가능해졌다. 특히 공식 기록이나 공적 기록에서 배제되어 접근이 쉽지 않았던 일상사나 민중사를 재구성할 수 있는 길이 열렸다. 역사적 사실 규명과 고증 차원을 넘어선 역사 공감 지대가 새롭게 열린 것이다. 삶의 축적물인 역사는 몇 개의 숫자와 날짜의 배열로 그 실체가 다 가늠되지 않는다. 숫자와 날짜가 특정되지 않는다고 역사가 아닌 것도 아니다.

공감의 언어인 문학이 잃어버린 시간에 대한 답이 될 수 있을까. 아직 화해하지 못한 역사와의 재회를 방해하는 것은 자료의 빈곤만은 아닐 것이다. 오히려 시대를 이해하는 상상력의 빈곤이 더 큰 장애물이 아닐까. 시대의 아픔과 고통을 헤아리지 못하고 공감하지 못하는 것은 상상력의 부재로 이어지고, 이는 시대와 불통하게 하는 가장 큰 원인으로 작동하기도 한다. 그리고 소통의 부재는 적대의 가장 좋은 토양이 된다. 이는 양차 세계대전 끝에서 3차 세계대전에 버금가는 전쟁을 겪은 우리의 분단사에도 그대로 적용된다. 오늘 우리 사회를 병들게 하는 차별과 증오의 언어 그리고 적대 프레임은 지나온 시간과 화해하지도 소통하지도 못했기 때문일 것이다. 안타깝게도 그 중심에 기독교가 있다. 지금 우리의 언어와 신학은 그 답이 되고 있는가. 인간의 영혼과 우주 사이의 단절, 그 속에서 사장된 시와 사랑을 회복하고 있는가. 시몬 베유는 '마지막이 될지 모르는 편지'에서 이런 고백을 남겼다. "제가 슬픔을 느낀다면, 그 슬픔은 이 시대의 모든 불행과 과거에 존재한 모든 불행에서 비롯된 것입니다."

시대기록 1: '통속문학의 개척자' 김말봉과 그의 작품들

"세모시 옥색 치마 금박 물린 저 댕기가
창공을 차고 나가 구름 속에 나부낀다
제비도 놀란 양 나래 쉬고 보더라."(김말봉, 〈그네〉, 1947)

"순수귀신을 몰아내라."
"문학이 위해야 하는 건 소설가 자신이 아니라 대중 독자여야 한다."(연극 〈통속소설이 머 어때서?!〉)

김말봉은 오늘의 독자들에게 그리 친숙한 이름은 아니다. 냉전이라는 경직된 이름이 퇴장을 알리고 바야흐로 문화 다양성의 시대로 접어든 2000년대를 맞으면서 갑자기 그 이름이 다시 등장했다. 조용히 잊히는 듯했던 이름을 다시 불러낸 것은 문단과 극단이다. 문단에서는 문화냉전 연구를 시작하면서 그의 작품들을 다시 소환했다. 극단에서는 그를 첫 연극무대에 데뷔시켜 21세기 대중들과의 '신박한' 만남을 주선했다. 그의 생애와 작품들을 옴니버스로 재구성해 만담 형식으로 풀어낸 연극 〈통속소설이 머 어때서?!〉가 그것이다. 대중들의 호흡과 호응이 더해진 극단 특유의 문화 공연은 단박에 대중들의 시선을 사로잡았고 10년이 넘도록 지역을 순회하며 그야말로 '통속' 연극을 선보이고 있다. 'K-Pop의 원조'라고 평가한 기사까지 등장했다.

문단과 극단이 거의 동시적으로 김말봉의 이름을 다시 불러낸 것은 단순한 우연이 아니다. 오늘날 대중문학의 원조가 된, 이른바 '통속소설'이라는 새로운 장르의 개척자라는 점이 공통분모로 작용했을 것이다. 기독교계에서는 '첫 여성 장로'로 기억하는 이들이 많겠지만, 김말봉은 한국 근대문학사에 하나의 전기를 마련한 최초의 여성 대중소설가라는 평가를 받는다. 그는 식민지 시대 일본 도시샤여자대학에서 영문학을 전공한 보기 드문 엘리트였다. 하지만 예술적 순수를 숭배한 당시 주류 엘리트들의 순수문학을 보란 듯이 거부했다. 그는 대중 접근이 어려운 지고지순한 문학이 아닌 대중들이 흥미와 재미를 가질 수 있는 이야기로, 시대와 소통하는 새로운 문학적 시도를 감행했다. 문학이 고단하게 살아가는 식민지 대중들에게 숨통이 되고 희망을 품을 수 있게 할 수 있다고 믿었다.

단편소설 『망명녀』(1932)로 등단한 후, 신문연재소설 『밀림』(1935), 『찔레꽃』(1937)이 연이어 공전의 히트를 쳤다. 특히 두 번째 연재소설은 "조선천지를 온통 찔레꽃 이야기로 떠들썩하게 했던" 작가로 기억되도록 만들었다. 그는 대중적 지지를 한 몸에 받으며 "문단의 여류대가"로 등극했고 큰 인기를 누렸다. 주류 문인들은 문학의 수준을 크게 떨어뜨리는 "저급하고도 천박한 글"이라고 손가락질했지만, 신문의 판매 부수는 날로 늘었다. 그의 문학적 가치를 한눈에 알아본 이도 있었다. 해방기 북으로 떠난 카프 문인이자 영화인이었던 임화였다. 그는 "유니크한 통속작가"라고 평가하며 새로운 장르의 개척자 탄생을 확인해 주었다. 그러나 날이 갈수록 일본 글을 쓰라는 압박이 거세졌고, 김말봉은 과감히 펜을 꺾었다.

왜 그 이름이 잊혔을까. 김말봉은 해방공간은 물론이고 전쟁기에도 다시 든 펜을 놓지 않았고 글쓰기를 멈추지 않았다. 이는 그의 작품들이 문학의 가치로서만이 아니라 역사 속 격랑을 살았던 한 인물로서의 시대기록일 수 있음을 말해주는 것이기도 하다. 실제로 그의 작품들은 해방 후 그의 행로를 고스란히 대변하고 있다. 특히 남한 단독정부 수립 이후 전쟁과 분단의 시대를 관통해 오면서 스스로 선택한 자기 역사와의 단절 경험은 돌이킬 수 없는 회한으로 남아 두고두고 그를 괴롭혔다. 이는 같은 시대를 살았던 기독교 여성 운동가들의 역사적 좌절을 표상하는 한 단면이기도 했다.

"여류사회 운동투사" ― 공창폐지운동, 문학에 담다

김말봉은 작가로 등단하기 전 현장을 찾아다니며 소통했던 여성운동 가였고 기자였다. 월간지 「삼천리」(1930. 1)는 그를 "여류사회 운동투사"로 소개했고, 이후로 줄곧 "여성해방운동의 선구자"라는 이름이 따라붙었다.

경남 밀양이 고향인 김말봉은 아들 없이 딸만 넷인 집안의 막내딸로 태어났다. 아들을 간절하게 바랐던 그의 부모는 '딸 좀 그만 낳게 해달라'는 뜻으로 그에게 말봉 즉 '끝 봉우리'라는 이름을 붙여주었고, 서울에서 정신여학교에 다닐 때도 늘 사내아이 복장으로 학교에 보냈다. 기독교를 통해 근대의 세례를 받은 김말봉은 황해도 재령의 기독교계 학교인 명신여학교에서 교사로 처음 활동했고, 3·1운동에 참여했다가 옥고를 치렀다. 그의 나이 18세였다. 이때 당한 고문 후유증으로 그는 평생 한쪽 귀를 듣지 못했다.

　　본격적으로 여성운동에 뛰어든 것은 20대 후반부터이다. 1927년 일본 유학에서 돌아온 후 줄곧 목포에서 여자청년회와 근우회 활동을 통해 리더십을 발휘했다. 특히 '여성'이라는 이름의 깃발 아래 좌우 진영이 연대하여 공창폐지운동에 나섰던 일은 그의 문학에 원천경험이 되었다. '보옥'이라는 필명으로 쓴 등단작 『망명녀』에도, 해방 후 첫 소설로 발표된 『카인의 시장』에도 공창폐지운동을 독려하는 내용이 담겼다. 『망명녀』는 유곽의 창기였던 한 여성이 "인류의 행복을 위해 싸우는" 사회운동 투사로 거듭나는 성장 과정을 서사화한 작품이었다. 1947년 7월부터 「부인신보」에 연재를 시작한 『카인의 시장』은 공창폐지운동에 투신하며 민주주의를 체현해 가는 여성 청년들이 "동지"가 되어 연대하는 서사구조였다. 이는 해방 후 발표된 첫 여성 장편소설이기도 했다.

　　한마디로 해방공간에서 그의 이름은 항상 공창폐지운동과 나란히 언급되었다. "역사의 격동기에서 예사로운 삶을 거부한 채 구습에 항거하며 자기 길을 간" 인물이라는 평가가 빠지지 않았다. 해방 후 글쓰기를 다시 시작한 것도 공창제도 폐지에 마침표를 찍기 위해서였다. 해방기에 결성된 아나키즘 정당인 독립노동당 부인회장으로 활동을 재개했고, 그 첫 활동으로 '폐업공창구제연맹'(일명 폐창연맹)을 결성했다. 「새가정」 (1986. 9)은 당시 그녀의 문제의식을 이렇게 전했다.

> "우리나라가 해방은 됐지만 여자들은 해방이 안 됐어요. 아직도 이 땅에 노예 상태로 살아가는 여자들이 너무 많아요. 노예의 굴레에서 신음하는 여자들을 해방시켜야 해요. 그러자면 우선 공창을 폐지해야 합니다. 여자를 소나

돼지처럼 시장에 내다 놓고 돈으로 거래하다니… 그리고 그걸 사회가 인정하고 있다니, 그걸 그냥 놔둘 수는 없어요."

여기에는 조선부인총연맹, 대한부인회 등 좌우 진영을 가리지 않고 14개 여성단체가 참여했다. "눌린 여권의 해방과 인간의 회복을 위해 이데올로기를 초월하여 행동을 같이한 역사적인 여성운동"이라는 공감대가 큰 힘을 발휘했다. 그 성과로 1946년 5월 인신매매 금지, 1948년 2월 공창 폐지 입법화를 연이어 이루어냈다. 반발도 만만치 않았다.

"실로 감격스런 운동의 성과였다. 2년 동안 폐창반대 세력들에게서 겪어야 했던 곤욕은 얼마였던가. 시민의 공복이라는 시장까지도 "공창을 폐지하고 거기서 나오는 인간들을 구제한다는 것은 하나의 꿈"이라고 비웃었다. 심지어는 공창 주변의 세탁업자, 미용업자, 병원들마저 공창폐지로 문을 닫게 되었다며 반발하고 나섰다. 국가의 귀중한 세원이 없어진다고 폐창에 반론을 제기하는 사람들도 있었다."

공창폐지운동은 해방공간에서 이념적으로 대립해 오던 좌우 여성들이 여성문제를 공통 의제로 삼아 연대했던 유일무이한 운동으로 평가받는다. 김말봉이 위원장을 맡아 여성들의 연합과 연대를 끌어낼 수 있었던 것은 중도 노선을 견지한 독립노동당에 기반을 두고 있었기에 가능했다. 이는 그가 근우회의 정신을 그대로 계승했다는 것을 의미한다. 그에게는 좌우 연합의 첫 시도였던 근우회 활동이 연대 체험의 원천이 되었고, 이것이 문학으로 발화했다.

문학, 사회주의와 공명하다

김말봉의 작품은 일찍부터 사회주의에 공명했다. 데뷔작 『망명녀』도, 미완결 상태로 연재가 중단된 『밀림』도 현실에 발목 잡힌 주인공들을 새로운 존재로 견인하는 매개가 사회주의이다. 특히 『밀림』에서는 '민중의 발견'이 중요한 모티브가 되며 사회주의가 민중을 구원할 수 있는 사상으로 전제되거나 부각되었다. 사회주의 사상에 대한 신뢰와 지지가 거침없이 드러난다. 사회주의 이론에 대한 동의라기보다는 식민제국에 대한 저항이 사회주의에 대한 사상적 동의로 표출된 것이었다(김경연, 2019). 이 작품이 쓰인 시기는 1930년대 후반으로, 전쟁을 확대해 가던 제국주의 일본이 사회주의를 '위험 사상'으로 배척하고 전향을 본격적으로 강제하던 때였다. 이런 시기에 그는 어떻게 사회주의를 글에 담을 수 있었을까.

문학이었기에 가능했을 것이다. 일제강점기 조선에서의 사회주의는 식민지 현실을 비판하는 이론적 무기로서 그리고 민족해방의 수단으로서 수용되고 확산된 특징이 있다. 해방공간에서도 좌우 진영 관계없이 "균등사회"에 대한 민중들의 고양된 열망이 사회주의에 대한 지지로 나타났다. 제국주의 일본을 적나라하게 겪은 조선 민중들에게 사회주의란 사상적 이론을 갖춘 정치적 이념이라기보다 자본주의와 분별이 되고 공산주의와도 차별화된 대안적 개념으로 이해되었다. 실제로 해방 1주년을 맞은 1946년 9월 미군정이 남한 주민을 대상으로 여론조사를 실시한 결과, 사회주의 체제를 선호한다는 응답률이 무려 70%에 달했다. 이에 반해 자본주의와 공산주의에 대한 선호도는 각각 13%와 10%에 머물렀다.

한국전쟁 이전 김말봉의 작품들은 '문학의 진정한 힘은 어디서 나오는가'라는 질문과 이에 대한 답변을 함께 내놓는다. 그가 답한 문학의 힘은 '오염된' 현실과 '위험한' 사상들로부터 안전거리에 있는 창공의 '하얀 순수함'에 있지 않았다. 오히려 온갖 시련으로 가득한 일상의 고단함과 현실의 고달픔을 외면하지 않는 것에서 문학의 진정한 힘이 나오는 것임을 발견했다. 김말봉이 공창폐지운동에 투신하게 된 출발점도, 이를 문학에 녹여내고자 한 새로운 시도도 매일 오가며 지켜볼 수밖에 없었던 동네 유곽이 시작이었다. 그의 눈에는 인신매매의 공간이었던 유곽이 '인육시장'으로 보였다. 그는 일본 유학을 마치고 돌아온 해인 1927년 장안의 화제가 되었던 첫 '기생잡지' 「장한」(長恨)도 분명히 읽었을 것이다. 그해는 제2의 3·1운동을 재현하고자 했던 6·10만세운동 직후로 학생과 청년들이 크게 고무된 시점이었다. 나라 잃은 민족으로서 누구보다 큰 설움과 설욕을 삼켜야 했던 기생들도 예외는 아니었다. 그해 기생들은 이름을 당당히 밝히며 처음으로 자신들의 목소리를 세상에 내놓았다. 창간호 겉표지에는 새장에 갇힌 한 소녀가 세상을 향해 외친다. "동무여 생각하라, 조롱 속에 이 몸을."

한국전쟁 후 '반공전사'로

한국전쟁을 기점으로 김말봉은 전혀 다른 글을 쓰기 시작했다. 그의 달라진 행보가 처음 표면화된 것은 전쟁 중 단행본으로 출간된 장편소설 『화려한 지옥』(1951)이었다. 1947년 신문 연재소설로 시작했다가 미완인 상태로 중단된 『카인의 시장』을 수정하여 완성한 작품이었다. 확 달라진 제목만큼이나 글의 방향과 메시지도 같은 작품으로 보기 어려울 만큼 완전히 바뀌었다. 공창폐지운동에 투신하고 민주주의의 체현에 다가서던 여성 청년들의 동지적 결합과 시민으로서의 연대 서사는 사라지고, 가정으로 돌아가 남성을 내조하는 '국민' 여성의 애국 서사가 그 자리를 차지했다.

변화의 징후는 남한 단독정부 수립 이후부터 시작되었다. 김말봉은 공창폐지와 사창철폐를 '여성의 해방'보다 '민족의 풍기'나 '국민의 보건'과 직결된 문제로 풀어갔다. 이는 해방공간에서 국가주의에 포섭된 우익 여성들의 논조와 다르지 않은 것이었다. 물론 자신이 걸어온 삶의 궤적에도 반하는 것이었다. 여성을 상대로 한 매매춘은 여성 개인의 도덕적 타락이 아닌 국가와 사회의 책임이며, 여성을 해방하고 남녀동등을 실현하기 위해 가부장적 사회제도의 변화가 필요하다는 것이 그가 견지했던 일관된 주장이었다. 법과 제도의 변화만이 아니라 유곽에서 벗어난 여성들의 사회 복귀를 돕는 시설의 필요성을 주창하고 '박애원'을 직접 설립해 운영하기도 했다.

김말봉이 '반공 국가'를 절대 신념으로 삼았던 우파 진영으로 완전히 편입된 것은 한국전쟁을 통과하면서다. 말 그대로 '여성해방운동가'에서 '반공 전사'로 거듭났다. 이러한 행보는 그의 언어와 작품에 고스란히 반영되었다. 한국전쟁 중이던 1952년 유네스코 주최로 열린 '세계예술가 대회'에 한국 대표로 참가한 이후 '공산 진영과 투쟁하는 문화 전사'를 자처했다. 한국을 "민주 진영의 일선에서 피투성이가 되어 싸우고 있는 비극의 주인공"으로 표상하고, "일선의 병사는 총을 가지고 싸운다면, 우리 문화인은 후방에서 펜으로써 싸운다"며 전의를 불태웠다(「신태양」 1953. 1).

한국전쟁을 기점으로 반공주의는 남한 국민을 통합시키는 강력한 신념 체계로 자리 잡았다. 그 자장 안에서 김말봉은 문학을 반공 이념의 확산 기재로 활용했다. 김말봉이 개신교회의 첫 여성 장로가 된 것도 '반공 신앙'의 성공적 견인으로 기독교의 위상과 존재감이 그 어느 때보다 높았던 1954년, 즉 한국전쟁 직후였다. 하지만 김말봉의 변신은 그리 오래가지 못했다. 1960년 4월 이승만 정권이 몰락하면서 함께 퇴락하는 운명을 맞았다. 그리고 1년이 채 안 된 1961년 2월, 60세 생일을 앞두고 생을 마감했다.

> "폐암이란 선고를 받고 죽음을 앞두었던 몇 날을 김말봉은 뜨거운 참회와 속죄의 기도로 일관했다고 전해진다. "하나님, 죄인을 용서해 주십시오." … "무슨 죄를 그리도 많이 졌나?…" 아우의 숨이 넘어가는 마지막 밤, 홀로 그 죽음의 머리맡을 지켰던 늙은 형님의 의문에 찬 이 말에서 김말봉의 말년이 얼마나 고뇌에 찬 것이었는가를 상상할 수 있다. 그의 참회는 신을 향한 것만이 아니었다."

사망 25주기를 맞은 1986년, 「새가정」(9월호)에 소개된 그의 마지막 모습이다. 「새가정」은 창간호(1954. 1)부터 김말봉이 『옥합을 열고』를 1년 넘게 연재하며 힘을 보탰던 기독교계 대표적인 여성 저널이다. 그녀를 위한 변론으로 「새가정」은 김말봉이 남편과 연이은 사별을 겪으며 10여 명의 자녀를 홀로 키워야 하는 극한 상황으로 내몰렸다는 이야기도 함께 전했다. "'글 쓴다는 일이 원수스러워, 원고지만 봐두 치가 떨린단 말야' 하면서도 글을 쓰지 않으면 안 될 만큼 어려운 생계를 이어가야 했던 김말봉." 그의 글쓰기는 다른 선택지가 없는 생계형 도구이기도 했다는 것이다. 실제로 김말봉은 연재소설 서너 작품을 각기 다른 잡지에 동시에 기고하는 초인적인 힘을 발휘하기도 했다. 그는 50여 편이 넘는 작품을 남긴 것으로 알려져 있으며, 현재 김말봉 전집은 10권에 이른다.

시대기록 2: '빨치산 사령관의 아내' 이숙의, 『이 여자, 이숙의』

"복사꽃이 필 무렵엔 오시리라 기다렸던

그 아버지는 어디로 갔을까?

며칠간 계속된 더위와 바람에

사과꽃, 배꽃, 복사꽃이 하얗게 하얗게 날아가는,

아름답다 못해 서럽게 춤을 추는 듯한 하늘을 쳐다보면서

아득히 사라져 간 옛이야기를 생각한다"(중2 박소은, 1962).

어떤 옛이야기를 간직하기에 14세 소녀가 이런 시를 읊는가. 같은 시대를 산다고 다 같은 역사를 사는 것은 아니다. 같은 역사를 산다고 다 같은 기억을 품은 것도 아니다. 누군가에게는 박멸해야 할 적이, 또 누군가에게는 끝도 없는 그리움의 이름이기도 하다.

2007년 오랜 묵계를 깬 책 한 권이 나왔다. 『이 여자, 이숙의』이다. '혁명가의 아내'라는 역사가 지운 짐을 오롯이 견뎌낸 한 여성이, 깊이 묻어둔 기억들을 어렵게 끄집어내 10여 년에 걸쳐 완성한 자서전이다. 굳이 장르를 분류하자면, 논픽션 문학이 될 것이다. 책 표지에는 "빨치산 사령관의 아내, 무명옷 입은 선생님"이라는 부제가 달렸으며 내용은 이에 정확히 부합했다. '혁명가 아내'로서의 기록과 미래세대를 길러낸 '교육자'로서의 기록이 나란히 담겼다. 그는 빨치산 사령관의 아내라는 이름과 동시에 첫 여성 장학사라는 독특한 이력의 소유자였다. 전자에 대한 기록은 1993년, 후자에 대한 기록은 1997년에 완성되었다. 하지만

그의 원고는 바로 출판되지 못했다. 7년을 더 기다려 딸이 엄마의 유작으로 세상에 내놓았다. 처음 원고가 완성된 시점부터 출판까지 14년이 걸린 셈이다. "복사꽃 필 무렵엔"을 쓴 소녀 시인이 바로 유복녀로 태어난 그의 딸이다. 60여 년 전 대구의 한 중학교에서 장원한 시였다. 14세 소녀 시인이 장원에 오른 문학작품은 또 있었다. 첫 희곡으로 쓴 〈살아난 모녀 바위〉였다. 선생님들과 또래 친구들 그리고 엄마를 눈물짓게 한 작품이었다.

해방공간에서 열린 첫 3·1절

경북 의성이 고향인 이숙의는 해방이 되자 고향으로 돌아와 초등학교 교사로 부임했다. 1946년 3·1절 기념식에 동료 교사들과 함께 참석했고, 연설에 나선 한 청년을 만났다. 그는 의성군 내에서 "말 잘하고 글 잘 쓰는 사람"으로 소문이 자자한 인물이었다.

"우익 대표 김○○씨는 단상에서, "3.1절의 숭고한 정신은 유구한 우리 역사에 길이 빛날 것이며, 영구 불멸할 선열들의 고귀한 피는…" 다음으로 연단에 선 것은 좌익 대표 박종근(朴宗根)이었다. 이 젊은 청년의 예지에 가득 찬 눈빛은 어느 누구와도 비길 수 없는 자신감으로 번득이고 있었다… 그를 보자 주위 사람들은 "의성에 똑똑한 인물이 났단다" 하고들 수군거렸다… 강연 내용이 다 기억나지는 않지만, "3.1절, 3.1만세운동의 의미는 다만 선열의 숭고함을 되새기는 것에 그쳐서는 안 된다. 우리들은 왜 3.1운동이 실패했는지를 그 조직과 방법에 있어 다각도로 연구해 보아야 한다"는 요지였던 것 같다"(이숙의, 22-23).

해방공간에서 처음 맞은 3·1절이었던 만큼 수많은 인파가 모여들었다. 대부분 좌우 진영이 따로 모였지만, 의성에서는 읍내 극장에 함께 모여 기념행사를 열었다. 기념사를 위해 우익과 좌익 대표가 나란히 연단에 올랐고, 좌익 대표로 나선 26세 청년 박종근의 메시지가 대중들의 귀를 사로잡았다.

독립운동사를 잇는 역사의 순간을 함께 한 20대 청춘으로 처음 만난 이숙의와 박종근은 많은 부분이 달랐다. 이숙의는 수재들만 모인다는 공주사범대학을 나온 보기 드문 엘리트로 곁눈질 한번 없이 모범생으로만 자란 인물이었으나, 박종근의 학력은 보통학교 6년이 전부였다. 대신에 10대 때부터 부산, 황해도 신천, 만주 등 국경을 넘나들며 일제의 감시망을 뚫고 독립운동에 투신했던 인물이었다. 17세에 비밀결사체인 독립청년회를 조직해 활동했고 1940년 체포되어 2년간 인천소년형무소에서 옥고를 치렀다. 출옥 후에는 스스로 사회주의 서적들을 찾아 섭렵하고 비밀 서클을 조직했다. 그가 '자생적 사회주의 운동가'로 평가받는 이유다(임경석, 2022). 해방공간에서는 고향인 의성군 안계면에서 인민위원회를 결성해 지역 운동을 이끌었다.

두 사람은 집안 환경도 크게 달랐다. 이숙의는 가난한 집안의 장녀로 어머니가 홀로 어렵게 생계를 꾸리며 뒷바라지를 했다. 아버지는 일본 메이지대학에서 유학한 최고 엘리트였지만 집안이 정한 결혼 생활에 안주하지 못해 가족을 버려두었다. 특히 유학 시절 사회주의 사상을 접하고 한때 새로운 꿈을 꾸기도 했으나 절망적 현실에 크게 낙담해 세상을 부유하며 살았다. 반대로 박종근은 그 지역에서 모두가 알아주는 명문가 집안의 장남이었다. 하지만 지역 세도가로 살아온 아버지와 정반대의 길을 걸었다. 일찍 학교를 그만두고 노동하며 지역 청년들과 새로운 꿈을 꾸었다. 해방 후에도 두 부자는 극과 극을 달리며 논쟁을 거듭했다. 한번 논쟁이 시작되면 날 새는 줄 몰랐고 "불이 튀는 토론"으로 이어졌다. 두 부자가 나라의 장래와 사상을 논할 때면, 마을 사람들이 모여들어 경청하고 귀동냥으로 세상 돌아가는 소식과 정보를 얻어갈 정도였다. 하지만 한반도가 이념의 전쟁터로 전락하면서 결국 두 부자는 돌아올 수 없는 강을 건넜다.

> "아버지 박영교(朴永敎)는 극우요, 아들은 극좌였다… 6.25 이후 아들이 태백산맥, 소백산맥을 목숨 걸어 놓고 뛰어다닐 때, 그 아버지는 대동청년단 단장으로 부하를 거느리고 그 아들을 잡으러 다녔던 것이다. 그 후 아들은 생사를 알 길이 없어졌고, 아버지는 3, 4대 국회의원이 되어 의정 활동에 여념이 없었다"(28-29).

그의 아버지는 반공을 국시로 천하를 호령했던 자유당 시절, 경북 의성에서 두 차례나 국회의원을 지냈다. 그리고 1960년 4월 이승만 정권과 함께 몰락했다.

대구 10월항쟁과 '빨갱이 가족'

이숙의가 박종근과 첫 인연을 맺은 지 7개월 만인 1946년 10월 1일, 대구에서 항쟁이 일어났다. 미군정의 실정과 정책 실패, 쌀값 폭등과 식량난, 친일 경찰과 관리들의 횡포 그리고 친일청산 지연, 9월 총파업 확산이 복합적으로 맞물리며 폭발한 대규모 민중봉기였다. "배고파 못 살겠다, 쌀을 달라!" 구호를 외치며 여성과 아동들이 먼저 시위에 나섰고,

이어진 노동자 총파업 시위에 경찰이 발포하여 노동자가 피살되었다. 격분한 시위 군중이 경찰서 등을 습격하자, 미군정은 계엄령으로 군과 경찰을 동원해 무력으로 진압했다. 수많은 희생자가 나왔고 항쟁은 12월경 종료되었다.

> "우리 집 문전엔 찾아오는 이들의 발길이 끊어졌고, 오직 경찰만이 자유로이 드나들었다 ‥ 세계 역사상 유례없이 사라진 수만의 넋들, 공로를 세우려고 선량한 양민을 대량으로 학살한 이들의 피 묻은 기록을 통해, 역사만은 꼭 정의와 불의를 가려줄 것이다. 저 하늘의 태양을 제대로 쳐다보지 못하고 죽어간 수많은 혼을 우리는 어떻게 위로할 것인가?"(57)

대구항쟁은 '좌익의 사주를 받은 폭동'으로 규정되었고 오랫동안 금기에 갇히게 되었다. 하지만 대구에서 시작된 민중 항쟁은 이후 '여순사건'으로 이어지며 절정에 달했다. 「기독교가정」 창간호(1948. 12)에는 "여수의 풍란을 겪고 와서"(김형도)라는 제목으로 당시 상황을 생생하게 전해주는 글이 실렸다. "미욱한 듯하면서도 민중은 현명하다. 어서 모리배를 친일파를 숙청하라. 어서 탐관오리를 내여몰라. 이것이 과감히 단행되지 않는다면 여수 순천만이 아니라 온 나라이 뒤집히게 되리라 하고 웨처보구 싶어졌다."

이듬해인 1947년 이숙의는 감시망을 뚫고 6·10만세운동 기념일을 혼인날로 택해 서울에서 박종근과 결혼식을 올렸다. 하지만 곧이어 남북에 단독정부가 수립되었고, 그해 12월 박종근은 임신한 아내를 뒤로하고 북으로 향했다. 이후 두 사람은 다시 만나지 못했다. 6개월로 끝나버린 결혼 생활의 대가는 혹독했다. 이숙의는 이듬해 홀로 낳은 어린 딸과 함께 모든 것에서 '열외'가 되었다. 심지어 전쟁 중 식량 배급에서도 그의 몫은 없었다.

> "우리가 누구인지 모두들 잘 알고 있으면서도, 또한 시아버지가 그곳 안계면 집합소의 실권자인데도 우리의 이름은 기재되어 있지 않았다. 그래서 우리에게는 한 톨의 보리쌀도 지급되지 않았다 … 왜 우리는 굶어 죽어야 한단 말인가? '살아야 한다. 너희들의 생명이 소중한 만큼 우리의 생명도 소중한 것이다.' 이렇게 이를 악물고 먹을 것을 찾아 헤맸다"(118).

하지만 굶주림은 시작일 뿐이었다. '빨갱이 가족'으로 낙인찍혀 온갖 폭력에 노출되었고 정보기관의 상시 추적과 감시의 감옥에서 벗어나지 못했다. 일찍이 남편에게 버림받고 아들만을 바라보았던 그의 시어머니도 예외가 되지 못했다.

> "'빨갱이는 죽여야 한다. 죽여도 죄가 되지 않는다' 하면서 전 주인집 식구 모두가 몰려와 시어머니를 마구 때렸다는 것이다 … 왜 빨갱이 아들을 낳은 어머니만 빨갱이인가? 그 아버지, 그 삼촌은 빨갱이 가족이 아니란 말인가? … 뭇사람들로부터 짓밟혀야 하는 서럽고 한스러운 여인의 삶, 그녀의 고통은 바로 나의 고통이 되었다"(160-162).

분단이 갈라놓은 것은 국토만이 아니었다. 실체도 없는 이념이 원심분리기가 되어 인간 삶의 가장 근원이 되는 가족들을 분리시켰다. 영토로 갈라진 가족은 맘껏 그리워할 수라도 있었지만, 이념의 이름으로 갈라진 가족들은 숨조차 크게 쉬지 못했다. 희미한 기억조차 땅에 묻어야 했고 가슴에 삭혀야 했다. 한마디로 분단은 모든 것과의 단절을 가져왔다. 영토, 가족, 친구, 이웃, 기록, 기억, 시간, 심지어 자기부정과 분열까지 포함했다. 마음을 달래 주던 하찮은 낙서조차 허구한 날 쫓기고 시달림을 당하는 통에 찢기고 빼앗기고 불태워졌다. 나와 타인뿐 아니라 한 인간을 정신과 육신으로 분리시키는 근원적 단절을 가져왔다. 함께 교육 강단에 섰던 동료 교사들도 소리 없이 사라졌다. 이후 보도연맹에 엮여 총살당했다는 소식만 들려왔다. 가족이 모두 몰살당하고 간신히 혼자 살아남아 도망치듯 월북한 동료도 있었다. 이는 긴 침묵에 갇히게 했고 주어를 붙일 수 없는 문장을 구사하도록 만들었다. 홀로 지켜 온 소중한 기억조차 "연월일도 잊어버린 채 던져진 추억들"로 만들어버렸다.

'날짜 없는 죽음' 그리고 추방 아닌 추방

1952년 3월 남편 박종근의 사망 소식이 전해졌다. 떠난 지 4년 만이었다. 군경이 대규모로 동원된 빨치산 대토벌 작전이 막바지에 이른 때였다. 아침저녁으로 드나들던 형사가 '좋은 소식'이라며 전해주었다.

> "한 여자 빨치산을 생포했는데, 바로 박종근 사령관의 여비서인 간호 장교였다고 했다. 그런데 그녀가 전하기를 박종근은 깊은 총상을 입고 들것에 실려 다녔었는데 정세가 악화되자 여러 동지들에게 피해만 입혀서는 안 된다면서 자신의 권총으로 스스로 목숨을 끊었다고 했다는 것이다. 자결? 그이에게라면 충분히 있을 수 있는 일이라고 나는 생각했다. 그 여자 빨치산의 고백이 들은 이야기 중 가장 신빙성이 있는 이야기인 듯했다"(171).

다음날 지역신문에는 "태백산 총사령관 박종근 사살"이라는 기사가 대서특필되었다. 박종근 부대에 배속되어 간호요원으로 활동한 여성 빨치산은 '지춘란'으로 최근 연구에서 밝혀졌다. 이후부터 이숙의는 사건이 터질 때마다 '간첩 혐의'로 의심을 받기 시작했다. 정보기관에 끌려가 끝도 없는 조서를 쓰고 집요하게 취조당했다. 자유당 정권 막바지였던 1959년, 급기야 간첩단의 우두머리라는 혐의를 쓰고 구속되었다. 현직 국회의원이던 시아버지도 외면했다. 하지만 아이러니하게도 일면식도 없는 반공청년단 단장의 도움으로 가까스로 풀려날 수 있었다. "빨갱이 가족은 9족을 멸한다"는 말이 공공연히 나돌던 시대에 이승만의 양아들 소리를 듣던 대구의 한 국회의원이 감옥에서 꺼내주리라고는 아무도 예상하지 못했다. 그의 이름은 신도환이었다. 감시는 이후로도 계속되었다.

결국, 이숙의 모녀는 독일행을 택했다. 예고 없이 들이닥치는 낯선 이들의 반갑지 않은 방문과 어머니의 부재 경험은 어린 딸에게 깊은 불안감을 심어주었다. 외할머니 손에서 크다시피 한 딸은 대학을 졸업하자마자 독일 유학길에 올랐고, 이숙의도 '첫 여성 장학사'라는 기록을 남긴 채 그 뒤를 따랐다. 가끔 고향을 방문하기도 했으나 그때마다 정보기관의 감시와 조사가 다시 반복되었다. "반공이 국시로 되어 있는 이상" 언제든 다시 반복될 수 있으니, 딸에게 가는 것이 좋겠다고 조언한 담당 형사의 말이 옳았던 셈이다. 두 모녀에게 또 다른 분단국 독일은 멀고도 가까운 땅이었다. 조국 한반도에서 멀리 떨어진 곳이었지만 한순간도 한반도에서 시선을 떼지 못했다.

뒤늦게 확인된 사진과 문서들

2000년 여름, 이숙의는 잠시 귀국했다. 자신의 역사 기록인 자서전 출판을 위해서였다. 그해는 남북 정상이 평양에서 6·15남북공동선언을 발표하며 새로운 걸음을 시작한 때였다. 동시에 첫 결실로 비전향 장기수들의 북한 송환이 추진되던 시점이기도 했다. 북한으로 돌아갈 채비를 하던 장기수 중 한 명이 송환을 이틀 앞두고 급히 그녀를 찾아왔다. 확인할 길이 없었던 박종근의 마지막 순간을 전해주기 위해서였다. 박종근 휘하에서 연락병으로 활동한 막내 부대원이었으며 유일한 생존자였던 김익진이었다. 박종근은 경상북도 도당위원장인 동시에 제3유격지대 사령관으로 부대를 이끌었고, 마지막까지 아내와 딸을 그리워하며 가족을 찾으려고 애를 썼다는 이야기를 전했다. 자신에게 맡겨진 마지막 임무도 사령관의 가족을 찾는 것이었으나, 끝내 찾지 못하고 생포되어 30년을 감옥에서 보냈다는 이야기였다. 왜 우리를 찾지 않았을까. 이숙의 모녀가 50여 년을 놓지 못했던 의문이 풀리는 순간이었다. 병원에서 마지막 답을 확인한 이숙의는 그날 밤 딸의 품에 안겨 평생의 그리움이던 남편 곁으로 홀연히 떠났다. 그의 자서전이 바로 출판되지 못한 이유다. 7년이라는 시간이 더 필요했던 자서전에는 그의 마지막 소회가 이렇게 기록되었다.

> "뜨거움으로 눈을 감으면 지금도 나는 흰 구름을 타고 태백산맥, 소백산맥을 이리 뛰고 저리 뛰는 그의 모습을 본다 … 사회주의가 어떤 것인지, 공산주의가 어떤 것인지 나는 잘 모른다. 알려고도 하지 않는다. 다만 이 세상을 살아가는 한 인간으로서 불의를 미워하고 정의를 추구하면서 진실되고 사람답게 살고자 했던 신념과 노력이 있었을 뿐이다"(261).

3·1운동 이듬해인 1920년에 태어나 한국전쟁 막바지인 1952년 사망하기까지 32년의 짧은 생을 살았던 박종근. 가족과 헤어진 1947년 이후의 흔적을 추적할 수 있는 자료는 현재 두 곳에 보관되어 있다. 미국과 러시아다. 미국 국립문서보관소에는 전쟁 중 북한에서 확보한 자료들이 노획문서로 분류되어 있고, 러시아 모스크바에는 유학 당시 그가 직접 작성한 짧은 〈이력서〉와 〈자서전〉 등이 보존되어 있다. 러시아 측 자료에는 "1948년 9월 15일부터 1950년 7월 1일까지 조선당학교에서 수학"했다고 기록되어 있다. 본래 4년 이상 예정된 유학이었으나 한국전쟁으로 조기 귀국한 것으로 추정된다.

　그의 성적표도 남아 있다. 2년간 14개 과목을 수강했고, 점수가 명시된 12개 과목에서 모두 5점 만점에 5점을 받은 것으로 기록되어 있다. 그의 모습을 확인할 수 있는 사진은 총 4장이 남아 있다. 이숙의가 유일하게 간직했던 1946년 사진(26세), 독립청년회 사건으로 투옥되었을 때 인천 감옥에서 찍힌 1941년 사진(21세), 모스크바 유학 시절인 1948년 사진(28세) 그리고 제3유격지대 사령관으로 최후를 맞은 1952년 사진(32세)이다. 최후의 모습이 담긴 마지막 사진은 미국 측 노획문서에 포함되었던 것으로 사망 날짜가 2월 17일로 특정되었다. 비전향 장기수들이 간직한 자료에서 처음 발견되었다.

　박종근은 실천력과 이론을 두루 갖춘 보기 드문 인재로 뛰어난 리더십을 발휘했다는 기록이 남아 있다. 하지만 보급로가 끊긴 채 중간 지대에서 완전히 고립된 상태로 한겨울 토끼몰이를 하듯 대규모 군경이 동원된 대토벌 작전을 넘어서기에는 역부족이었는 평가를 받는다. 더욱이 그는 국내에서 주로 독립운동을 했던 인물로 한국전쟁에 나서기 전까지 전투에 투입된 적이 없는 상태였다. 반대로 군경을 동원해 대토벌 작전을 지휘한 미국은 만주사변을 거치며 게릴라 전투에서 이기는 법을 완전히 터득한 일본의 역량을 그대로 손에 넣은 상태였다.

1971년 독일로 떠난 딸 박소은은 이듬해 남한에서 유신체제가 시작되었다는 소식을 들었다. 1974년 3·1운동 기념일에 서독의 수도 본 광장에서 처음으로 교민 집회가 열렸고, 1919년 그날처럼 55명의 대표자가 서명한 〈민주사회 건설을 위한 선언〉을 발표했다. 윤이상, 이영빈, 김순환, 송두율 등과 함께 종교인, 학자, 유학생, 파독 간호사와 광부노동자 대표들이 이름을 올렸다. 박소은도 막내 유학생으로 서명자 명단에 이름을 올렸다. 동백림사건의 여파가 여전히 남아 있던 상황에서 큰 결단이 필요한 일이었다. 그날 연대 투쟁 조직인 '민주사회건설협의회'(민건회)가 탄생했고, 이는 해외 민주화운동의 시작점이 되었다. 어머니와 아버지가 첫 인연을 맺은 해방 조국에서의 첫 3·1절 기념식 그리고 정확히 28년 후 딸이 독일 수도 한복판에서 3·1운동의 부활을 경험한 것은 평행이론을 떠올리게 한다. 이날 광장에 아들과 함께 섰던 목회자 부부 이영빈과 김순환은 그의 또 다른 부모가 되었다.

시대기록 3: '신학도' 김순환, 『거센 바람 거슬려가며』

"1절   이야 평양 감옥아! 네게 묻나니, 이곳이 생긴 지 몇 해인가!
         이제부터 너와 나와 두 사이에, 어떠한 관계가 깊어 있나.
  2절   슬프도다 우리나라 이천만 민중, 네 손에 잡힌 자 누구누구냐!
         선지자도 옥에서 잠을 잤으며, 주께서도 법정에서 심문 받았네!
  5절   끼니마다 먹는 밥은 수수밥이요, 밤마다 자는 잠은 새우잠이라
         수수밥이 맛있어서 누가 먹으며, 새우잠 편해서 누가 잘소냐!

6절   재판소에 가는 모양 보아주시오, 머리에 볏짚과 손에 수갑은
      완연한 죄인 모양 다름없으니, 보는 자 누구 아니 눈물 흘리랴!
11절 하나님이 도우사 우리나라를, 악한 자 손에서 구원하소서!
      기쁘고 기쁘도다 오는 그날, 조선의 동포들아 찬송 합시다.
      (기미년만세 1919년)"

　　2010년 독일에서 미간행으로 세상에 나온 자서전 한 권이 기록에
없는 역사의 한 조각을 드러냈다. 3·1만세운동 당시 평양 감옥에서 작사
작곡된 '이심전심의 독립군가'. 말도 글도 모두 빼앗긴 시절, 옥바라지에
나선 마을 여인들이 내 말과 내 역사를 지키겠다고 입에서 입으로 퍼
나른 민중의 노래였고 자식들에게 조용히 전수된 민족의 노래였다. 여든
나이를 넘겨 수줍게 내놓은 책 『거센 바람을 거슬려가며』에는 총 11절에
이르는 긴 노랫말이 고스란히 수록되었다.

"왜정시대 소학교[초등학교] 1학년 즈음, 우리말 금지를 당하여 필자는 결국
우리말을 제대로 배우지 못한 사람입니다. 해방 후 나름대로 우리말을 혼자
배우려고 노력했지만 복잡다단한 정국으로 그럴 여유를 갖지 못하였습니
다. 더욱 독일에서 오래 살다 보니, 우리말의 표현력이 너무 빈약하며 평양
사투리를 그대로 간직하고 있는 것을 고백합니다"(7).

　　평양에서 태어난 1928년생 김순환이 그 주인공이다. 그는 "감옥에
갇힌 애국자들이 부른 노래"로 기억했다. 옥에 간힌 아들과 또래 청년들의
옥바라지로 독립운동에 힘을 보탠 외할머니가 어린 손녀딸에게 기어코
가르친 노래였단다. 외할머니가 어머니에게 '쪽지 글'로 전한 긴 노랫말은

다시 그 딸에게로 전해졌다. 그냥 노래가 아닌, 내 언어와 내 역사만은 결코 빼앗길 수 없다는 기억의 몸부림이었을 것이다. 어린 소녀 김순환은 한 자도 빼놓지 않고 고스란히 기억저장소에 담아 두었고, 여든을 넘긴 나이에 마지막 소임으로 이를 조심스럽게 꺼내 조국의 미래세대에 전해주고자 이국땅에서 어렵게 펜을 들었다. 지금 그는 모든 기억을 쏟아내고 조용히 침묵에 들었다.

"의문"을 심어준 외할머니가 첫 역사 스승

"미국 선교사의 전도로 독실한 기독신자가 된 부모 밑에서 내 잔뼈가 굵어지게 되었고, 그래선지 어릴 적 선망의 대상은 막연했지만 미국과 기독교였습니다."

김순환은 우체국에 근무한 아버지를 따라 여러 지역을 옮겨 다니며 어린 시절을 보냈다. 잦은 이사로 소학교(초등학교)만 9년간 4개를 다녔다. 평북 강계, 황해도 사리원, 서울 그리고 강원도 협곡. 잦은 이사는 종교적 환경에도 영향을 주었다. 독실한 기독교 신자였던 부모를 따라 장로교에서 성장했으나, 일제 말기 강원도 통천으로 이사하면서 감리교 신자가 되었다.

그래서였을까. 김순환은 자신이 걸어온 삶의 여정을 "나와 우리를 찾아가는 길손"으로 표현했다. 하지만 그 시작점은 잦은 이사가 아닌 철없던 시절 뜻도 모른 채 수많은 궁금증으로 마주한 "외할머니의 조국사랑 이야기"였다. 복종하며 적응하는 것 외에 다른 무엇을 생각조차 할 수 없었던 시대, 외할머니는 처음으로 "의문"이라는 것을 갖게 했다. '나'의 정체는 무엇일까. 앵-앵 물레를 쉼 없이 돌리며 외할머니는 주문처럼 늘 같은 서두를 꺼내 들었다. "너는 아직 어려서 내 이야기를 다 이해 못 할 것이다. 그래도 언젠가는 기억할 것이니…" 외할머니가 다 알지 못하는 말로 풀어놓은 것은 다름 아닌 역사 이야기였다. 탐정소설 같은 흥미진진함에 빠져 때로 잠자는 것도 잊었지만, 때때로 '제국주의'니 '일본 식민지'니 하는 어려운 단어가 엮여 나오기도 했다.

외할머니는 남편의 교회 금지령이 오히려 계기가 되어, 스스로 성서를 구해 집에서 몰래 읽다가 남녀평등사상에 일찍 눈뜨게 된 사연부터 들려주었다. 성서를 통해 조선 여성들이 겪는 불의와 불평등을 새로운 시선으로 바라보게 되었고, 남자나 여자나 모두가 자유롭고 평등한 나라에서 살아야 한다는 것도 알게 되었다. '여자가 아는 게 많으면 팔자가 세고, 팔자 센 여자는 집안을 들어먹는다'는 손가락질에도 기필코 딸들을 선교사가 세운 숭의여학교에 보내 근대 교육을 받게 했다. 남편이 사망한 후에는 재산을 처분해 그의 첩들에게 공평하게 나눠주고 자립 기반을 마련해 주었다. 선교사의 설교를 듣기 전, 성서로 먼저 기독교를 배운 탓이었을까. 외할머니는 미국 선교사들이 여학교를 세우고 여성 인재를 키우며 개화의 바람을 불러온 것은 무척이나 고마운 일이나 우리의 주권을 빼앗은 일본의 입장에 동조하는 것은 잘못이라고 했다.

이는 선교사를 하나님이 보내준 천사로만 알았던 어린 김순환에게 큰 혼란과 의문을 안겨주었다. 미국과 기독교는 어릴 적부터 자연스럽게 품었던 선망의 대상이었다. 가족들의 목숨을 여러 차례 구해준 천사 같은 선교사들과 신기한 약을 아낌없이 보내준 미국이 정말 일본과 같은 편일 수 있을까.

기독교와 사회주의, 왜 공존할 수 없는가

물음표로 가득했던 사춘기 시절 김순환에게 외할머니의 이야기를 다시 떠올리게 한 인물은 일본에서 유학한다는 동네 청년이었다. 사각모가 유난히 반짝였던 그는 방학 때마다 고향으로 돌아와 새로운 이야기를 전해주곤 했다.

"우리 동네에 우연히도 일본에서 공부하고 있는 청년이 있었습니다. 사각모자를 쓴 그 청년학생은 방학 때 부모 집에 오면, 동네 젊은이들을 모아 놓고 남다른 이야기로 큰 인기를 독차지하고 있었습니다. 동네 영감들은 그 청년이 사회주의 사상에 빠졌다고 수군거렸지만, 어쨌건 그는 똑똑한 청년으로 필자의 마음을 알게 모르게 사로잡고 있었습니다. 그를 통해 민족사랑 이야기를 들으면서 할머니의 나라 걱정을 나름대로 더 이해하게 되었습니다"(5).

사각모자 청년을 통해 시골 마을까지 전해진 사회주의 사상은 암울한 현실을 짊어진 젊은이들에게 해방된 나라를 구체적으로 꿈꿀 수 있는 통로가 되었다. 똑똑한 사람치고 사회주의자가 아닌 사람이 없다는 말이 나돌 정도였다. 마치 개화기에 기독교가 들어와 규방의 여성들에게 남녀평등의 새로운 세상을 꿈꾸게 했던 것과 크게 다르지 않은 모습이었다. 그때는 근대 물 먹은 사람치고 교회 한번 안 가본 사람이 없다는 말이 심심찮게 회자되었다. 그야말로 격세지감이었다. 해방되자 약속대로 사각모자 청년은 일본에서 학문을 마치고 환한 모습으로 귀향했다. 하지만 그의 말대로 참다운 민족해방은 하루아침에 그냥 주어지는 선물이 아니었다.

미국과 소련이 분단선을 그으면서 사람들은 둘로 갈라졌고 희망은 빠르게 절망으로 기울었다. 해방 전 개신교는 전체 교세의 75%가 북한 지역에 거주했다. 그중 80% 이상이 서북 지역인 평안도와 황해도에 집중된 상태였다. 특히 "동방의 예루살렘"으로 불린 평양에는 일찍이 근대의 세례를 받고 자립경제를 이룬 중산계급과 미국 개신교계와 접촉할 수 있는 유학파 엘리트층이 응집력 강한 사회세력으로 자리했다. 북한 지역에 소련군이 들어오자, 이들은 기독교와 공산주의는 공존할 수 없다며 분단선을 넘어 대거 이남으로 이주를 감행했다. 어떤 이들은 이스라엘 민족의 '출애굽 행렬'을 떠올렸고 또 어떤 이들은 미국을 탄생시킨 청교도들의 '메이플라워호'를 상상했다. 일제 식민지 시절에도 경험한 바 없는 인구 대이동의 시작이었다. 김순환의 가족도 그 행렬에 합류했다.

> "공산주의와 기독교는 공존할 수 없다고 하시면서 좋은 직책과 고향의 집 그리고 그리운 분들을 뒤로하고, 부모님은 남녘으로 내려왔다. 미국의 선교로 하나님을 믿게 됐던 북녘의 기독교인들은 우리 부모님뿐 아니라 대부분이 미 군정의 남녘 땅으로 너도나도 하면서 내려왔다. 그런데 어찌하여 기독교 천국인 남녘의 사회가 이렇게 권력과 돈으로 악순환할 수 있단 말인가? 정의와 사랑의 하나님은 어디에 있단 말인가! 이해하기 어려웠다"(50).

'기독교 천국'을 기대했던 남한살이는 김순환을 더 큰 혼란에 빠뜨렸다. 실제로 '미군정청 하인 노릇을 하려 해도 예수교인이 아니면 못한다'는 말이 공공연히 나돌 정도로 남한 사회는 혼탁했다. 극소수 목회자들이 '그저 돈에 눈이 어두워 진리를 상실하고 허영과 거짓에 바쳤구나!' 탄식할 뿐이었다(「조알」 1947. 12; 「기독자」 1953. 1). 신에 대한 질문은 더욱 복잡해졌고 자신의 길을 찾는 일도 오리무중으로 빠져들었다. 스물한 살 김순환은 그 답을 찾고자 신학교 문을 두드리는 용기를 냈다. "해방정국의 복잡다단한 흐름 속을 헤치고 나는 무엇을 해야 옳을까 방황하던 나머지 삶의 참뜻을 찾는다고 신학생이 되었습니다."

하지만 기대했던 신학도 삶의 나침반이 되어주지 못했다. 마치 다른 세계를 사는 듯 현실의 문제와 무관한 내용으로 신학 수업이 흘러갔다. 질문도 의문도 없이 그저 "어지럽고 악한 이 세상을 믿음으로 극복해야 한다"는 답변뿐이었다. 신학교 바로 옆 경교장(서대문)에서 김구 선생이 암살당했다는 비보가 날아들었지만 아무도 입에 올리는 이가 없었다. 크게 실망한 김순환은 부모가 정착한 대전으로 향했고 그곳에서 '위기의 신학'을 공부하는 소그룹 독서 모임을 알게 되었다. 같은 신학교 졸업생들인 박순경, 이영빈, 허혁이 기독교와 사회주의 간 대화의 길을 모색한 칼 바르트 신학에 매료되어 일본어로 된 책을 붙들고 씨름하며 번역에 몰두하고 있었다. 신학교 밖에서 처음으로 '가슴 뛰는 신학'을 만난 것이다. 칼 바르트는 선과 악의 대립으로 세계를 인식하는 미국식 사고에 의문을 제기하고 '제3의 길'을 제시했다. "나는 공산주의에 대한 모든 두려움에 반대한다. 선한 양심을 가진 민족, 민주적이고 사회적인 삶의 질서가 제대로 잡혀 있는 민족은 공산주의를 두려워할 필요가 없다"(1948년 12월 설교).

제3지대에서 '화해와 대화의 길'을 열다

한국전쟁으로 모든 노력이 수포로 돌아갔다. 세 사람이 땀 흘려 완성한 첫 번역서들은 출간되자마자 묻혔고 '제3의 길'의 가능성도 함께 사라졌다. 대신에 일찍이 경험해 보지 못한 고단한 피난 생활이 시작되었다. 독서 모임의 한 명인 이영빈과 결혼한 지 3개월 만의 일이었다. 전쟁이 멈춘 후 남편 이영빈이 먼저 서독 유학길에 올랐고, 두 아이의 양육과 가족의 생계는 김순환의 몫이 되었다. 이후 4년 만인 1959년에 '칼 바르트의 길'을 걸으며 동서 간 대화를 시도하던 독일 신학자들의 도움으로 신학 수업의 기회가 열렸고, 김순환은 유일한 응원자인 어머니에게 두 아이를 맡기고 과감히 유학길에 올랐다. 어렵게 얻어낸 시간은 한반도의 분단 역사를 세계사적 관점에서 새롭게 이해하는 전환점이 되었다.

> "해방신학, 평화신학, 민중신학, 제3세계 신학 등을 살펴보는 가운데 독재자의 폭력으로 인해 민중의 손으로 지은 집과 공동체가 파괴되고, 힘없는 민중들이 고난을 받게 되는 현실을 직시하게 되었습니다."

튀빙겐대학, 본대학, 괴팅겐대학, 프랑크푸르트대학 등 여러 대학을 전전하며 여성신학까지 폭넓게 신학을 공부했다. 낯선 언어를 배우고, 남편의 목회 활동을 돕고, 출산과 육아까지 병행했던 고단한 여정이었다. 결국, 김순환은 학업 과정을 다 마치지 못했다. 하지만 학교와 삶의 현장을 분주히 오가며 실천하는 신학이 무엇인지 치열하게 배우는 시간이었다. 1965년 남한에서 광부들과 간호사들이 독일로 파견되어 오자, 독일교회는 유일한 한인 목사였던 이영빈에게 도움을 청했고 김순환은 그의 협력자가 되어 이들의 초기 정착과 불합리한 노동환경 개선에 발 벗고 나섰다. 1974년 유학생, 종교인, 학자, 광부노동자, 간호사 등 각계 교민들과 함께 유신독재 반대 연대 투쟁에 나섰고 '민주사회건설협의회'(민건회) 결성에 힘을 보탰다. 특히 그해에는 학문의 길을 걷는 박순경

교수가 독일을 방문해 반가운 재회를 했다. 박순경의 회상이다. "사회주의와 관련된 서적들을 당국의 간섭 없이 마음껏 공부할 수 있는 곳으로 떠난 '학문여행'이었다"(「말」, 2007. 11). 귀국 후 박순경은 '통일신학' 연구에 매진했고, 본격적인 강의에 나섰다.

독일에서 탄생한 민건회는 민족화해를 위한 또 다른 과제를 안겼다. 교포 사회가 반공 이데올로기에 강하게 사로잡혀 있음을 확인한 것이다. 특히 한인교회에 속한 교민들이 한인 노동자들과의 공존을 거부했다. 그 모습에서 반공기독교의 깊은 그늘을 보았다. 이는 기독교와 사회주의 간 대화의 필요성을 새롭게 각성하는 계기가 되었고, 제3지대에서 민족화해와 통일운동을 본격적으로 고민하게 된 동기가 되었다. 김순환은 '조국통일해외기독자회'(1979) 결성에 참여해 총무로 활동하며 이화선(회장), 이영빈(편집장)과 함께 북과 해외 기독자 간의 대화를 추진했다. 그 성과로 분단 36년 만인 1981년 오스트리아 빈에서 첫 '통일 대화'가 시작되었다. 행사 공간을 찾기 위해 김순환은 이영빈과 함께 스위스교회까지 찾아갔고, WCC의 물밑협력과 독일교회의 협조를 끌어냈다. 이는 세계교회기구 차원에서 남북교회 간 화해와 대화의 장을 마련하는 마중물이 되었다. 어렵게 물꼬가 열린 통일 대화는 매년 한 차례씩 열려 10년의 역사를 썼다. 김순환은 그 여정을 돌아보며 '남북 사이의 장벽을 뚫는 바늘구멍'의 작업이었다고 고백한다.

그러나 '아무도 가지 않은 길'을 걸었던 대가는 컸다. 남한 정부는 '친북인사'로 분류해 교민 사회로부터 고립시켰을 뿐만 아니라 2005년까지 입국을 불허했다. 50년간 고국을 찾지 못했기에, 전쟁 후 폐허 속에서 두 아이를 길러준 어머니의 마지막 모습도 보지 못했다. 대신 김순환은 긴 여정에서 생성된 문서 자료와 기록물들을 꼼꼼히 모았고, 500쪽이

훌쩍 넘는 해설서와도 같은 두툼한 자서전을 함께 남겼다.

> "저자의 특별한 공헌은 4·19 국내 학생혁명에 연대하던 날부터 오늘까지
> 50년간 열심히 작업한 문서들을 잘 보관하여 우리 두 사람이 걸어온 발자취
> 뿐만 아니라 우리와 함께 귀한 정력과 시간을 바쳐 국내의 투쟁에 연대한
> 이곳 동지들의 역사를 조국의 동포들에게 그리고 젊은이들에게 전달할 수
> 있게 된 것이다"(이영빈).

새로운 우주에서 재회하기

식민지 시대를 뚫고 용케도 살아남은 독립투사들과 혁명가들 그리고
그 가족들에게 가장 잔인했던 땅은 어디였을까. 일본도, 중국도, 만주도,
소련도 아닌 바로 조국 한반도였다. 가장 잔인했던 시간도 일제강점기가
아닌 해방기였다. 김말봉, 이숙의, 김순환, 세 여성의 기록은 한국 현대사의
거대한 소용돌이 속에서 개인이 감내해야 했던 고통의 실체를 여과
없이 드러낸다. 이들은 공식 역사에서 배제되거나 사소함으로 치부되었던
여성들의 다양한 삶의 자리를 문학의 언어로 복원해 냈다. 하지만 이들의
기록이 오늘날 우리에게 건네는 의미는, 단순히 과거 사건에 대한 회상이
나 회고에 머물지 않는다.

세 여성이 남긴 기록은 개인 서사를 넘어 냉전과 분단이라는 거대
서사에 함몰되어 지워졌던 인간의 얼굴을 되찾아준다. 대중과 함께 호흡하
며 문학의 힘이 얼마나 강력한 것인지 스스로 증명해 낸 기독교 문인
김말봉. 여성해방운동가로 남다른 필력을 휘둘렀던 그는 전쟁 후 생존과
반공주의에 포섭된 '반공 전사'로 변모했고 그 끝에서 만난 단어는 처절한

'좌절' 아니 시대의 좌절이었다. 이는 국가주의에 편승한 종교가 얼마나 잔인해질 수 있는지 그 끝을 보여준 당대 기독교 지식인들의 자화상과 그리 다르지 않은 것이었다. 빨치산 사령관의 아내라는 벗어날 수 없는 시대의 짐을 지고 교육 강단을 지킨 이숙의. 그는 '빨갱이 가족'이라는 낙인 속에서 생존 자체를 위협받으며 고통스러운 자기부정의 세월을 견뎠으나 조국은 그에게 끝까지 가혹했다. 그 끝에서 만난 단어는 '추방'이 었다. 그는 조국에서 모든 이의 조국인 우주를 잃었다. 기독교와 사회주의 의 대결이 만들어낸 협곡에서 공존의 방식을 거듭 고민하며 깊이 고뇌한 신학도 김순환. 그는 남도 북도 아닌 제3의 지대에서 반목의 시대를 마감할 민족화해의 길을 찾아 고군분투했으나 되돌아온 것은 반공주의의 거대한 벽이 만든 고립이었다. 그 끝에서 만난 단어는 차가운 '고독'이었다.

교차점 없는 세 여성이 일생을 걸고 길어 올린 아픈 기억과 기록의 총합은 우리 사회가 오랜 시간 외면해 온 '자기부정의 역사' 자체이고 그에 대한 고발과 증언이다. 한 민족의 분단 역사와 고통이 한 개인 혹은 한 가족에게 어떻게 경험되었는지 구체적으로 증언한다. 단절의 벽인 분단선이 눈에 보이는 국토 한가운데만 존재한 것이 아니라, 골목골 목 모든 현장과 관계 안에 그리고 디아스포라 역사 안에 틈새 없이 존재했음을 증언한다. 공동체 역사를 구성하는 집단기억이 어떻게 일방적 으로 왜곡되고 편집되고 삭제될 수 있는지, 고향과 조국으로부터 추방된 자의 시선으로 증언한다. 동시에 세 여성이 각각 써 내려간 시대기록은 대립과 반목의 시간 사이 사이로, 공존과 연대의 회복 가능성을 모색할 수 있는 순간들도 교차했음을 증언한다.

인류 모두가 시대적 범죄의 공범일 수 있다는 시몬 베유의 통찰은, 우리가 마주한 적대와 반목의 역사가 결코 남의 일이 아님을 일깨워

준다. 화해란 잊힌 과거의 사실을 단순 기억으로 떠올려 나열하는 것이 아니라, 시대를 견뎌낸 이들의 고통과 슬픔에 응답하는 '상상력의 회복'에서 시작된다. 이제라도 우리는 반목과 적대 프레임을 넘어서는 '시대적 공감력'과 '역사적 상상력'을 장착한 새로운 언어를 발굴해야 한다. 단절되었던 우주와 인간 영혼의 관계를 복원하고 '시와 사랑'이 흐르는 공존의 길을 찾아야 한다. 좌절, 추방, 고독이라는 세 단어로 수렴되는 세 여성의 정직한 시대기록이 바로 그 길을 비추는 작은 안내 지도가 될 것이다.

이들은 우리에게 묻는다. 반목의 역사와 진정으로 화해할 준비가 되었는가. 이 질문에 대한 답을 찾아가는 여정이야말로 단절된 시와 사랑의 언어를 회복하고, 공포와 비루함에 갇혀버린 우리 시대의 좌절을 치유하는 시작점이 될 것이다. 오늘 우리의 신학이 화해의 언어가 되고 소통의 다리가 되어, 반목의 역사와 차별 사회에 마침표를 찍을 수 있을까. 새로운 우주에서 재회를 꿈꾸며 이제는 우리가 '반쪽이' 역사와 정면으로 마주할 시간이다.

참고문헌

구명숙 엮음.『한국여성수필선집 1945-1953』. 서울: 역락, 2012.

김경연. "'삐라를 든 여자들'의 냉전-해방/전쟁기 여성작가 김말봉의 행로와 문화냉전의 '젠더정치." 「한민족문화연구」 68 (2019), 165-224.

김순환.『거센 바람을 거슬려가며』. 독일: 미간행, 2010.

김형도. "여수의 풍란을 겪고 와서." 「기독교가정」 창간호 (1948. 12).

베유, 시몬. 이창실 옮김.『신을 기다리며』. 서울: 복있는사람, 2025.

슈퇴버, 베른트. 황은미 옮김.『한국전쟁: 냉전시대 최초의 열전』. 서울: 여문책, 2016.

이숙의.『이 여자, 이숙의: 빨치산 사령관의 아내, 무명옷 입은 선생님』. 서울: 삼인, 2007.

"일제 감시대상 인물카드: 新井宗根(朴宗根)." 1941. 3. 14. 촬영. 국사편찬위 한국사 데이터베이스. http://db.history.go.kr.

임경석.『독립운동 열전2: 잊힌 인물을 찾아서』. 서울: 푸른역사, 2022.

_____.『잊을 수 없는 혁명가들의 기록』. 고양: 역사비평사, 2008.

정용일. "[독립운동가 열전 삶과 넋 116] '내 영혼 조국에 묻어' 박종근 조선노동당 경북도 당위원장." 「매일노동뉴스」 2021. 7.

진선영. "한국전쟁기 김말봉 소설의 이데올로기 연구 — <별들의 고향>을 중심으로." 「겨레어문학」 55 (2015): 325-350.

체임벌린, 폴 토머스. 김남섭 옮김.『아시아 1945-1990』. 서울: 이데아, 2023.

최지현. "해방기 공창폐지운동과 여성 연대(solidarity) 연구 — 김말봉의『화려한 지옥』을 중심으로." 「여성문학연구」 19 (2008): 267-292.

편집실. "꺼지지 않는 개혁의 불꽃-'찔레꽃'의 작가 김말봉 장로." 「새가정」 (1986. 9).

하희정. "기독교와 사회주의의 대화가능성 모색한 '제3지대' 통일운동: 재독활동가 이영빈을 중심으로." 「한국기독교와 역사」 59 (2023): 133-186.

_____. "한반도 통일운동의 여정과 역사적 조망: 기독교 네트워크를 중심으로." 「신학사상」 192 (2021/봄): 289-328.

한국역사연구회 현대사분과 엮음.『역사학의 시선으로 읽는 한국전쟁』. 서울: 휴머니스트, 2010.

한림대학교 문화연구소 편.『빨치산 자료집1: 문건 편』. 서울: 상현서림, 2006.

한찬욱. "사람을 찾아서(13): 박종근 경북도당 위원장과 아내 이숙의의 의리." 「통일시대」 (2024. 3).

호퍼, 에릭. 이민아 옮김. 『맹신자들: 대중운동의 본질에 관한 125가지 단상』. 파주: 궁리, 2005.

하희정

현재 한국 근현대사와 미국 관계사에서 외면당한 역사를 발굴하는 학술연구를 진행하고 있다. 역사와 종교아카데미(나숲) 대표로 학교 밖 연구자들과 함께 집단지성에 기반한 다양한 역사강좌 프로그램과 공동연구를 실험하고 있다. 감리교신학대학교와 대학원에서 신학 수업을 받았고, 미국 버클리연합신학대학원(GTU)에서 미국 종교사와 동아시아 관계사 연구로 석사학위와 박사학위(Ph.D.)를 받았다. 주요 저서로는 『개항도시에서 쓴 희망일지 1893-1945』(2023), 『역사에서 사라진 그녀들』(2019), 『마가렛 에드먼즈와 이정애』(공저, 2019), 『그들은 휴머니스트였다』(2017) 등이 있다.

미리암 서사에 나타난 소통 가능성과
소통 단절의 변증법
하버마스의 이론으로 해석하기

권력화된 언어와 구조에 따른 소통 위기

현대 사회는 '소통'(communication)의 시대라고 할 만큼 소통의 가능성이 다양하게 열려 있지만 그 안에 여전히 소통 단절, 왜곡, 불균형 그리고 무의미화 등의 소통 위기가 공존하고 있다. 이는 '소통'이라는 주제가 인문 사회학적 탐구와 실천적 대안을 기다리고 있는 핵심 과제 중 하나로 남아 있는 이유가 된다. 소통이 이루어지는 소통의 장(場)을 디지털 플랫폼 (digital platform)과 전통적 공론장(offline public sphere)으로 구분해서 현 상태를 이야기해 보자. 먼저 우리가 맞이한 디지털 기술의 비약적 발전이 전례 없는 소통의 가능성을 열어주었다는 점은 부인할 수 없는 사실이다. 기술적 측면에서 소통 대상자들의 물리적 거리가 무의미해지면서 즉각적이고 초공간적인 소통이 가능하게 되었다. 많은 사람들이 모바일 기기를 통해 자신의 상태와 생각 그리고 의견을 실시간으로 표출하여 반응을 주고받는다. 아울러 소통의 주제인 정보 생산과 유통의 주체도 다원화되었다. 더 이상 특정 지식과 정보가 '언론, 학계, 내지는 정부' 등의 제도화된 권위 주체에 의해서만 독점되지 않는 것이다.

이와 같은 소통의 개방성과 다양성을 가능하게 한 디지털 플랫폼은 다양한 요인에 기반해서 작동하는데, 대표적으로 익명성과 알고리즘 (Algorithm)을 이야기할 수 있다. 익명성은 개인이 비교적 자유롭게 의견을 표현할 수 있도록 돕는 한편, 발화에 따르는 책임과 관계적 긴장을 약화시킨다. 이로 인해 디지털 플랫폼에서의 소통이 타자와의 관계 속에서 이루어지는 응답이기보다 자신의 입장과 정체성을 드러내고 강화하는 행위로 전환되기 쉽다. 실제로 상호 이해나 경청보다는 자신의 관점을 관철하는 방식으로 소통에 참여하는 개인들이 대부분이다. 한편, 알고리즘은 사용자의 반응, 체류 시간, 관심사와 같은 데이터를 기준으로 어떤 발화가 더 많이 노출되고 확산될지를 결정한다. 이 구조 속에서 일어난 발화는 개인의 의도나 공론적 가치에 따라 평가되기보다 플랫폼의 기술적 기준에 의해 선별되고 배치된다. 본래 문제 해결을 위한 단계적 계산 절차였던 알고리즘이 이제 단순한 계산을 넘어서 '무엇을 보여주고 무엇을 침묵시킬 것인지'를 판단하는 역할을 수행하고 있다. 요약해 보면, 오늘날 디지털 플랫폼에서 일어나는 소통이 다양한 목소리의 공존과 교감이라기보다는, 개인적 담론 권력과 구조적 권력이 충돌하고 경쟁하는 양상을 띠고 있다고 하겠다. '누가 말할 수 있는가', '누가 더 크게 말하는가' 를 둘러싼 주류 경쟁 그리고 발화의 기회를 박탈당하여 음 소거나 축소가 되는 침묵과 소외의 현상이 오늘날 우리 사회 소통 위기의 한 측면이라하겠다(Papacharissi, 2002, 9-27).

한편 전통적 공론장의 상황도 크게 다르지 않다. 회의실, 교회, 학교, 시민단체, 지역 커뮤니티 등이 사회적 토론과 합의의 장으로서 기능해 오고 있는 가운데, 여전히 연령, 직위, 성별, 사회적 자본에 따른 소통 능력의 차이가 뚜렷하다. 구체적으로 발언의 권위와 위계가 작동하여 자유로운 의사소통의 가능성을 억제한다. 이렇게 소통의 기회가 비대칭적으로 분배되는가 하면, 때로는 공론 자체가 '이미 결정된 의견'을 정당화하는 수단으로 전락하기도 한다. 더 나아가 전통적 공론장 안에는 각각의 영역마다 다른, 공식적으로는 드러나지 않는 금기가 존재한다. 어떤 말은 환영받고 어떤 말은 꺼내기 어려운 암묵적인 경계 안에 놓여 있다. 이에 특정 주제나 문제 제기는 "지금은 말할 때가 아니다", "분위기에 맞지 않는다"는 이유로 침묵 당하기 일쑤다. 이러한 관행은 참여자들로 하여금 스스로 발언을 검열하게 만들고 결과적으로 공론장의 소통 능력을 축소시킨다. 이런 점에서 오늘 우리 사회의 소통 위기는 단순한 의사전달의 실패나 소통 시간의 문제가 아니라, 권력화된 언어와 구조가 인간의 상호 이해를 가로막는 현상에 있다. 다시 말해서 문제는 '누가 말할 수 있고, 누가 말할 수 없는가? 누가 해석의 권리를 갖는가?'가 관건이다.

소통 권력과 체계적 지배 권력의 역동을 드러내는 미리암 서사

소통은 신학적 차원에서도 중요한 의미를 지닌다. 기독교 신앙과 신학의 본질은 하나님과의 소통에 기반하고, 신앙의 실천은 이웃과의 관계에서 어떻게 응답할 것인가를 간과하지 않기 때문이다. 아울러 교회 역시 사회 안에서 하나의 공론장으로서 기능하며 새로운 소통 윤리의 모색이라는 과제를 공유하고 있다. 성서에 등장하는 출애굽의 여선지자 미리암은 그녀가 고대 이스라엘 사회에서 언어적 매개자로서 예언자였으며, 소통 위기를 경험했다는 점에서 유의미한 연구 대상이 된다. 그동안 미리암은 많은 여성신학적 관심을 받아왔다. 주로 여성 지도자로서의 리더십, 예언자로서의 역할, 음악과 예배 전통과의 관계 그리고 해방 전승의 기억 등의 관점에서 활발히 다루어져 왔다.[1] 이번에는 그녀가 수행한 리더십의 양상에서 드러나는 상반된 소통의 양식을 주목해 보자. 미리암의 서사(출 15, 민 12, 미 6)는 소통 권력과 지배 권력의 역동을 탐구할 수 있는 내용을 담고 있다.[2]

미리암의 노래(출 15:20-21)는 '바다의 노래'라고 하는 소위 모세의 노래(출 15:1-18)와 대조적으로 공동체의 구원 경험에 응답하는 '참여적 소통의 장'을 잘 드러낸다. 한편 민수기 12장은 통제적 권력 구조 속에서 미리암의 발화가 침묵으로 전환되는 과정을 보여준다. 미리암의 노래가 그려내는 공동체의 찬양에서 소통 가능성을 발견하고, 미리암의 발언이 억압되고 배제되는 권력 구조에서 소통 단절의 매커니즘을 읽어 보자. 이를 위해 먼저 두 본문을 소통의 관점에서 성서학적으로 고찰한다. 다음으로 의사소통의 합리성과 왜곡을 구분하는 하버마스(Habermas)의 "의사소통 행위 이론"(Theory of Communicative Action)을 통해 본문의 의미를 해석한다. 이는 성서 본문에 담긴 소통의 가능성과 한계를 오늘날 공론장의 위기와 연결하여 사유하기 위함이다.

모세의 노래와 미리암의 노래: 상호성의 차이

출애굽기 15장은 홍해를 건넌 후 부른 두 가지 노래를 통해 해방의 경험이 어떻게 음악과 행위로 표현되는지를 잘 보여준다. 이 장은 '바다의 노래'(출 15:1-18)와 '미리암의 노래'(출 15:20-21)로 구분되는데, 전자는 모세를 후자는 미리암을 주인공으로 한다. 그동안 두 운문의 발생 시기에 대해서 어느 것이 우선하는지 그리고 최종 편집의 선후 관계는 어떻게 되는지에 대한 다양한 논의가 있었다(Eissfeldt, 1965, 211; Russell, 2007, 32-39; Janzen, 1992, 211-220). 이러한 역사비평적 편집사의 관점을 넘어 미리암의 노래를 소통의 관점에서 조명하면서 모세의 노래와 비교할 때, 소통의 '상호성'과 '현장성'이라는 두 가지 가능성을 발견하게 된다.

모세의 노래를 시작하는 출애굽기 15장 1절과 미리암 노래의 핵심인 21절은 거의 같은 내용을 담고 있다. 둘 다 '높고 영화로우신 야훼의 구원 행위' 그리고 그분이 '이집트의 말들과 그 탄 자들을 바다에 던지셨다'라고 찬양한다. 그러나 두 노래를 자세히 보면, 사용된 동사와 말의 형식에서 중요한 차이가 드러난다. 먼저 15장 1절은 "모세와 이스라엘 자손이 이 노래로 여호와께 노래하였다."로 시작하지만, 실제 노래 속에서 사용된 동사 '찬양하리라'(אשׁירה, 아쉬라)는 1인칭 미완료형(Qal imperfect)으로 되어 있어서 말하는 주체가 단수인 '나(I)'임을 분명히 한다. 아울러 그 표현은 개인의 자발적 결단(cohortative)을 나타내는 것으로 되어 있다. 이에 모세의 노래는 하나님을 향한 개인의 신앙 고백이거나 대표자의 선포로 읽힌다.

반면 미리암의 노래에서 사용된 '찬양하라'(שׁירו, 쉬루)는 2인칭 복수 명령형(imperative plural)으로, "너희는 노래하라"는 초대의 말로 되어 있다. 이 권면의 대상은 본문의 문법 형태가 보여주듯 남녀를 모두 포함하는 복수의 '너희들'이다. 이 발화가 향하는 대상에는 예외가 없다. 미리암의 노래는 독백이나 선포가 아니라 함께 부르는 노래이자 응답을 기다리는 부름이다. 이는 그녀의 발언 자체가 "그들에게 화답하여"(וַתַּעַן לָהֶם, 바타안 라헴) 시작된 것임을 통해서도 알 수 있다. 미리암을 단순히 예언적 권위자로 보기보다, 이스라엘 공동체의 구원 경험을 공감하면서 해석하고 전달하는 자(empathetic interpreter)로 묘사한 애커먼(Ackerman)의 말은 의미가 있다 (Ackerman, 2002, 64-65).

이러한 차이는 단순한 문법의 문제가 아니라, 소통의 방식 자체가 다름을 보여준다. 모세의 발화가 주로 말하는 자로서 지도자(leader)에게 초점이 맞춰진 단선적 구조라면, 미리암의 발화는 함께 말하고 함께 응답하는 공동체를 중심에 둔 다성적(polyphonic) 구조를 띤다. 코헨(Cohen) 은 '아마 모세는 백성들보다는 하나님과 가까운 입장에 서 있었을 것이다' 라고 말하면서 그의 리더십을 엘리트주의(elitist) 양상으로 파악한 바 있다(Reiss, 2010, 184-185). 그것을 리더십의 양상으로 보든 소통 방식의 차이로 보든 서로 무관하지 않을 것인데, 지도자 중심의 선포와 공동체의 참여와 응답을 포함하는 화답은 명확하게 구별된다. 화답과 응답의 차원에 서 미리암의 노래는 시편 136편 교송시(responsive psalm) 구조를 떠올리게 한다. 시편 136편은 2인칭 복수를 대상으로 한 명령형의 '선창'(leader's call)과 이에 대한 회중의 '응답'(congregation's response)으로 이루어져 있다. 예컨대 선창자가 "여호와께 감사하라 그는 선하시며"라고 부르면, 회중은 절마다 "그 인자하심이 영원함이로다"라고 응답함으로써 동일한 고백을 반복하고 확장하는 형태다. 이러한 상호적 소통에서 나온 응답은 단순한 반응에 그치지 않는다. 공동체 전체가 같은 경험을 새롭게 언어로 표현하 고 공유하는 '의미 생성의 행위'이다. 소통의 관점에서 볼 때, 미리암의 노래는 주도하는 이의 독백이나 권위가 아니라 함께 말하고 서로 응답하는 상호성 속에서 의미가 생성되는 소통의 양태를 보여준다.

홍해의 기적과 미리암의 노래: 더 높은 현장성

'모세의 노래'는 다음의 세 부분으로 나뉜다. 처음 부분(1-5절)은 "말과 그 탄 자를 바다에 던지신" 하나님, 곧 야훼의 구원 행위를 찬양한다. 이어지는 중간 부분(6-12절)은 하나님의 권능과 심판의 능력을 노래하고, 세 번째 부분(13-18절)은 거룩한 처소로 인도하심에 대해 찬양한다. 이 마지막 부분에서 언급되는 '거룩한 처소', '기업의 산' 그리고 '마련하신 곳'(13, 17절)은 모두 홍해 앞의 현장을 묘사하기보다는 이스라엘이 앞으로 도달하게 될 미래의 공간을 가리킨다. 동일한 맥락에서 아직 만나지 않은 팔레스타인 지역의 여러 민족, 즉 블레셋 사람들, 에돔의 지도자들, 모압의 영웅들, 가나안 주민들(14-15절)을 대적으로 언급하고 있는 점도 확인할 수 있다. 아울러 '주의 백성을 인도하사'(17절)라는 구절에서 사용된 히브리어 동사들인 '그들을 데려가시고'(תְּבִיאֵמוֹ, 타비에모), '그들을 심으시며'(וְתִטָּעֵמוֹ, 베티타에모)는 이 노래가 '지금 우리'의 고백이 아니라 3인칭인 '그들'에 대한 서술로서 화자가 일정한 거리감을 두고 있음을 보여준다.

이러한 특징들이 말해주는 것은 이 노래의 화자가 홍해를 직접 건넌 당시의 인물이 아니라, 그 사건을 후대에 전승받은 공동체였을 가능성을 보여준다(김민정, 2018b, 27-28). 이런 점에서 '모세의 노래'는 사건의 현장에서 불린 것이기보다 시간이 지난 뒤, 과거의 구원 경험을 언어로 다시 기억하고 표현한 노래에 해당한다. 시편의 찬양시와 감사시에서도 비슷한 구조를 볼 수 있는데, 예를 들어 시편 66편, 77편, 78편은 모두 출애굽의 기억을 공동체가 다시 노래하고 재해석하는 방식을 따른다. "하나님이 바다를 마른 땅으로 바꾸셨다"(시 66:6), "주의 길이 바다에 있었다"(시 77:19), "하나님이 백성을 양처럼 인도하셨다"(시 78:52)와 같은 회상과 고백이 주를 이룬다. 브루그만(Brueggemann)은 이런 방식을 "기억을 언어로 다시 말하는 행위"(the act of re-voicing the memory)라고 설명했다(Brueggemann, 1984, 37).

미리암의 노래가 모세의 노래보다 더 이른 시기의 원형으로서 오경 전체에서도 가장 초기의 문헌 중 하나라는 견해는 학계에서 오랫동안 논의되어 온 입장이다(Burns, 1984, 39-40; Meyers, 1991, 207). '모세의 노래'가 출애굽 사건과 시간적이고 공간적인 거리를 둔 고백이면서 고양된 시적 언어로 표현되어 있는 반면 미리암의 노래는 현장성이 두드러진다. 다시 말해서 방금 일어난 사건을 직접 묘사하고 복잡한 은유나 상징 없이 즉각적인 체험의 언어로 이루어져 있다. '야훼가 적들의 병거와 기병을 바다 속에 던지셨다'는 단순하고 생생한 고백만으로 해방의 순간을 있는 그대로 노래한다(출 15:21). 나중에 신학적으로 확장된 모세의 노래와 달리 미리암의 노래는 그때 그 현장에서의 체험과 환희가 담겨 있는 것이다.

본문 흐름을 통해서 확인할 수 있는 현장적 소통의 특징이 하나 더 있다. 미리암의 노래 앞에 나오는 출애굽기 15장 19절은 14장의 홍해 사건(26-29절)을 짧게 정리한다. 잔젠(Janzen)은 19절이 미리암의 노래인 20-21절과 이어지는 구성을 통해, 홍해의 기적이 끝난 바로 그 자리에서 미리암의 노래가 울려 퍼졌음을 보여준다고 말한다(Janzen, 1992, 216). 앞서 언급한 역사비평적 연구 결과를 토대로 후대의 편집에 의해 확장 및 삽입된 모세의 노래(출 15:1-18)를 걷어내고 본문을 읽을 경우, 다음과 같은 흐름을 포착할 수 있다. 독자는 출애굽기 14장의 홍해 사건 이후 출애굽기 15장 19-21절을 통해 바다 한가운데를 걸었던 이스라엘 백성이 아직 그 감격이 식기도 전에 서로 화답하면서 부른 노래를 듣게 되는 것이다.

미리암의 노래에서 드러나는 소통의 현장성은 언어적 소통 이상의 의미를 안고 있다. 이 노래는 언어적 표현을 넘어서 몸의 움직임이 함께 어우러진 신체적 소통을 동반한다. 미리암은 손에 소고를 잡았고 여인들과 함께 춤을 추며 노래했다(출 15:20). 고대 이스라엘 여인들이 전쟁에서 돌아온 장수를 맞이할 때 소고와 악기를 들고 춤추고 노래하는 것은 일종의 집단적 축하 의례에 해당한다(삿 11:34-39; 삼상 18:6-8). 물론 레빈(Levin)의 말대로 이 노래는 하나의 가무곡이 아니라 명령체로 된 찬양(Hymnus)이며, 승전한 장수를 위한 것이 아니라 온 민족을 구원한 야훼에 대한 칭송과 고백이었다(Levine, 2006, 545). 소통의 관점에서 볼 때, 이 장면은 흔히 생각하는 언어적 행위 넘어 몸의 움직임과 감각을 통한 참여(embodied participation)를 아우른다. 마이어스(Meyers)는 이러한 신체적 참여가 공동체의 정체성을 형성하는 중요한 방식이라고 보았다(Meyers, 2005, 125). 소통의 차원에서 볼 때 언어의 구조만이 아니라 함께한 자리에서 경험을 공유하고 그 반응으로서 드러나는 전인적 참여를 수반한다는 점이 두드러진다. 출애굽 해방 사건은 소수 지도자의 선언이거나 한 방향으로 전달된 메시지가 아니라, 이스라엘 공동체가 홍해의 현장에서 함께 노래하고 움직이며 체험한 소통의 과정속에서 빚어진 것이었다. 소통은 상호성을 전제로 하며, 현장에서 공유하는 경험과 전인적 참여를 통해 더욱 생동감 있게 구현된다.

미리암의 발언과 응답의 부재

다음으로 주목할 미리암의 서사는 민수기 12장이다. 민수기는 하나의 흐름을 따라 읽을 수 있는 이야기가 아니라 서로 다른 시대와 배경을 지닌 여러 전승이 엮어진 책이다. 대다수의 성서학자는 민수기를 '내용,

시기, 성격'이 다양한 단편 전승들의 종합적 편찬물로 이해해 왔다(Zenger, 2012, 170). 민수기 12장 역시 본문 안에 여러 문헌의 흔적과 편집의 층위가 남아 있다. 하지만 이러한 비평적 시각을 놓치고 단순하게 최종 형태의 본문을 대할 때, 본문의 내용을 오해하기 쉽다. 예를 들어 '여성 지도자의 질투나 말의 경솔함'을 전하는 본문으로 오독하거나 '권위와 질서에 대한 도전의 대가'를 부각시켜서 잘못된 해석을 내리는 것이다(김민정, 2019, 190). 그러나 이 본문은 단순히 한 여성 지도자의 감정적 실수나 권위에 대한 도전의 결과를 말하는 것이 아니다. 그 안에는 '누가 말할 수 있고, 누가 침묵 당하는가'라는, 권력 갈등에 의한 소통 단절의 순간이 담겨 있다.

본문은 이렇게 시작한다. 미리암과 아론이 모세에게 말을 했다(12:1). 그 말이 정당성 있는 항거나 의견을 담은 발언인지, 단지 감정적인 비방이나 힐난에 속하는지의 여부는 알 수 없다. 그런데 대부분의 한국어와 영어 번역 성경이 본문의 원어인 '디베르 베'(ב דבר)를 모세를 '거스려' 혹은 '비방하여'(speak against, complain) 말한 것으로 번역하고 있다. 그러나 '디베르 베'(ב דבר)는 2절과 8절에서도 반복되고 있으며, 기본적으로 "~에게 말하다"(speak to)라는 중립적 의미를 가진다. 대부분의 번역이 처음부터 미리암의 발언을 모세를 향한 비방이나 대립 행위로 규정한 것임을 알 수 있다(Fischer, 2000, 161-162). 종교적 권위에 따른 선입견을 벗어나서 소통의 차원에서 미리암과 모세 사이의 소통이 어떻게 진행되었는지 살펴보자.

미리암이 제기한 문제는 모세가 구스 여인과 결혼했다는 이야기로 시작된다(12:1). 이것이 이방 여인과의 결혼에 대한 비판인지, 혹은 복혼(復婚)에 대한 문제 제기인지는 명확히 드러나지는 않는다. 그런데 이 발언

이후에 어떤 논의나 해명, 내지는 상호적 이해의 과정이 생략된 채, 급격하게 다른 주제가 전개된다(12:2). 번즈(Burns)가 논문 제목으로 제시한 "야훼가 과연 모세와만 말씀하셨느냐?"(Has the Lord Indeed Spoken Only Through Moses?)는 바로 이 두 번째 발언이 담고 있는 갈등의 본질을 보여준다(Burns, 1984, 39). 여기서 주목할 것은 두 가지 발언의 연관성이나 무게를 떠나서 문제제기에 대한 모세의 응답이나 반응이 전혀 주어지지 않았다는 데 있다. 미리암의 발화는 분명히 기록되어 있지만, 그 이후의 상호 소통 과정은 존재하지 않는다. 이 공백은 미리암의 말이 단순한 '불평'으로 축소되고 권력 구조 속에서 대화의 가능성이 차단된 상황을 암시한다. 즉, 말은 있었지만 '말이 닿지 않는 소통', 발화는 있었지만 '응답이 부재한 대화'가 벌어진 것이다.

이런 맥락에서 가장 어색한 편집 구절이라고 할 수 있는 3절이 제시된다. "그런데 모세는 '땅 위의 모든 사람 가운데 가장 온유한 사람'(ענו מאד מכל האדם, 아나브 메오드 미콜 하아담)이다." 이 문장은 앞뒤 흐름과 어떤 연결점도 없다. 다만 '매우'(מאד, 메오드)라는 강조의 부사와 비교 구문 전치사인 '모든 ~보다'(מכל, 마콜)라는 이중 비교 구조를 통해 모세의 겸손을 의도적으로 강조하고 있음을 알 수 있을 뿐이다. 말하자면 '모세의 겸손'이라는 평가가 갈등의 한가운데 끼어들면서 미리암의 발언을 사실상 무효화하는 효과를 낳고 있다. 나아가서 "나의 종 모세는 다르다. 그는 나의 온 집을 충성스럽게 맡고 있다. 그와는 내가 얼굴을 마주 바라보고 말한다."(6-9절)는 야훼의 직접 진술은 이러한 흐름을 결정적으로 강화한다. 하나님의 발화는 미리암의 말을 중단시키고, 모세의 권위를 신적 차원에서 확증하는 선언으로 작용한다. 이 순간은 소통이 권위 담론 속에서 어떻게 중단되고 제도화되는가를 보여주는 대표적인 장면이라 할 수 있다.

강요된 침묵과 소통 단절

무효화된 미리암의 발언 이후에 일어난 일은 의외의 사건이었다. 본문을 보면 느닷없이(פְּתֹאם 피트옴) 세 사람이 호명된다. 그리고 이후 본문은 세 사람의 서열을 강조하는 모양새를 보인다. 그 이유는 어디에 있을까? 이는 미리암이 제기한 문제, '야훼가 모세 한 사람과만 말씀하시느냐?' 한 것 자체를 무효화 하는 동시에 발화의 주체를 위계질서 안으로 묶는 구조를 의도한 것이다.[3] '모세, 아론 그리고 미리암'의 순서(4-5절)로 인물들을 나열하면서 처음 문제를 제기했던 미리암의 위치를 가장 뒤로 돌려놓는다. 그리고 이후 본문에서는 이 서열을 역전시켜서 제시하는데, 먼저 미리암이 병에 걸리고 그다음 아론이 미리암을 위해 탄식한다. 그리고 아론이 모세에게 도움을 청하고 마지막으로 모세가 하나님께 직접 간구하는 것이다(10-13절). 이번에 제시된 서열은 최종 권위자로서 모세의 입지를 공고히 하는 장치로 작동한다(김민정, 2019, 191-192).

아울러 발생한 사건, 즉 미리암의 질병은 그에 대한 분명한 원인이 제시되지 않았지만 문맥상 일종의 신적 형벌로서 부각된다. 이 병은 그녀의 말이 지녔던 의미처럼 사회적 성격을 지니는데, 병듦과 함께 언급된 '침 뱉음'은 고대 사회에서 명예의 훼손과 수치의 표시로 여겨졌다(신 25:9, 욥 30:10, 사 50:6). 병 든 미리암은 진영 밖으로 추방되어 칠 일 동안 공동체로부터 격리된다. 이 '진영 밖'의 공간은 고대 이스라엘의 가부장적 사회 질서 밖으로의 배제를 상징한다(Exum, 1983, 86). 결국 미리암의 발언의 결과로 주어진 질병과 격리는 그녀의 영향력과 발언권이 박탈된 현장, 권력에 의해 소통이 통제와 단절이 된 상황을 보여준다. 공동체 안에서 더 이상 그녀의 목소리는 들리지 않게 된다.

이스라엘 역사에서 모세는 '이스라엘 신정정치'(theocracy)의 설립자이자 이스라엘 통치 기반인 율법의 구속력을 상징하는 인물로 남아 있다(Kessler, 2001, 78). 권위의 차원에서 모세의 입지를 수호하는 것과 미리암의 발언이 지닌 힘을 축소시키고 나아가 묵살시키는 것은 긴밀하게 연결되어 있음은 쉽게 이해할 수 있는 구조이다. 한마디로 말해서 '누가 말할 수 있고 누가 침묵 당하는가'의 문제를 극명하게 드러내는 민수기 12장은 권력화된 언어가 어떻게 대화의 가능성을 차단하고, 발화의 주체를 배제하는지를 보게 한다.

하버마스의 소통 이론과 창세기 15장: 의사소통 권력과 소통 가능성

성서적 고찰을 통해 미리암의 두 서사(출 15, 민 12)에 나타난 소통의 양상을 살펴보았다. 이제 그 논의를 오늘의 현장으로 연결하여 하버마스의 소통 이론을 바탕으로 재해석해 보자. 성서의 시대나 오늘이나 소통은 단순한 언어 교환이 아니라 사회적 관계 속에서 형성되는 상호 이해의 과정이다. 이러한 소통의 구조와 가능성을 체계적으로 분석한 가장 영향력 있는 이론 중 하나를 들자면, 하버마스의 '의사소통 행위이론'(Theory of Communicative Action)이라 할 수 있다. 그의 이론은 언어 · 이성 중심적이라는 한계를 지니고 있지만 그럼에도 불구하고 최근까지도 권력과 정당성 등의 현실 문제에 있어서 이 이론이 어떻게 작동될 수 있는지 꾸준하게 논의되고 있는 하나의 틀이다(Al'anam and Salman, 2024, 61-82). 그가 견지하는 사회적 합리성과 공공성 회복의 가능성은 신학적 · 인문학적 성찰에서도 유용한 기준이 된다.

미리암의 노래(출 15:20-21)에서 드러나는 소통은 하버마스가 말한 '의사소통 행위'(communicative action)의 이상과 연결된다. 그는 근대 사회가 기술·경제 중심의 '도구적 합리성'(instrumental rationality)에 매몰되어 인간의 상호 이해가 파괴된 현실을 비판하고 언어를 매개로 한 '소통적 합리성'(communicative rationality)을 대안으로 제시했다(Habermas, 1984, 8-21). 그의 대안은 현실 가능성 여부에 대한 비판에도 불구하고 소통의 가능성과 가치를 잊지 않게 만들어 준다(이재현, 1991, 131-150). 그에 따르면, 의사소통 행위는 단순히 어떤 목표를 이루기 위한 것이 아니라, 언어를 통해 서로를 이해하고 합의에 이르는 과정에 방점이 있다. 그는 사람들이 대화할 때, 그 말의 진리성과 정당성 그리고 성실성을 바탕으로 서로의 타당성을 검증하며 상호주관적 이해(inter-subjective understanding)를 추구한다고 보았다. 이런 이상적인 대화 방식을 '의사소통 행위'라 부르고, 이와 달리 상대를 설득하거나 이용하기 위한 대화를 '전략적 행위'(strategic action)라고 구분했다(Habermas, 1984, 86-92).

이러한 관점에서 볼 때, 미리암의 노래는 어떤 목적을 위한 수단이 아니라 공동체가 함께 경험한 구원의 기쁨을 나누는 의사소통 행위의 이상에 근접한 장면으로 해석될 수 있다. 이 노래는 홍해 앞에서의 구원에 대한 감격과 공동체의 하나됨 외에는 다른 목적이 없으며, 소외되는 사람 없이 모두가 그 자리에 초대된다. 모든 구성원이 자유롭고 평등하게 참여하는 이상적 소통의 가능성을 보여준다. 이 노래가 불린 시점인 구원 사건 직후는 제도나 체계의 논리가 개입하기 전에4 이집트 제국의 억압에 의해 강요되었던 침묵을 깨고 공동체가 다시 말하기 시작하는 순간이었다. 하버마스의 개념을 빌리면, 이는 '생활세계'(lifeworld) 안에서 이루어진 의사소통적 합의의 장면이라 할 수 있다. 그들의 노래는 명령이나 강제가 아닌, 홍해 도하라는 경험에서 나온 공감과 합의를 통해 형성된 것이었다. 미리암의 노래는 야훼를 찬양하는 종교적 노래인 동시에 억압받던 이스라엘 공동체가 하나의 언어를 회복하고 새로운 정체성을 형성하는 소통의 현장이기도 하다. 따라서 이 노래에서는 찬양의 내용만큼이나, '누가, 언제, 어떤 언어로, 어떤 방식으로 소통했는가'가 중요하게 부각된다. 결국 미리암의 노래가 울려 퍼진 그 현장은, 하버마스가 말하는 '의사소통 권력'(communicative power)이 출현하는 순간으로 이해할 수 있을 것이다(Habermas, 1996, 147-152). 이후 광야 공동체나 왕정 제도의 역사 속에서 끊임없이 위협받게 될 이상적 소통 가능성을 가시화하고, 성서 본문 안에서 드물게 포착되는 비제도적 소통의 원형이라는 점에서 출애굽기 15장 20-21절은 중요한 의미를 남기고 있다.

하버마스의 소통 이론과 민수기 12장: 의사소통의 식민화와 소통 단절

민수기 12장 미리암의 침묵은 하버마스의 개념을 빌리면, '생활세계'(lifeworld)가 제도적 권력에 의해 '식민화된 상태'(colonization of the lifeworld)로 이해할 수 있다. 이는 인간이 상호 이해를 통해 의미를 공유하고 사회적 유대를 형성하는 일상의 공간인 생활세계가 제도화된 권력으로 식민화되는 현상이다(Habermas, 1987, 119-122). 일반적으로 생활세계에서 이루어지는 대화는 규범이나 강제가 아닌, 상호 이해를 통해 합의에 이른다. 그런데 이 생활세계가 제도적 체계(system), 즉 경제적, 정치적, 종교적 권력 구조에 의해 침투될 때 의사소통은 더 이상 상호 이해의 목적을 지니지 못하고 통제와 관리의 도구로 변질된다(Habermas, 1987, 318-325). 이때 소통의 대상인 상대방은 목적이 아니라 목표 달성을 위한 수단이 되기 쉽다.

민수기 12장의 사건을 보면, 모세의 권위를 세우려는 권력이 공동체 내부의 다양한 목소리를 억압했고,[5] 야훼의 직접 발화라는 형식을 통해 대화의 가능성을 급격히 제한했다. 미리암의 문제 제기는 더 이상 논의나 검증의 대상이 되지 못하고 "모세는 가장 온유한 사람이다"(12:3)라는 편집적 평가와 "모세만이 나와 얼굴을 마주보며 말한다"(12:8)는 신적 선언이 그녀의 발언을 봉인하는 제도화된 언어의 장치로 작용했다. 따라서 모세의 권위는 상호 이해와 합의에서 형성되는 '의사소통 권력'(communicative power)이라기보다, 제도와 위계를 통해 조직되고 행사되는 '행정적 권력'(administrative power)의 양상에 더 가깝다(Habermas, 1996, 147-152). 하버마스에게 이 두 권력은 항상 배타적으로 대립하는 개념이라기보다 서로 다른 발생 원리와 작동 방식을 지닌 권력 형식이다. 그러나 성서 본문의 서사적 전개는 이 두 권력의 긴장을 극적으로 대비시킨다.

출애굽기 15장에서 미리암의 노래가 공동체의 공감과 합의 속에서 형성된 언어였다면, 민수기 12장에서 드러난 그녀의 침묵은 제도화된 권위가 언어의 장을 점유하고 소통의 가능성을 급격히 제한하는 구조를 보여준다. 미리암의 노래가 의사소통 권력의 원형적 장면을 가시화한다면, 그녀의 침묵은 체계화된 권력 질서가 개인의 발화를 주변화하는 순간을 드러낸다. 여기서 미리암이 당한 침묵은 단지 과거의 사건에 그치지 않는다. 소통을 위한 권력이 아니라 소통을 위기로 몰아넣는 힘과 제도의 억압이 재현하는 위기를 경고하는 기억으로 남아 있다. 이로 인해 출애굽기 15장의 노래와 민수기 12장의 침묵 사이의 긴장은, 공동체가 어떤 방식으로 말하고 누구의 목소리를 허용하고 어떻게 해석할 것인가에 대한 지속적이고 윤리적인 질문을 남긴다.

침묵 이후에 대한 상상

출애굽기 15장 소통의 가능성에서 민수기 12장 소통의 단절로 이어지는 진행 순서는 아쉬움을 남기기 쉽다. 그러나 성서 전체를 조망해 보면, 미리암의 서사는 소통 단절에서 끝나지 않고 그다음을 상상하게 한다. 미리암이 진영 밖으로 쫓겨난 그때, 백성들은 그녀가 회복되기를 기다리며 진군을 멈춘다. "그리하여 미리암이 진영 밖에 일곱 날 동안 갇혔고, 백성은 미리암이 들어오기까지 행진하지 않았다"(15절). 캠프(Camp)는 이 장면을 주목하면서, 미리암의 발언이 광야 공동체가 이미 지니고 있었던 문제의식과 갈등을 대변한 것이었다고 본다. 그리고 그녀와 공동체의 침묵 뒤에는 여전히 저항의 정서가 있다고 지적한다(Camp, 2000, 86-88).

실제로 이 짧은 구절 안에서 공동체의 말 없는 연대와 기다림의 언어를 볼 수 있다. 물론 침묵이 언제나 저항을 의미하는 것은 아니다. 억압을 보면서도 문제를 외면하는 침묵, 혹은 지배 질서에 대한 암묵적 동조로서의 침묵 역시 역사 속에서 반복되어 왔다. 그러나 민수기 12장에서 공동체가 보여주는 침묵은 그러한 소극적 침묵과는 구별된다. 미리암이 진영 밖에 격리되어 있던 시간 동안, 이스라엘 백성들은 침묵과 함께 기다리는 행동을 통해 공동체의 행진을 멈추었다(15절). 히브리어 본문은 "출발하지 않았다"(לא נסע, 로 나싸아)고 말하는데, 여기서 동사 '나싸아'(נסע)는 특별히 민수기 내에서 단순한 이동이 아니라 공동체 전체의 유의미한 움직임으로서의 '진군'을 뜻한다(민 9:17-18; 10:12; 33장). 아울러 이 동사가 완료형 부정(a negated perfect)의 형태로 사용되어서 명확한 의도에 따라 진군이 지연되었음을 강조한다. 그들의 기다림의 시간은 미리암이 다시 공동체 안으로 '받아들여져서 구성원으로 모아질 때까지'(עד האסף מרים, 아드-하아세프 미리얌) 지속되었다(15절).

이 순간은 지배적 체계의 언어가 잠시 멈추고, 생활세계 안에서 새로운 의사소통 권력이 싹트는 장면으로 해석된다. 그들의 침묵은 권력에 대한 단순한 복종이 아니라, 소외된 이의 회복이 이루어질 때까지 체계의 시간에 편입되기를 거부한 선택이었기 때문이다. 역설적이지만 공동체의 침묵은 침묵 당한 미리암의 목소리를 대신했고, '말하지 않음으로써 말하는' 또 하나의 의사소통 행위를 창조하고 있었다. 소통의 위기가 극에 달한 상황에서도 소통의 가능성을 포기하지 않았던 이스라엘 백성의 선택은, 단순히 약자들의 무력한 연대나 감정적 의리로 환원될 수 있는 것이 아니었다. 이영미의 표현을 빌리면, 한때 "추락했던 미리암"이 후대의 예언자 미가를 통해 다시 기억되고 재인식되는 순간, 우리는 추락한 존재에게 다시 날 수 있는 가능성을 부여하는 언어를 발견하게 된다(이영미, 2010, 64).

미가 6장 4절은 하나님이 이스라엘에게 베푼 구원의 역사를 회고하는 문맥(6:3-5) 속에서, 그동안 주변화되었던 출애굽의 여선지자 미리암을 다시 전면에 등장시킨다. 대부분의 예언서 전통이 출애굽 사건을 야훼의 구원 행위로 요약하거나, 그 지도자를 모세 혹은 '선지자'로 단일화하여 기억하는 것과 달리(호 12:13; 사 63:11-12; 말 4:4), 미가서가 미리암을 명시적으로 언급한 것은 매우 이례적이다(Smith-Christopher, 2015, 191). 포로기 이후라는 편집 배경 속에서, 유다 땅에 남아 있던 백성과 그 안에 포함된 여성들의 현실을 응시하며 소환된 미리암의 기억은 그들이 맞닥뜨린 억압과 상실의 경험과 대조되는 해방의 가능성을 상기시키는 역할을 했을 것이다(김민정, 2018a, 375-376).

소통의 관점에서 볼 때, 미가서에서 재부상한 미리암의 기억은 민수기

12장에서 드러난 침묵의 연대가 일시적 좌절로 끝나지 않았음을 입증한다. 광야에서의 침묵은 억압에 굴복하거나 지배 질서에 동조한 침묵이 아니라, 발화의 조건이 차단된 상황 속에서도 상호적이고 평등한 소통을 포기하지 않으려는 저항이 담긴 것이었다. 그리고 후대의 미리암 소환은 이러한 침묵과 기다림이 나름의 의지를 보존한 형태로 기억되었음을 시사하며, 다시 언어화될 수 있었음을 보여준다. 이는 권력에 의해 중단된 소통이 완전히 소거되지 않고, 저항의 침묵, 연대의 기다림 그리고 전승적인 기억과 재인식을 통해 다시 회복될 수 있음을 증언하는 성서적 사례라 할 수 있다.

소통 가능성과 소통 단절 사이에서 변증법을 만드는 사람들

서론에서 언급한 바와 같이, 오늘날 우리는 말할 수 있는 공간이 그 어느 때보다 많은 시대를 살아가고 있다. 그러나 동시에 디지털 플랫폼과 오프라인의 공론장을 막론하고, 구조적으로 발화가 제한되거나 그 진의가 전달되지 못한 채 왜곡되는 소통 위기를 경험한다. 말은 넘쳐나지만 응답은 사라지고, 많은 이들이 더 이상 말해도 들리지 않을 것이라는 피로와 체념 속에서 다양한 형태의 침묵을 선택하고 있다. 권력화된 언어와 구조가 인간의 상호 이해를 가로막고 있는 상황이다. 이러한 현실 속에서 고대 이스라엘 사회에서 한 여성 지도자 미리암이 만들어냈던 소통의 가능성과 더불어 그녀가 경험한 소통 단절의 서사를 돌아보았다. 소통의 가능성과 붕괴가 교차하는 역사적 패턴을 드러낸 미리암 서사는 오늘 우리 자신에게 동일한 질문을 유발하는 듯 하다. '야훼가 모세 한 사람과만 말씀하시느냐?' 했던 미리암의 발언이 담고 있는 의미처럼,

소통 권력에 대한 독점과 소통을 통제하는 위계 구조에 대해 그 정당성을 물으면서 그것의 해체를 요구하는 것이다.

아울러 소통의 가능성과 단절의 변증법을 조망하면서 인정할 것과 넘어설 것을 보게 된다. 둘은 서로를 배제하는 이항이 아니라, 언제나 긴장 속에서 공존하는 현실이다. 소통은 언제나 완결된 상태가 아니다. 끊임없이 무너지고 다시 세워지는 변증법적 과정 중에 있는 무엇이다. 지금 우리가 처한 소통의 현장은 노래를 더 크게 해야 할 상황일까, 아니면 저항의 침묵과 연대의 기다림을 통해 소통 회복의 의지를 포기하지 말아야 할 상황일까? 만일 후자라면, 우리는 다시 물어야 할 것이다. 소통은 과연 발화의 크기와 승인된 언어를 통해서만 가능한 것인가, 아니면 침묵과 기다림, 기억과 연대를 통해서 다시 열릴 수 있는 무엇인가.

오늘 우리가 견지해야 할 것은 의사소통 권력이 체계나 제도에 의해 부여되는 힘이 아니라, 서로를 이해하고 공감하며 형성되는 합의의 힘이라는 점이다. 어쩌면 우리가 먼저 귀 기울여야 할 것은 말해지지 않은 말, 곧 '말하지 않음으로 말하고 있는 침묵'의 메시지일지도 모른다. 그 침묵에 깃든 소통 단절의 원인들을 헤아릴 때, 화답하는 노래와 강요된 침묵 그리고 저항하며 기다리는 침묵의 틈 사이에서 다시 말하기의 용기를 배우고, 단절된 관계를 회복해 가는 소통의 길을 발견하기 시작할 것이다. 우리 사회 곳곳에 만연한 빛바랜 침묵들 사이에서 요청되는 것은 소통 가능성과 단절의 위기 상황에서 변증법을 만들어갈 수 있는 사람들의 의지다. 소통은 완결과 결과가 아니라 과정이며 지금도 끝나지 않은 과제이자 목표다.

주

1 필자는 학위논문에서 미리암의 지도력을 고대 이스라엘 사회의 권력 관계 아래 고찰하였다. 이를 통해 권력 구조에 의해 변형되지 않은 미리암 지도력의 원형을 재구성하고 그 지도력의 양상이라고 할 수 있는 해방 전승의 영향력과 의미를 제시하였다. 김민정, "미리암의 해방적 지도력과 권력의 관계,"박사학위논문, 성공회대학교 신학대학원(2018b). 미리암 본문에 대한 연구는 최근까지 그 문학적 구성(the literary design)의 특징을 다루면서 꾸준히 재해석되고 있다. Carmen Joy Imes, "Can I Get a Witness? Miriam's Song in the Literary Design of Exodus," *Bulletin for Biblical Research* 33, no. 4 (2023), 426-440.

2 소통에 있어서의 권력은 자유롭고 평등한 담론 과정 속에서 형성된 비강제적 힘인 소통 권력과 제도적 체계 안에서 작동하는 전략적이고 도구적 힘인 통제적 권력으로 구분될 수 있다. Jurgen Habermas, *The Theory of Communicative Action*(Boston: Beacon Press, 1984), 285-301.

3 바티칸 사본(Codex Vaticanus)과 알렉산드리아 사본(Codex Alexandrinus)에는1절과 같이 미리암이 아론에 선행한다. 즉, '하나님이 모세와 미리암과 아론에게 말했다.'라고 되어있다. H. Tervanotko, "The Hope of the Enemy Has Perished: The Figure of Miriam in the Qumran Library," (Göttingen: Vandenhoeck & Ruprecht, 2009), 69.

4 고대의 기원을 지닌 미리암의 노래를 수용하고 확장한 모세의 노래는 역사적 맥락 속에서 나름의 목적을 가지고 그 필요에 따라 편집된 출애굽 전승의 부분에 속한다. 이스라엘 왕정 초기에는 다양한 기원을 지닌 이스라엘의 통합과 왕정의 정치적 구심점을 위해 출애굽 집단의 이념인 출애굽 해방신화가 대두되었다. 이것이 북이스라엘 멸망 이후에는 잔존한 남유다를 중심으로 하는 통합과 남과 북 전체를 아우르는 권력 재편의 기반이었다. L. G. Kratz, "Der vor-und der nachpriesterschiftliche Hexateuch" *BZAW* 315 (2002), 295-323.

5 김은규는 가나안 초기 사회에서 수용했던 모세의 전승이 후대에 왕조 기간과 포로 기간을 거치면서 이스라엘의 신권 권력을 위해 모세의 이미지를 과장했다고 본다. 이는 종교의 권력을 극대화하고 모세의 카리스마적인 이미지 뒤에서 국가를 중앙 통치해 나가기 위한 것이었다. 김은규, 『구약 속의 종교권력』, (서울: 동연, 2013), 107-108.

참고문헌

김민정. 2018a. "민중적 여성 지도자 미리암의 재부상 — 미가 6장 4절을 중심으로."
　　「신학사상」 183: 353-388.

_____. 2018b. "미리암의 해방적 지도력과 권력의 관계." 박사학위논문, 성공회대학
　　교 신학대학원.

_____. "광야의 미리암(민 12:1-15) 재해석." 「구약논단」 25, no. 3 (2019): 182-216.

김은규. 『구약속의 종교권력』. 서울: 동연, 2013.

레빈, C. 『편집자 야훼기자』. 원진희 역. 서울: 한우리, 2006.

이영미. "추락하는 것에도 날개는 있다: 여성 지도자 미리암을 회상하며." 「신학연구」
　　56 (2010): 43-69.

이재현. "의사소통 합리성의 한계: 하버마스의 의사소통행위이론 비판." 「사회과학과
　　정책연구」 13권 1호 (1991): 131-150.

챙어, E. 『구약성경 개론』. 이종한 역. 서울: 분도출판사, 2012.

하버마스, 위르겐. 『의사소통 행위이론 I · II』. 한상진 · 박찬욱 옮김. 서울: 나남출판,
　　2006.

Ackerman, Susan. "Why Is Miriam Also among the Prophets (And Is Zipporah among
　　the Priests)?." *Journal of Biblical Literature* 121, no. 1 (2002): 47-80.

Al'anam, Muklis, and Radian Salman. "The Relevance of Jürgen Habermas's Theory
　　of Communicative Action as the Philosophical Foundation of Human Rights
　　Enforcement in Indonesia." *Mimbar Hukum* 36, no. 1 (2024): 61-82.

Brueggemann, Walter. *The Message of the Psalms: A Theological Commentary*.
　　Minneapolis: Augsburg Publishing House, 1984.

Burns, Rita J. "Has the Lord Indeed Spoken Only Through Moses? A Study of the
　　Biblical Portrait of Miriam." *Biblical Theology Bulletin* 14, no. 1 (1984): 39-44.

Camp, Claudia V. *Wise, Strange and Holy: The Strange Woman and the Making of
　　the Bible*. Journal for the Study of the Old Testament Supplement Series
　　320. Sheffield: Sheffield Academic Press, 2000.

Exum, C. J. "You Shall Let Every Daughter Live: A Study of Exodus 1:8-2:10." *Semeia*
　　28 (1983): 63-82.

Eissfeldt, Otto. *The Old Testament: An Introduction.* Trans. by P. R. Ackroyd. New York and Evanston: Harper and Row Publishers, 1965.

Fischer, Irmtraud. "The Authority of Miriam: A Feminist Rereading of Numbers 12 Prompted by Jewish Interpretation." In *A Feminist Companion to Exodus-Deuteronomy, edited by Athalya Brenner.* Sheffield: Sheffield Academic Press, 2000.

Habermas, Jürgen. *The Theory of Communicative Action. Vol. 1, Reason and the Rationalization of Society.* Boston: Beacon Press, 1984.

_____. *The Theory of Communicative Action.* Vol. 2. *Lifeworld and System: A Critique of Functionalist Reason.* Boston: Beacon Press, 1987.

_____. *Between Facts and Norms: Contributions to a Discourse Theory of Law and Democracy.* Cambridge, MA: MIT Press, 1996.

Imes, Carmen Joy. "Can I Get a Witness? Miriam's Song in the Literary Design of Exodus." *Bulletin for Biblical Research* 33, no. 4 (2023): 426-440.

Kessler, Rainer. "Miriam and the Prophecy of the Persian Period." *Feminist Companion to the Bible to Prophets and Daniel.* Ed. Athalya Brenner-Idan. London, New York: Sheffield Academic Press, 2001.

Meyers, Carol. "Miriam the Musician." *Biblical Archaeologist* 54, no. 1 (1991): 16-27.

_____. *Exodus.* The New Cambridge Bible Commentary. Cambridge: Cambridge University Press, 2005.

Papacharissi, Zizi. "The Virtual Sphere: The Internet as a Public Sphere." *New Media & Society* 4, no. 1 (2002): 9-27.

Smith-Christopher, D. L. *Micah: A Commentary.* Louisville: Westminster John Knox, 2015.

Janzen, J. Gerald. "Song of Moses, Song of Miriam: Who Is Seconding Whom?." *Catholic Biblical Quarterly* 54 (1992): 211-220.

Kratz, Reinhard G. "Der vor- und der nachpriesterschriftliche Hexateuch." *Die Kompsition des Hexateuch in der jüngsten Diskussion, BZAW* 315 (2002): 295-323.

Reiss, Moshe. "Miriam Rediscovered." *Jewish Bible Quarterly* 38, no. 3 (2010): 183-190.

Russell, B. D. *The Song of the Sea: The Date of Composition and Influence of Exodus 15:1-21.* Studies in Biblical Literature 101. New York: Peter Lang, 2007.

Tervanotko, H. "The Hope of the Enemy Has Perished: The Figure of Miriam in the Qumran Library." In *From Qumran to Aleppo: A Discussion with Emanuel Tov about the Textual History of Jewish Scriptures in Honor of His 65th Birthday.* Eds. A. Lange et al. Göttingen: Vandenhoeck & Ruprecht, 2009.

김민정

저자는 구약성서를 통해 인간 존재와 사회의 구조를 탐구하며, 고대 이스라엘의 세계와 현대 사회의 문제를 연결하여 해석하는 성서학자이다. 건국대학교 히브리학과에서 학업을 시작하여 성공회대학교에서 구약학으로 학위를 마쳤으며, 현재 성공회대학교 신학연구원 연구교수로 재직하면서 연구와 집필을 이어가고 있다.

단독 저서로는 『해설이 있는 시편 읽기』(2019), 『히브리어 기초』(2020), 『출애굽의 여선지자 미리암과 이스라엘의 종교권력』(2020)이 있다. 공저와 연구 논문을 통해 폭력과 애도와 같은 인간의 본질, 그리고 가족 제도와 경제 윤리와 같은 인간 삶의 구조를 성서학적으로 탐구하고 있다. 최근 연구 논문으로는 "신명기 역사의 유일성 신학과 타자성에 대한 비교 연구: 종교 정체성의 폭력 너머"(『신학과 사회』, [2025])가 있다.

5부

귀 기울이다

침묵

신앙 공동체의 질병서사 이행을 위한 제언
유튜브에 나타난 질병서사를 중심으로

믿음이 부족해서 아프다?

"질병은 삶의 모든 측면을 건드린다."

　사회학자 아서 프랭크의 언급처럼 질병 당사자에게 병은 단순히 '건강'의 상실만을 뜻하지는 않는다. 질병은 당사자가 이전까지 살아오던 삶의 방식, 더 나아가 세계를 바라보는 관점에 있어서 '총체적인' 변화를 요구한다(A. Frank, 2002). 연구자의 자녀(이하, 도리, 가명)는 어릴 때부터 앓아오던 희귀병에 더하여 중학교 3학년 시기 중증 뚜렛장애가 시작되었다. 하루 종일 이어지는 통증으로 인해 도리는 에너지가 소진되어 하루하루를 살아가기 어려웠다. 박탈감, 무망감, 소외감 등의 감정과 함께 이어진 몸의 낯선 변화들은 지속적으로 '나다움'을 잃게 만드는 과정이었다.
　잠들기 어려울 정도로 새벽까지 이어지는 통증, 다양하게 양상이 바뀌는 근육틱 등 뚜렛증상을 대하는 사람들의 불편한 시선들, 특수교육법에 '해당 없음'인 학생, 그 가운데 도리는 지속적으로 '축소되는 삶'을 경험했다(오희숙, 2022). 그러나 무엇보다도 도리를 가장 힘들게 한 것은 그간 가까이 지내고 따르던 어른들, 이웃과의 관계라고 했다. 아픈 아이들은 '운동을 안 해서 회복이 더딘 거야', '노력이 더 필요해' 등의 어른들의 이야기에 수시로 노출된다. 질병의 원인을 질병 당사자에게서 찾는 사회, 질병을 개인화하는 사회의 문화는 아이들에게도 예외가 아니다. 도리를 향한 어른들의 조언들은 당사자 입장에서 '네가 무엇을 하지 않아서 아픈 거다'라는 지적의 말로 들려 거리감을 느끼게 했으며, 더 나아가 그의 이야기에 귀 기울이지 않은 채 일방적으로 쏟아지는 조언들은 폭력적으로 다가온다고 했다.

반면 신앙 공동체는 거기에서 한 걸음 더 나아갔다. '기도를 깊이 해야 해', '믿음이 강하면 나을 수 있어', '너와 너희 가족의 죄가 뭔지 찾아보고, 그러한 죄를 회개하면 나을 거다' 등. 이러한 주변 사람들의 말은 질병의 원인을 당사자에게 두고, 질병에 대해 '죄인인 나에게 가해지는 하나님의 벌'이라는 단순화된 의미를 부여하여 죄책감, 소외감을 가중시킨다. 일본의 문학연구가이자, 소수자의 자기 표현법 연구자인 아라이 유키는 '언어에는 내리 쌓이는 성질'이 있다고 주장한다(아라이 유키, 2023). 언어는 발화를 통해 개인에게, 사회 안에 내리 쌓이며 우리의 세계관, 가치관을 조성해간다. 아라이는 현대 사회는 '삶의 괴로움을 떠안은 사람'이 '도와달라'고 말하지 못하게 만드는 말들이 내리 쌓이는 사회, '누군가를 입 다물게 만드는 말'의 압력이 높아지는 사회라고 진단한다. 도리뿐 아니라 질병, 장애로 인해 이미 어려움을 겪고 있는 당사자들에게 있어 이러한 상황은 이중의 곤경으로 다가온다. 병의 통증 등 몸의 변화로 인한 어려움뿐 아니라 이러한 교회의 서사들 앞에서, 세상, 하나님, 사람을 바라보는 도리의 관점은 점차 바뀌어 가고 있다. 연구자는 자녀의 경험을 목도하면서, 교회의 질병서사 및 서사적 압력에 대한 문제의식을 갖게 되었다.

이어지는 글에서는 다음의 순서를 따라 신앙 공동체의 질병서사를 이야기하고자 한다. 첫째, 질병서사를 프랭크의 복원 서사, 혼돈 서사, 탐구 서사의 세 관점을 중심으로 살펴본다. 둘째, 유튜브에 나타나고 있는 한국교회의 질병서사를 위의 세 가지 유형분석을 중심으로 들여다보려고 한다. 질병 당사자에게 '내리 쌓이는 말'의 축적은 미디어 기술 발달과 맞물려서 재생산 및 확산의 속도가 폭발적으로 증대되었다. 또한 코로나19 팬데믹을 거치면서 유튜브 공간을 활용한 교회와 기도원의 미디어 홍보 및 선교가 더 활성화되었다. 교회의 질병서사 분석에 중요한 정보를 제공하는 유튜브 게시물을 중심으로 어떠한 특징을 보이는지 알아본다. 셋째, 유튜브에 게시된 기독교/치유 관련 동영상들을 두 가지 양상으로 나누어 분석한다. 교회와 기도원 등의 치유집회 영상 및 관련 영상 10편과 기독교 방송의 간증 프로그램 및 질병 관련 설교 10편이다. 각각의 특징을 비교하면서, 프랭크의 질병서사 유형분류를 적용하여 분석한다. 마지막으로 대안적 질병서사의 사례를 살펴보고, 신앙 공동체 안에서 대안적 질병서사의 가능성을 모색하고자 한다.

다른 몸의 이야기에 귀 기울이기

아픈 몸을 살아낸다는 것은 이전에 자신이 알던 삶의 방식이 무화되는 경험일 수 있으며, 기존 삶에 출현한 위기이기도 하다. 질병과 장애는 당사자뿐 아니라, 이들을 돌보는 이들로 하여금 자기 자신에 대한 생각, 세계에 대한 감각과 생각—삶 지속의 근본적 이유와 동기, 신에 대한 물음 등—, 관계들 등 살아가던 삶의 방식에 있어 총체적 변화로 이끈다. 또한 질병은 아픈 몸을 살아내는 당사자로 하여금 우리를 둘러싼 사회의 모순점, '삶을 이루는 근본적인 평등과 불평등에 대한' 지각으로 이끌기도 한다(A. Frank, 1995).

그러한 지각 중 하나는 우리가 살아가는 사회가 '건강을 잃으면 모든 것을 잃는다'는 담론이 우세한 '건강중심사회'라는 것이다. 사회학자 조한진희에 따르면 건강 중심 사회는 질병과 장애를 '정상' 바깥의 것으로 도외시하며, '건강을 잃으면 모든 것을 잃는다'는 사회의 담론을 재생산한다. 그러나 정작 문제는 질병과 장애 그 자체에 있는 것이 아니며, '건강'을 잃으면 '모든 것을 잃어버리게' 만드는 사회에 문제가 있음을 그는 지적한다. 비장애중심주의가 우세한 사회에서 질병, 장애의 당사자들은 자신의 질병, 장애의 책임소재로서 비난받으며, 이전에 가능했던 사회적 삶으로부터 배제된다. 비장애중심주의의 사회는 아픈 몸의 현재와 고통의 과정을 의미 있는 서사로 인정하지 않으며, 당사자를 실패하거나 결함 있는 존재로 낙인찍는다. 그러한 사회에서 당사자는 점차 침묵하게 되며, 주체의 고유한 서사에 기반한 대화는 플롯1 중심으로 구조화된다.

이러한 서사 실종과 플롯 중심의 의사소통을 보여주는 장면이 의사와 환자의 진료실이다. 한편에서는 의사가 환자의 고유한 질병 경험을 경청하는 것이 치료에 있어서 중요하다는 점에 주목하는 서사의학이 대두되고 있지만, 의료 현장은 질병 당사자의 경험과 말 및 해석을 간과하고 근대의학의 서사를 지속하고 있다.

계몽주의 시대에 인간의 신체는 '건강'을 위해 통제되고 관리되어야 할 객체, 또는 기계와도 같은 것이었다. 질병은 정상성에서 이탈된 것, 비정상적인 것으로 여겨졌다.[2] 수전 웬델은 의학은 몸이 과학에 의해 통제될 수 있다는 '환상'을 지속해서 부여하며, 이로써 현대 사회의 구성원들은 질병을 몸의 '정상' 상태에서 이탈된 것으로 바라보는 문화적 관점을 어린 시절부터 내면화한다고 진단했다(수전 웬델, 2013). 이는 근대의학의 서사가 오늘의 의료 현장에 지속되고 있을 뿐 아니라 사회에 미치는 파급력을 진단한 것으로 이해할 수 있다.

근대의학에서 질병/질환에 대한 서사는 의료전문가인 의사에 의해 주도되어 왔다. 이에 비해 질병/질환의 당사자인 환자의 호소, 질문은 진료 장면에서 불필요하거나, 치료에 방해가 되는 요소로 간주되곤 했다. 이는 환자가 스스로 자신의 질병에 대해 통찰하는 것이 불가능하다는 인식이 반영된, 곧 사회에서 작동되어 온 '허구'적인 질병서사에 기인한 것이었다(A.클라인먼, 2022). 이러한 인식하에 의사는 치료의 과정을 이끌 지도자로서의 지위가, 환자에게는 의사의 지시에 순응할 책임이 부과되었다.

정보라 교수는 이러한 근대의 의학적 서사에서는 환자 체험, 곧 환자의 '가정환경, 대인관계상의 특징, 독특한 신체와 감정의 경험 등 질병 상태에 영향을 미칠 수 있는' 요소들을 표현할 공간이 제한되며, '환자 체험의 고유함'이 깃들기 어려움을 지적한다(정보라, 2022). 화자-의사에서 청자-환자에게로 단방향으로 전개되는 서사는, 바흐친에 따르면 과거와 미래의 행위에 입각해 대화를 재단하는 플롯 중심의 대화 방식이다. 이는 인간 대 인간이 유일무이한 존재로서 마주하기 전, 과거에 형성된 관념—환자, 의사 등에 대한—과 문화에 기반하여, 미래에 실현되어야 할 '건강'이라는 목표에 맞춰 대화를 규정하는 방식을 뜻한다. 이러한 플롯 중심의 대화에서 청자(환자)란 그저 주체(의사)의 메시지에 대한 수동적 수용자에 불과하며

(M. Bakhtin, 1981), 객체로서의 질병 당사자의 비순응은 시스템상 일어난 오작동과도 같다(앤 보이어, 2021). 그러나 같은 병명을 진단받은 사람들이라 할지라도, 그 증상과 경과 등 질병 경험은 각자 다를 수 있다는 점을 감안한다면 의사의 독백적 사고와 판단만으로는 환자의 치유에 도달하기 어려울 것이다.

이와 더불어 근대의학의 의사-환자 서사는 의사의 진단에서 예측되지 않은 환자의 통증, 기타 증상의 원인을 환자의 심리 상태가 야기한 것으로 치부하곤 했다. 손택은 그 자신의 질병(암) 체험을 돌아보면서, 우울, 분노, 감정적 과격함이 암을 유발하기 쉬운 성격유형이라는 몸 담론이 19세기뿐 아니라 지속되어 오면서, 질병 당사자에게 또 하나의 낙인을 주고 있음을 지적했다. 웬델은 '심인성 질병'이란 마음이 몸을 극복해야 한다는 통제 환상이 낳은 개념이라고 보았다(수전 웬델, 2013). 이러한 관념 및 질병서사는 환자 비난의 또 다른 형태일 뿐 아니라, 개개인이 질병, 장애에 이르게 되는 다양한 원인 및 사회 구조적 맥락을 가리는 일이다. 클라인먼은 질병을 개인화하고 질병 당사자에게 낙인을 주는 문화는 결국 질병, 장애에 대해 사회가 져야 할 예방 등의 책무를 다하기 어렵게 만든다고 보았다(A. 클라인먼, 2022).

이러한 서사의 지속은 낙인화를 우려한 환자의 자기보고 축소 등으로 인해 환자의 질병 체험이 치료에 충분히 반영되기 어렵게 만들 뿐 아니라, 의료 현장에서 지속되고 있는 서사와 관념에 내재한 사회문화적 통념—선입견, 편견을 포함한—을 성찰할 기회를 가로막는다. 근대의학의 질병서사가 젠더, 인종 등 교차적인 편향을 보이는 점은 이를 반증한다. 2000년 「뉴잉글랜드저널」(NEJM)에 발표된 연구에서는, 여성이 심장마비를 겪는 와중에 오진으로 퇴원 당할 확률이 남성보다 7배 높은 것으로 나타났으며,

흑인 여성이 임신중독증이나 자궁경부암 등으로 사망할 확률은 백인 여성에 보다 71%나 높았다. 이는 여성과 흑인 환자가 증상을 과장한다는 편향이 의료 현장의 서사에 반영된 데에서 기인한다(프라기야 아가왈, 2021; 레슬리 도열, 2010 참고).

당사자의 몸과 목소리가 계급, 인종, 언어, 성별 등에 따라 비하되는 현실은 결국 환자의 치유를 가로막는 장벽이 될 수 있으며(M. 오로크, 2023), 위의 사례처럼 의사 중심의 일방적이고 편향적인 서사는 생사의 기로를 가르는 중대한 요인이 될 수 있다. 따라서 의료 현장에서 의료전문가에 의해 독점되어 온 플롯화된 서사는 지양되어야 한다. 환자와 의료전문가가 다성성 가운데 대등한 목소리로 참여하고, 질병 체험의 고유성이 충분히 반영되는 대화적 관계와 서사로 이행되어야 한다. 치유 또한 의료전문가에 의해 일방적으로 주도되고 달성되는 일이 아니라 당사자와의 상호적, 역동적 대화 가운데 일어나는 사건으로 바라볼 필요가 있다.

질병서사: 복원 서사, 혼돈 서사 그리고 탐구 서사

질병에 대한 서사 곧 개인적 경험을 이야기한 것은 1960년대 정체성의 정치가 대두된 시기, 곧 개인적인 경험의 정치성에 주목하면서 체현된 경험을 공적으로 말하기 시작한 흐름과 관련된다. 황임경은 질병 당사자 자신의 경험에 관한 이야기를 '질병 체험 서사'로 명명한다. 이는 질병의 당사자가 '숨겨져 있던 이야기 본능'을 발휘하여 질병의 경험을 '말로나 글로 풀어낸 것'으로서, 의료전문가 중심의 기존 서사의 질서와 구분한 개념으로 이해할 수 있다(황임경, 2010).

이에 비해 질병서사는 사회 문화적 맥락 속에서 당사자의 질병 경험이 서사화되는 양상을 드러낸다. 질병서사는 우리가 속한 사회의 문화가 우리 몸을 어떻게 바라보며, 질병을 어떻게 진단하고 분류하는지, 다양한 신체의 증상들을 어떻게 해석하는지에 대해 알려준다(A. 클라인먼, 2022). 질병서사는 질병, 장애 등 몸의 경험들이 어떻게 소통되고 이해되며, 해석되어 서사로 만들어져 가는지에 대해 조망하게 해준다. 이어지는 글에서는 프랭크가 제시한 질병서사의 층위들을 따라가며, 우리가 체현하는 서사의 위치를 살펴보려 한다.

복원(Restitution) 서사

프랭크는 우리 삶에서 경험하는 질병에 대해, 질병과 함께 지속되는 삶에 대해 질병의 당사자는 어떻게 말하고 있는지, 스스로 말하고 있는지, 어떠한 변화의 방향을 지향하는지에 대해 질문한다. 이 가운데 질병에 대한 사회적 수사학으로서 질병서사의 세 가지 유형을 제시하는데, 이는 복원 서사, 혼돈 서사, 탐색 서사이다. 각 유형은 지속적으로 뒤섞이는 특징을 보인다. 먼저 복원의 서사를 살펴보면, 이 서사는 규범적 서사라고도 불리며 질병→치유→정상적 삶 복귀를 지향한다. 이는 제도 의학의 의료전문가에 의해 주로 나타나며, 환자에 대해 비대칭적 권력을 소유하고 환자의 병에 대한 치료계획과 예상 결과 등의 서사를 전개해간다. 이는 근대의학의 서사모델로 이해할 수 있다.

복원 서사는 일직선으로 나아가는 하나의 목적—질병 이전의 가장 가까운 삶으로 복원한다는—을 향해 나아가는 서사이며, 이러한 결과를 도출하기 위해 끊임없이 환자의 몸을 통제하고 관리하는 규범적 서사이다 (A. Frank, 1993; 1995). 이 과정에서 당사자의 목소리는 누락된다. 이러한 복원 서사는 치료에 실패한 상황을 비정상으로 취급하는 문화에 기반하며, 만성질환을 환자의 내적, 심리적 문제로 치부한다. 이러한 문화에서 질병 당사자는 병을 자초한 사람들로 치부되며, 병은 자신이 초래한 문제를 스스로 해결해야 할 개인적 책임의 문제로 축소된다. 환자는 이러한 서사 문화의 관점을 내면화하여 치료의 성패가 오롯이 자신에게 달려있다고 믿게 된다(M. 오로크, 2023).

한 집단의 서사 문화에는 집단의 구성원들이 무엇을 의미 있는 경험으로 인정하고, 귀 기울이는지 등 수사학적 기대가 내포되어 있다. 반면 복원 서사에서 환자의 경험과 목소리는 그러한 기대로부터 소외되는 양상을 보인다. 교회 공동체에서 질병에 대한 복원 서사는 질병을 '완치'라는 하나의 방향으로 추동한다. 본래 질병은 우리에게 삶이란 '이것이다'라고 말 걸기를 한다. 삶이란 때때로 출몰하고 지속되기도 하는 병, 통증과 함께 살아 나가는 것임을, 그러한 우연성과 취약성이 우리의 삶의 속성이자 우리 몸의 현실임을 알려준다. 그럼에도 불구하고 복원 서사는 "○○을 하면 질병이 나을 것이다"라는 결말을 제시하는데, 이는 이러한 서사에 꼭 들어맞지 않는 이들을 공동체에서 배제하고, 낙인화하는 효과를 가져올 수 있다.

손택에 따르면 기독교 역사에서 질병과 고통은 주로 인간의 도덕적 타락에 대한 신의 심판으로, 악과 종말, 재앙으로 은유화되어 왔다. 복원 서사가 우세한 교회 공동체에서 질병은 '마귀의 시험', '가계의 죄' 등으로 '은유화'되어 왔으며, 이를 통해 환자의 몸은 '도덕적으로' 비난되어 왔다(수전 손택, 2022). 이러한 관점은 병의 당사자에게는 죄인이라는 낙인뿐 아니라, 신앙 공동체로부터 소외와 고립, 배제의 환경을 조성한다. 복원 서사에서 영적 지도자는—야고보서 5장 15-16절, 베드로전서 2장 24절

등 성서 말씀에 근거하여—회개, 기도 등 영적 열심을 통해 이러한 악을 물리칠 것을 강조한다.

이는 병이 치료된 이에게 승리주의적 영웅서사를 부여하는 반면, 병이 지속되는 성도에게는 병의 고통뿐 아니라 수치심, 죄책감 등을 야기하는 이중, 삼중의 곤경이 된다. 복원 서사는 신앙 공동체 내의 질병 당사자들에 대해 '믿음 부족', '기적의 전 단계' 등 획일화된 서사로 나타나 왔다. 이는 질병 당사자로 하여금 죄인 정체성에 머물게 만들고, 침묵하게 하는 서사적 압력이 될 수 있다.

혼돈(Chaos) 서사

근대의학의 규범 서사 속에서 질병 당사자의 침묵, 순응은 환자의 기본값이자 미덕으로 전제되어 왔으며 의사와 환자 간의 의사소통은 어려웠다. 오로크는 질병은 또 다른 측면에서 당사자를 침묵으로 내몬다고 보았다. 질병 당사자는 말할 수 없는 병의 통증으로 인해 때로 침묵하게 된다. 질병이 지속되고 개선의 희망이 보이지 않을 때, 삶의 의미와 기존의 서사들은 흔들리게 된다.[3]

오로크는 자신의 만성질환에 대해 회상하면서, 병이 너무나 힘들고 끔찍해서 혼돈 외에는 아무것도 없는 듯한 때도 있었음을, 질병의 과정 속 삶의 서사는 마치 '폭풍우에 난파당한 배처럼' 망가졌음을 고백한다. 신체적 고통이 언어—곧 기존에 자신과 이웃, 세계를 정의 내리고, 의사소통하던—를 '활발히 파괴'하며, 환자로서 의사에게 자신의 통증을 전달할 말의 '결핍'에 놓이게 되었다는 것이다.

혼돈의 서사는 먼저는 당사자의 외양을 통해 표현된다. 혼돈의 심연만

이 존재하는 것 같은 쉴 새 없는 고통 속에서, 프랭크의 표현대로 '살아낼 수는 있으나' '말해질 수 없는 것을 말하다' 보니 서사의 구성요소에 부합하지 않는 말들을 하게 된다. 고통의 한복판에서 이야기하는 사람은 언어 불능의 상태이다. 이야기는 예측 가능성을 이탈하고 또 이탈하며, 듣는 이로 하여금 불안과 두려움을 자아내어 경청하기 어렵게 만든다. 당사자의 경험 바깥에 위치한 상대방은 당사자의 이야기를 따라가거나 공감하기 어려움을 느끼게 된다. 당사자의 혼돈에 대해 어떠한 위로나 안심시키려는 노력은 수포로 돌아간다. 고통받는 얼굴 앞에서, 어떠한 말을 찾으려는 시도도 불발되기 일쑤이다.

오로크는 병을 관리하며 자기 자신에 대해 이야기하는 것은 말하는 이에게도, 듣는 이에게도 어려운 시간임을 고백한다. "분노와 억울함이 배어있으며… 감당 안 되는 난국에 처하기도 하니 듣고 싶지 않을 수밖에 없다. 내 질병 서사는 목적지가 없다. 그보다는 나를 힘들게 하고, 나를 놀라게 한 것들의 총합이다"(M. 오로크, 2023). 질병과 질병이 야기하는 고통 앞에서 혼돈의 서사를 표현하는 당사자는 그의 치유 여부, 정도에 따라 비난에 수시로 노출된다. '~하지 않아서', '~를 해서' 등 그러한 말들은 혼돈의 서사 가운데 있는 이를 더 깊은 혼란으로 밀어 넣는다. 혼돈 서사의 당사자는 공감받고, 돌봄 받기 어렵다.

프랭크는 그러한 혼돈을 삶의 일부이자 삶 자체로 받아들일 것을 제안한다. 그는 혼돈의 몸을 '선한 사마리아인' 이야기에서 강도 만난 여행자에 비유한다. 사마리아인처럼 우리 또한 계속해서 그의 곁에 머무를 수도, 고통을 중지시킬 수도 없다. 당사자를 돌보는 이에게도 이 시간은 기존의 지식, 경험, 기술들이 무화되고 이전의 역할에 머무를 수 없는 상태, 새로운 길을 찾아가야 하는 혼돈의 과정이다.

혼돈의 서사는 영원히 지속될 것처럼 느껴지기도 한다. 당사자에게도, 돌보는 이에게도 쉽지 않은 시간이다. 그러나 프랭크는 이야기의 가능성을 통해 혼돈의 서사가 다른 서사로 이행될 수 있음을 강조한다. 이야기는 다시 이야기로, 또 다른 이야기로 되풀이되는 듯 보이지만 그 과정에서 당사자가 갖고 있던 시각은 또 다른 통찰로 나아갈 가능성이 있다. 구약성서 〈욥기〉에서 욥이 자신의 괴로움을 친구들에게 한탄하며 토로하는 과정에서, 주인공의 시야가 자신처럼 까닭 없는 어려움을 겪는 이웃들의 아픈 현실에 대한 통찰로 이행되는 장면이 하나의 예이다(욥 21:6-9; 24:2-14). 그러한 욥의 통찰은—자신을 이해하기보다 도리어 비난했지만—세 친구와 함께한 이야기의 과정이 그 조건이 되었다. 그와 마찬가지로 질병 당사자의 이야기는 이를 듣는 이들이 갖고 있던 이야기와 연결되고 조응하면서 새로운 통찰과 해석으로 이어질 수 있다. 프랭크는 '혼돈의 서사는… 이를 말하는 사람이 자기 자신이 혼자라고 상상하며, 자신에게 어떠한 협력자도 없다는 것을 전제로 한다'고 언급한 바 있다. 이를 뒤집어 생각하면 혼돈의 서사가 제자리를 도는 것처럼 보이더라도, 마침내 앞으로 나아가게 만드는 이탈의 조건은 그의 곁에서 귀 기울이며 대화할 누군가의 '함께 있기'가 아닐까. '자신이 혼자라고 상상하며, 자신에게 어떠한 협력자도 없다'(A. 프랭크 1995)고 느끼는 질병 당사자가 누군가와 동행할 때, 혼돈의 서사는 탐구 서사로 이행이 가능하다.

탐구(Quest) 서사

프랭크는 탐구 서사에 대해 '질병에 적합한 삶의 양식을 개발'해 나가기 위해 이야기의 의미를 발견하는 과정으로 이해한다. 오로크는 탐구 서사를 아픈 삶의 대안을 찾아나서는 이야기로 보면서, 이는 주체로 하여금 그간 질병과 함께 사는 여정 속 잃어버렸던 인식을 복구하고, 삶의 통제력을 되찾는 시간이 된다고 언급했다(M. 오로크, 2023). 탐구 서사는 주체에게 있어 익숙한 기존 삶과 사유의 경계를 떠나 새로운 이야기를 만나는 여정이다.

당사자가 질병을 경험하는 국면들인 동시에 문화적 층위이기도 한 복원, 혼돈, 탐구 서사는 일직선상의 경로로 나아가지 않는다. 주체가 예상한 대로 이야기의 향방은 전개되지 않을 수도 있다. 혼돈의 서사는 탐구의 서사로 이행되지 않고, 복원의 서사에 머물 수도 있다. 교회의 우세한 규범/복원 서사는 교회 공동체 내 삶과 죽음의 경계에 위치한 이들로 하여금 혼돈의 서사에서 탐구 서사로 이행될 가능성을 빼앗을 수도 있다. 규범 서사는 혼돈의 서사를 수용하지 않으며, 회복의 과정에서 '…을 하면 나을 것'이라는 방향과 단계를 제시한다. 복원 서사는 혼돈의 여정을 지나는 당사자에게 어떠한 위로의 말이나 희망도 건네지 못하고 다만 당사자의 불확실성, 불안, 무력감 등의 혼돈 서사를 이탈된 것, 신앙 없음으로 배제하고 소외시킨다. 복원 서사가 교회 서사의 중심이 될 때, 이는 당사자들과 돌보는 이들을 지나친 정죄감, 죄책감 등으로 몰아넣으며 교회 구성원들과 당사자들 간에 공존을 어렵게 만든다.

반면 질병 당사자는 질병의 경험을 통해 혼돈에서 고립, 회피가 아닌 삶을 조망하고, 질병을 경험 중인 몸을 받아들이는 탐구의 과정으로 나아갈 수 있다. 그러한 탐구의 과정을 통해 당사자는 질병이 가져다 준 것, 새로운 삶과 공동체적 관계의 의미를 새롭게 발견해 나간다. 아나톨 브로야드는 '탐구는 전체로서의 삶에 질병이 통합된다는 것을 깨달음으로써 자아의 위축을 피하는 것이다'라고 언급했다(A. Broyard,

1992). 혼돈의 서사에서 탐구의 서사로 나아가는 여정은 질병의 당사자를 복원 서사가 야기하는 자아의 위축이 아닌 새로운 몸의 이야기로 이끌며, 나아가 새로운 서사적 정체성으로 인도한다.

한국교회의 질병서사를 돌아보다: 유튜브를 중심으로

앞서 언급한 바와 같이 우리 사회에는 병과 장애 등 다른 몸으로 살아가는 이들에 대한 비난의 말들이 축적되고 있다. 한 사회 내에 내리쌓이는 말들은 당사자로 하여금 자신의 질병 경험, 어려움 등의 목소리를 내지 못하고, 도리어 입을 다물게 만드는 서사적 압력으로 작동할 수 있다. 건강 중심의 사회는 질병, 고통과 장애를 가진 당사자들의 몸을 건강이라는 '정상' 바깥에 위치한 무엇, 이질적이고 흠 있는 것으로 도외시한다. 그러나 당사자들은 '건강을 잃으면 모든 것을 잃는다'는 사회의 주류 서사, 비장애중심 서사에 대해 질문하며 대항 서사를 삶으로 써내려간다. 건강한 몸에 대한 담론이 주류를 이루는 사회 내에서 아픈 몸으로 살아간다는 것은 그 자체로 세상의 통념에 도전하는 일이다. 여전히 장애, 질병, 고통을 그저 손상 그 자체로 바라보는 사회의 통념들은 현재진행형이다. 그렇다면 교회는 질병서사는 사회의 그것과 비교할 때 어떠한 차이가 발견되는가? 질병, 장애, 고통의 당사자들에게 교회는 어떠한 모습으로 다가가고 있는가? 교회의 질병서사는 질병 당사자 및 신앙 공동체에 있어 어떠한 효과를 가져오고 있는가? 이러한 문제의식 하에 유튜브에 공개된 교회의 치유간증 영상, 성령치유집회 영상 등 150여 개의 영상을 분석하여 그중 21개를 주요 자료로 선정했다. 20개의 영상 자료의 공통된 특징을 찾는 과정에서 주로 치유집회, 성령치유

등의 키워드로 검색된 영상들은 복원 서사의 특징을 나타내어 이를 A유형으로 분류, 10개의 영상을 선정했다. 다른 10개의 영상은 기독교 방송 등의 공식 채널에서 나타난 서사를 중심으로 살펴보았는데, 앞의 영상들에 비해 고난 수용의 탐구 서사가 나타나고 있어서 B유형으로 분류했다. 이들 두 그룹의 공통점과 차이점을 중심으로 한국교회의 질병서 사를 살펴보았다. 전사에 있어 두 그룹 모두 감정 및 비언어적 표현은 연구자가 임의로 판단하여 괄호 안에 표기했으며, 불필요한 반복이나 비문을 수정하여 기록했다. 전사의 방식, 패턴 포화를 막기 위해 10개씩 두 그룹으로 표본을 추출한 점, 각 유형의 공통점과 차이점, 특징적인 패턴을 요약하여 제시한 기술의 방법은 질적연구의 방법을 부분적으로 사용했다. 이들 영상에 대한 분석은 아서 프랭크의 질병서사의 유형분석을 적용하였다.

중심 키워드는 '치유와 교회', '치유와 회복', '완치와 간증', '치유, 간증집회', '성령집회'등이었으며, 그중 상위권의 조회수를 참조했다. 조회수는 온라인 기반 매체에서 담론의 확산성을 보여주는 단서이지만, 전적으로 조회수만으로 파급력을 측정하긴 어려웠다. 그 이유는 A유형의 경우 주로 은사, 치유사역 중심의 초소형 교회, 기도원 등에서 숏츠 등 짧은 분량의 영상이 주를 이루었고 이러한 짧은 영상은 온라인상 노출이 더 용이하다는 점, B유형의 경우 채널과 목회자 등의 명성으로 인해 기본 조회수의 영향을 받는다는 점 등으로 인해 조회수는 표본 선정의 참조로만 사용했다. 내용상 분석을 위해 짧은 영상을 선정에서 지양하고, 키워드 및 서사 관련 내용을 보여주는 영상 중 평균 조회수를 상회하는 영상을 중심으로 선정했다.[4] A, B유형과 비교하여 보다 대안적인 서사를 보여주는 C유형을 마지막으로 살펴보려 했다.

유형별 표본 영상들은 다음의 표와 같다.

		유튜브 채널명	영상 제목	영상 게시일	조회수
A	①	손○○장로말씀치유집회	질병이 영적 전쟁인 이유, 마귀의 속임수에 속지 마라	2025.6.26	8.2만
	②	주○○TV	○○○선교사 초청 치유집회 "치유가 나타나지 않는 이유"	2023.9.23	13만
	③	L○○ LIVE	○○ 목사 치유성회	2023.8.25	2.8만
	④	오○○○○○기념금식기도원	기적을 일으키는 믿음(김○○목사)	2020.9.23	2.4천
	⑤	John○○○○○○○○○	대전 ○○교회 치유대성회 엄청난 치유가 일어났습니다	2026.1.28	2.7천
	⑥	○○하는교회TV	강력추천!!! "결핵균 때문에 척추가 녹아내려 하반신 마비가 된 분이 일어나 걸었습니다."	2025.7.6	3.4천
	⑦	광주○○○교회	안수받고 뇌치유가 나타남	2022.4.11	692
	⑧	박○○의 임재TV	영의 기도 주파수 (박○○목사/치유축사전문 사역자양성원)	2023.2.22	5.9천
	⑨	오○○○○○기념금식기도원	제9차 이○○ 목사 ○○○ 성령치유집회	2025.8.4	2.5만
	⑩	JUSTJESUSWORSHIP	크리스천 건강비법! 질병을 이기는 4단계 방법	2025.1.13	3.8만
		유튜브 채널명	영상 제목	영상 게시일	조회수
B	⑪	새롭게 하소서CBS	아픈 목사가 아픈 사람들에게	2020.11.2	66만
	⑫	새롭게 하소서CBS	내가 걸린 뇌종양은 하나님의 크신 배려	2025.7.9	27만
	⑬	내가 매일 기쁘게(CTS TV)	말기암 시한부 판정 1년, 하나님 사랑으로 10년을 더 살았습니다	2023.11.27	39만
	⑭	내가 매일 기쁘게(CTS TV)	모든 질병에 기도가 최고의 통치약입니다!	2022.5.9	24만
	⑮	말씀앤조이	당신을 치유하실 하나님	2024.3.14	1.9만
	⑯	TV기독일보	<김○○목사 간증>30대 남편 사별,암투병.. 말씀으로 고난을 해석하고 이겨낸 비밀	2025.6.21	7.4만
	⑰	C채널방송	<힐링토크 회복플러스 > 췌장암에서 살리신 치유의 하나님	2022.2.20	3.6만
	⑱	영산조○○신학원	병 고침 받는 7단계	2021.10.23	3만
	⑲	갓피플TV	질병의 산을 옮기라	2025.3.4	1만
	⑳	김○○목사 아카이브	<안녕하세요 목사님 >#294 16살 아들이 암 4기입니다..	2025.8.2	3.8만
		유튜브 채널명	영상 제목	영상 게시일	조회수
C	㉑	신학놀이터	절망적 담도암 4기, 너무 힘들지만, 그래도 살기 위해 발버둥쳐 보려고 합니다 (외 다수)	2024.12.13 (외 다수)	5만

A유형과 B유형의 영상들은 집회와 방송, 설교라는 면에서 자료의 비대칭성을 갖지만, 서사에 있어 차이뿐 아니라 중첩된 면도 나타내었다. 해당 영상의 공유 등 재가공 및 확산 여부는 측정하기 어려웠으며, B유형의 경우 댓글창을 통해 수용자 경험을 일부분 측정할 수 있었다. A유형의 서사는 가) 질병의 원인, 나) 치유의 조건, 다) 시간성, 라) 최종결과의 네 가지 측면에서 복귀/규범 서사의 특징이 두드러졌다.

A유형이 보는 질병의 원인

신앙 공동체의 복원 서사는 주로 질병을 개인의 불순종과 죄악, 마귀의 공격, 가문의 저주에 귀속시킨다. 10개 영상에서는 주로 죄 또는 믿음 부족, 죄로 인한 영적 실패, 죄에 대한 무능 등 당사자의 탓으로 개인화하는 모습을 보였다.

> [영상① 1:16:50][5] 여러분이 질병이 있어요. 직간접적인 죄 때문에 (질병을) 허용한 것입니다. … 내가 동의하지 않는 한 질병은 들어올 수 없습니다. … 질병, 고통, 괴로움이 있다면 (내가) 허용한 것… 나는 질병에 걸릴 수 없는 자입니다.
>
> [영상⑨ 00:11:42] 죄의 문제 때문에 못 들어주시는 것… 우리 죄의 문제만 해결되면… 기도 응답받을 수 있고 하나님의 도움받을 수 있고.

이러한 관점은 복원 서사가 두드러지는 질병서사에 해당한다. 이는 질병을 야기하는 사회구조 및 문화적 요인을 무시하고 당사자와 가족에게 그 책임을 전가하고 개인화하는 담론이라 할 수 있다. 이러한 서사는 질병 당사자에게 깊은 수치심과 죄책감을 유발한다. 질병 당사자는 이러한 서사 가운데 질병을 야기한 책임이 있는 존재, 죄인으로 낙인화된다. 질병이 곧 죄로 인한 것이라는 낙인은 신앙 공동체의 서사를 통해 당사자에게 내면화되어 스스로를 정상성에서 벗어난 존재로 표상하게 되며, 열등하고 타락한 죄인으로 바라보는 훼손된 사회정체성을 갖게 된다(어빙 고프먼, 2009; 수전 웬델, 2013 참조). 이러한 내면화된 정체성은 당사자를 신앙 공동체 내에서 침묵하게 만든다. 한편 이러한 내면화는 질병 당사자의 치유간증에서도 포착된다. 질병 당사자가 자신의 질병 경험에 대해 증언하는 치유간증에서, 당사자는 병의 완치 과정을 증언한다. 그러나 전반적으로 치유간증에서 드러나는 당사자의 자기 인식은 질병유발자로서 수치심과 죄책감을 지닌 '죄인'으로서, 규범 서사의 획일화된 양상을 넘어서지 못하는 듯 보인다.

A유형이 말하는 치유의 전제 조건

질병 당사자들은 신앙 공동체에서 '믿음이 부족해서 아픈 거다', '기적의 전 단계'로서의 질병, '연단을 위한 고난' 등의 획일적 규범 서사를 만나게 된다. 여기에서 주체는 하나님 말씀의 대언자로서 사역자이다. 복원 서사가 작동되는 교회에서 하나님의 대리자인 목회자는 치유의 조건을 제시한다. 주된 내용은 회개, 뜨겁게 기도, 통곡(통회), 헌금, 목회자에 대한 절대적 순종, 목회자의 안수기도 등이다.

[영상② 00:36:05] 병 나을 때까지 기도하라!
[영상③ 1:09:05] 손을 얹고 꾸짖고 일으켜라! 치료를 보기를 원하신다면 손을

없으십시오!(안수)

[영상⑧ 00:04:44] ··· 방언기도를 통해서 ··· 우리의 성품도 고쳐지고 죄···도 다 끊어져 나가고 우리의 몸도 고칩니다. DNA까지 고쳐버립니다.

치유의 중요한 관건은 성도의 '믿음'인데, 이는 하나님의 대리자인 목회자를 얼마나 신뢰하는지, 이와 더불어 복원/규범 서사가 제시하는 치유의 목록을 얼마나 성실하게 실천했는지에 관한 객관적인 수치—교회 출석율, 기도 시간, 다양한 봉사, 헌금액 등—로 측정된다. 그 외에 목회자가 제시하는 기도 방법 또는 기도문대로 매일 기도하는 일도 포함된다. 질병의 낙인에서 벗어나 공동체의 '정상성' 곧 몸의 건강을 지닌 주체로 복원되기 위해 질병 당사자는 하나님께 그리고 하나님의 대리자인 목회자에게 순종을 몸으로 보여야 하며, 순종은 앞서 열거한 치유의 조건을 성도가 얼마나 빈틈없이 수행하느냐와 관련된다.

복원 서사에서 질병과 고난은 싸우고 대적하며, 정복할 무엇으로 표상된다. 여기에서 질병의 원인은 주로 마귀의 공격에 무게가 실린다. ① 채널의 영상들에서는 병명에 따른 치유기도가 18가지 이상 분류되어 있으며, 이를 통해 귀신과의 영적 전쟁에서 싸울 것이 반복적으로 제시된다. 이는 곧 회복의 책임이 당사자에게 있다는 것, 병이 낫지 않을 시 그 책임이 당사자에게 있다는 무언의 메시지를 성도와 공동체에 주는 서사라 볼 수 있다. 이는 질병을 야기한 죄인 당사자도, 병이 낫도록 치유의 조건을 차질 없이 수행할 주체도 질병 당사자이며, 질병 당사자의 믿음 부족(불신)으로 인해 마귀의 공격에 무너진 결과 병에 걸렸다는 서사이다. 이러한 문화 속에서 당사자가 자신의 고통 그리고 질병 경험 및 이에 대한 자신의 느낌과 생각을 자유롭게 표현하고 질문하기란 어렵다. 병으로부터 완치된 몸은 성도 당사자의 내면, 믿음, 더 나아가 인간으로서 정상성 회복의 '증거'가 된다. 정리하면 복원 중심의 서사에서 병의 치유와 그 과정은 공식화, 매뉴얼화되고 기도 등의 영성 생활은 치료를 위해 도구화되는 특징을 보인다. 더불어 질병의 원인과 회복을 위한 조건이 구조화된 규범적 서사의 플롯은 당사자와 교회 구성원 사이의 의사소통을 근본적으로 차단하고 목소리를 위계화한다.

A유형에서 치유, 회복 그리고 고통의 처리

복원 서사는 근대의학과 마찬가지로 환자의 완치 및 질병 이전 상태로의 복귀를 지향한다. 병을 불신앙, 죄, 믿음 부족의 결과로 바라보는 복원 서사에서 목회자가 제시한 신앙 훈련을 충실히 수행한(순종한) 주체는 믿음이 회복된 주체이다. 병의 치유는 그러한 사람에게 라파 하나님의 강권적 역사에 의해 '즉각적'으로, '기적적으로' 일어나는 것으로 복원 서사는 특징지어진다. 위의 영상들은 주로 교회의 성령치유집회 영상으로, 목사를 전적으로 신뢰하고, 회개하는 마음의 성도에게 즉각적인 기적, 극적인 치유의 장면들이 예배 말미에 나타나고 있다.

[영상④ 00:25:28] … (무좀과 당뇨가 있던 성도) 믿음으로 행동하면 낫는다. … 무좀을 놓고 기도… 믿음으로 쓰레기통에 (약을) 다 버렸어요. … 그런데 그다음 날 무좀이… 다 나았어요.
[영상⑦ 00:05:41] … 목사님께서 안수하실 때 머리가 시원해졌다고…○○가 하더라고요.
[영상⑦ 07:40:00] 우리 ○○이… 정신적인 문제가 있는데… (안수받고) 머

리가 시원해졌다고 해요. … 머리가 나으면 시원하거든요. 어둠이 나갔다는
거….

치유받은 성도는 신앙의 모범이자 간증의 주인공으로 자리매김한다.
반면 치유가 즉각적으로 일어나지 않는 경우, 이는 당사자의 미약한
신앙의 증거로 해석되며, 만성적인 고통, 느린 회복, 지속되는 고통의
현실은 신앙 공동체에서 의미 있는 목소리로 수용되지 않는다. 즉각성의
이데올로기는 복원 서사의 중심과 연결된다. 초소형 교회에서 치유간증들
은 죄-회개-즉각적 치유의 서사를 보여주는 장면들을 쇼츠로 편집하여
온라인상에 전시한다. 쇼츠 영상들의 전반적인 톤은—병명과 당사자는
각기 다르더라도—질병의 원인인 당사자의 내면적 변화와 신앙적 결단이
만성, 불치, 난치의 병으로부터 즉각적이고 기적적인 회복을 가져왔다는
서사의 재현이다. A유형 영상에서 치유는 즉각성을 띠며, 치유 이전과
이후의 삶은 죄인에서 영웅, 비정상에서 정상의 삶으로 분절적인 시간성을
보여준다.

인정되는 결과 vs 음 소거 처리된 결과

A유형의 영상은 주로 복원 서사로서, 질병으로부터의 '완치'라는
단 하나의 결과만을 믿음의 결과이자 '해피엔딩'으로 인정하는 것처럼
보인다. 이 유형의 서사는 질병의 완치, 고통의 중지를 유일하고 이상적인
결론으로 제시하며, 치유의 당사자는 질병을 영웅적으로 극복한 주인공으
로 부상된다. 기적을 가져온 사역자의 권위는 더욱 강화된다. 복원의
서사는 '완치'라는 결과 중심의 서사를 구축하며, 이러한 서사에 맞지

않는 것으로 보이는 삶들, 목소리들을 주변화한다.

치유의 지연은 영적 실패로 당사자에게 귀속되며, 신앙 공동체로부터 암묵적 비난, 비판을 받거나, 신앙 공동체의 지지와 격려 등 돌봄을 받기 어려운 상황이 가중된다. 또한 공동체에서 치유를 즉각적으로 나타내지 않는 개인을 배제, 고립시키고 그의 고통을 자연화한다. '기도하지 않아서 치유되지 않는다', '회개하지 않은-당사자 또는 당사자의 가족 등-죄로 인해 회복이 안 되는 것이다' 등등. 즉각적으로 치유되지 않는 것으로 보이는 질병/장애에 대해 교회 내 존재하는 규범/복원 서사는 당사자와 가족 개인의 책임을 묻는 방식으로 작동되며 오늘의 교회 현장에서 재생산되고 있다. 철학자 한병철은 현대 사회가 깊이 있는 서사를 잃고 정보와 스토리의 과잉에 시달리며, 성과를 강요하는 서사적 압력에 사로잡혀 있음을 지적한다. 신앙 공동체의 획일적인 치유/극복의 규범화된 서사는 오직 '회복'이라는 결과를 향한 성과주의적 압력으로 당사자에게 작동되며, 신앙 공동체에 있어서 타자의 고통에 대한 진정한 공감을 불가능하게 만드는 서사적 폭력으로 나타난다.

B유형: 다른 몸을 수용하는 서사

B유형은 기독교 방송 채널의 영상들, 유명 목회자의 질병 관련 설교영상 총 10개(⑪-⑳)를 선정했다. B유형에서 서사적 주체는 주로 목회자이며, 기독교 방송 중 대담프로그램(새롭게 하소서, 내가 매일 기쁘게)의 경우 채널의 신학적 입장을 대변, 반영하는 해석자로서 진행자가 추가된다. 앞서 A유형의 서사에 비하면, 질병서사는 질병의 고통 가운데 신학적 해석을 모색하는 탐구 서사의 양상을 나타낸다. 질병 당사자 또는 당사자를 돌보는

이로서 사역자는 신학적 성찰 가운데 질병 속 임재와 하나님의 인도하심, 성장, 동행이라는 과정 중심의 서사를 구축하며, 시청자들에게 신앙적 위로와 함께 질병을 바라보는 또 다른 관점을 제공한다.

이러한 서사는 질병을 개인화하는 복원 서사가 부여한 과도한 죄책감으로부터 질병 당사자를 분리하고, 보다 능동적인 주체로 복권하는 가능성을 열어준다. 반면 이러한 해석들은 당사자가 아닌 목회자 일방에 의한 해석이며, 위의 10개의 영상 가운데에서는 혼돈의 서사는 탐구 서사의 배음으로서 간략하게 나타나고 있다. 탐구의 서사를 보여주는 이러한 서사가 복원-혼돈-탐구의 자유로운 이행 과정의 이동성을 잃게 될 때, 이 또한 당사자 질병 경험을 도외시하면서 해석의 정답을 제시하는 또 다른 규범적 서사로 작용할 우려가 있다.

B유형에서 나타나는 질병의 원인

질병 원인 규정에 있어서 B유형의 영상들은 질병을 마귀의 공격으로 보거나 성도의 죄로 바라보는 영상과(⑱,⑲) 하나님의 선한 목적을 위해 하나님이 잠정적으로 허락하신 것으로 해석하는 서사가 혼재된 양상을 보인다.

[영상⑲ 00:00:35] 질병의 원인… 하나님으로부터 분리되어지고 죄가 들어옴으로 말미암아… 근원적으로 하나님의 역사가 없고 하나님과 분리되어지니까 그때부터 우리에게 인생의 고난과 질병까지 오게 되는 겁니다.

[영상⑲ 00:41:10] 하나님의 영광을 드러내는 병도 있습니다.

[영상⑲ 00:41:45] 나를 다듬어가는 병을 넘어 이를 통해 병 자체의 목적이

있는 사람이 있다는 것이죠. … 하나님 앞에 영광 돌리기 위해 십자가로 몸에 짊어지게 한 병이 있다는 거지요 하나님의 영광을 위한 병이라는 겁니다. [영상⑮ 00:52:10] 우리들이 가지고 있는 질병 가운데 이것이 육체적인 문제인지 영적인 문제인지 구별할 수 있는 지혜가 필요해요… 우리의 인생에 질병이 찾아오는 것은 굉장히 자연스러운 일이에요.

[영상⑳ 00:06:40] 하나님이 암을 주셨다고 그러는데 사실은 하나님이 암을 주신 게 아니에요… 이 땅은 낙원이 아니에요. … 그렇기 때문에 여기에는 질병도 있고 고난도 있고 아픔도… 슬픔도 있고. 이런 게 우리의 세상이에요. 그런 세상에서 살아가니까 … 이 사람도… 저 사람도 걸릴 수 있는 것이자… 고난 없이 사는 사람이 있나요?… 죄 없는 사람이 어디 있어요. 의인은 하나도 없다고 했는데… 죄 때문에 암에 걸린다거나 고난을 받는다면… 모든 사람이 다 받아야 해요.

인간이 질병과 고통에 대한 원인을 다 알 수 없는 것은 인간의 죄가 아닌 인간의 피조물로서의 취약성에 기인한다. 이러한 해석은 질병으로 고통을 겪은, 혹은 겪고 있는(녹화 당시) 목회자 자신이 혼돈의 서사 속 하나님께 올려드린 질문과 탐구, 신앙적 성찰의 여정과 맞닿아있다. 고통의 경험과 성찰 속에서 질병은 마귀의 공격이 아닌 인생의 필연적인 부분, 하나님과 동행하는 여정의 일부로 해석된다. B유형 영상에서 주로 나타나는 서사는 프랭크의 탐구 서사에 가깝다. 이러한 서사는 질병 당사자에게 질병에 대한 과도한 죄책감을 경감시키며, 질병 당사자를 자신의 삶, 질병을 성찰할 '역량'을 지닌 주체의 자리로 복권시킨다.

B유형이 말하는 치유의 전제 조건

B유형 영상 중 일부는 치유가 인간의 수행을 통해 달성되는 모습처럼 나타나기도, 규범서사의 모습으로 나타나기도 한다.

[영상⑱ 01:56:13] … 거듭나 하나님의 자녀가 되어야 치료받을 권리가 있으며, … 간접적인 죄나 직접적인 죄를 철저히 회개하고 기도해야 될 것입니다. … 넷째는 확신이 올 때까지… 인내의 기도를 해야 될 것이고 다섯째로 안수기도를 받을 것이고… 일곱째는… 감사의 제사를 드릴 때 그러면 하나님의 능력이 나타나서… 모든 병에서 고침을 받고 하나님이 정하신 수명대로 살 수 있게 되는 것입니다.

반면 탐구 서사를 보이는 영상의 경우 치유는 질병의 의학적 완치를 필수 요건으로 삼지 않는다. 질병이 발생한 것뿐 아니라, 치유의 과정도 하나님의 몫이다.

[영상⑮ 00:45:32] 이런 일이 일어날 거라고 예측했던 사람이 있습니까. … 우리의 손을 떠난 모든 일을 주관하시는 하나님이 계시다는 것을 우리가 믿을 때, 그 믿음이 우리로 하여금 기도하게 만듭니다.

이 유형에서 치유는 인간의 행위와 뚜렷한 인과관계를 나타내지 않으며, 다만 하나님의 은혜이다. 따라서 탐구 서사를 나타내는 10개의 영상에서 전반적으로 치유의 전제조건은 복원 서사에서 나타나는 순종(헌금 등 행위)이 아닌 내면의 성장으로 대체된다. 이 또한 객관적 수치로 측정, 평가되고, 완치로 직결되는 조건은 아니다.

> [영상⑤ 00:41:04] 육체와 마음의 질병… 그 고난 너머에 있는 것을 볼 수
> 있어야 될 것입니다. … 고난의 시간은 우리들에게 하나님이 분명히 주시는
> 응답의 시간이죠.
> [영상⑪ 1:15:16] (아직 종양은 그대로지만) 질병도 사용하시는 하나님. …
> 우리에게는… 사망선고와 같은 충격이고… 왜 나에게 하필… 그런 걸 외치
> 지만… 지금 이렇게 귀하게 사용하고 계신 거잖아요. 다 너무 감사해요.
> … 염려가 아직도 되고 많은 과정들이 있겠으나… 말 그대로 선한 영향력으
> 로 질병도 사용하시는 하나님이시기 때문에 너무 감사해요.

영상에서 만나는 이에게도 질병의 과정은 싸움으로 느껴질 만큼
고통스럽다. 그러나 질병 당사자는 고난 중에도 하나님과 동행하는 삶으로
나아가며, 신앙의 여정, 삶을 주체로서 성찰하며 해석하고 있다.

A유형의 규범 서사에서 질병은 마귀에 의한 침범으로 해석되며, 질병
에 대해 영적 전투로서 싸우고 정복하라는 이야기들이 주를 이룬다.
위 영상들에서도 병을 직면하고 이겨낼 것을 이야기하지만, 규범 서사(주로
A유형)에 비해 질병이나 암의 종양을 의인화, 악마화하거나 투병 과정을
승리할 무엇으로 나타내는 내용은 상대적으로 적다. B유형 영상들에서는
병 치료의 과정에서 고통에 대한 괴로움, 두려움 등을 토로하는 혼돈
서사가 나타나기도 하며, 당사자의 몸을 스스로가 전쟁터로 바라보기보다
는 고통을 신앙 안에서 인정하고 수용할 것을 강조한다. 질병의 고통은
견디기 어려운 일이지만, 이를 허락하신 하나님께 소망을 두고 인내할
것을 자신의 경험에 귀 기울이는 이들에게 전한다. 프랭크는 이와 관련하

여 '전투는 없었다. 변화의 가능성만이 있었다… 그 가능성이 실제가 되도록 하려면 고통과 노력이 필요했지만 싸울 필요는 없었다. 아픈 사람은 자신을 부드럽고 온화하게 대해야 한다'고 언급한 바 있다(A. Frank, 2002; 2004). 질병은 마라톤처럼 부단한 노력이 필요한 씨름의 과정이지만, 자신의 몸과 대결하는 싸움은 아니라는 탐구 서사의 관점이 B유형의 영상들에서 주로 발견되었다.

B유형에서 치유, 회복 그리고 고통의 처리

영상들에서는 질병이라는 고난의 과정에서 발견한 은혜에 대한 이야기가 나타난다. 영상 속 사역자에게 있어 질병은 하나님의 뜻(의미)을 발견하는 시간이자, 고난 중 평안을 발견한 시간, 새로운 소명과 부르심을 발견하는 시간, 새로운 정체성으로의 변화를 발견하는 점진적 이행이자 창조의 시간이었다. 이는 과정에서 의미를 발견하는 탐구 서사의 특징을 보여준다. 여기에서 시간은 질병이 야기하는 어려움으로 인해 기다림의 시간이자 고난의 시간이기도 하지만, 이러한 과정은 당사자(사역자/성도)가 발견한 은혜로 인해 가치 있는 일로 증언된다.

> [영상⑮ 00:57:05] 기도해서 병이 낫는 것도 참 중요한데 이 과정을 통해서… 하나님과 함께 동행하며 끝까지 투병하며 그렇게 돌아가신 것이 참 축복입니다.

여기에서 치유는 즉각적으로 나타나거나, 인간의 행위와 비례하여 극적인 사건으로 나타나지 않는다. 치유는 우리가 조절할 수 없는 것이며,

질병 또한 그러하다. 그러한 알 수 없음, 불확실성이 삶의 과정임을 인정하며, 질병의 지속과 만성적 질병, 죽음까지도 수용하는 이야기들을 접하게 된다. 복원 서사의 비현실적인 즉각성보다는 기다림에 가치를 부여하며, 질병 당사자에 대한 신앙 공동체의 지지를 제공한다. 이러한 서사는 각자가 고난, 질병을 통과하는 시간의 고유성과 상이성을 존중한다.

이 시간은 연단의 시간이기도 하며, 고통을 수용하고, 고통과 함께 살아가는 시간이다. 그러한 서사 속에서 당사자의 질병 이전과 이후의 삶은 통합적, 연속적 시간성을 나타낸다.

인정되는 결과 vs 음 소거 처리된 결과

탐구 서사가 주로 나타나는 B유형의 영상들에서, 질병의 최종 목표는 이전 삶으로의 복원이 아닌 성도의 성장, 성화, 연단, 소망과 소명의 발견, 평안 등으로 나타난다.

[영상⑪ 00:09:27] 수술을 하고… 병실 침대로 와서 누웠는데 이사야 40장 1절 말씀을 하나님이 마음으로 주시더라고요. … 내 백성을 위로하라 하는 것이었어요. … 하나님이 얼마나 마음이 아프시면… 너도 이제 겪어봤으니까 내 마음 알겠지… 니가 하면 위로할 수 있어… 이제 그래서 어 그래야 되겠다. … 나이 칠십에 새 소명으로 받은 거죠.

[영상⑯ 00:44:23] 지금도 제가 암환자라고 생각이 되십니까?… 이게 예수 그리스도의 신비입니다. 이럴 때 예수 그리스도를 전할 수 있지 않겠어요? … 사건이 쓰나미처럼 몰려와도… 거기서 하나님의 영광을 나타낼 수 있어

야 되지 않겠어요.

이는 결과보다는 치유의 과정에 주목하는 서사이다. A유형에서 주로 발견되는 복원 서사, 곧 결과로 성도의 신앙의 능력과 회복을 입증하거나, 사역자의 은사 또는 능력을 입증해야 하는 서사, 완치 중심의 서사와는 구별된다. 성도의 완치된 몸은 탐구 서사에서 지향하는 유일한 결과가 아니다. 질병의 고난 중에도 성도는 하나님과 연합하며, 고난 중에도 성장하고 하나님의 뜻을 식별하는 가능성을 지닌 주체로 자리매김한다. 탐구 서사는 궁극적으로 의미의 발견을 결론으로 제시하며, 치유되지 않은 몸도 그 자체로 이미 의미 있다는 긍정적 메시지를 신앙 공동체와 당사자에게 제공한다.

또 다른 서사적 압력이 될 우려

위에 열거된 제도권 미디어들은 온라인상에서의 기독교 선교를 위해 설립되었다.[6] 그중에는 몇몇 인지도 높은 프로그램들이 있는데, 단일 프로그램 내에서도 출연자에 따라 때로는 복원 중심의 서사가, 때로는 탐구 중심 서사가 강조되는 이질성이 나타나고 있다. B유형에서 나타나는 복원 서사는 A유형의 집회 속 극적인 장면들과 비교할 때 보다 세련되고 차분하고 설득적이며, 완곡한 표현 방식을 취한다. 진행자와의 대담 형식인 〈내가 매일 기쁘게〉, 〈새롭게 하소서〉의 경우 질병 등 고난의 과정에서 발견한 은혜를 목회자, 성도가 간증하는 형식으로 구성된다. 여기에서 "기도를 했더니 병이 나았다"와 같은 복원 서사와 그러한 과정에서 발견한 하나님의 은혜, 고난의 의미 발견은 탐구 서사의 양식을 띤다.

이는 프랭크가 언급한 바와 같이 세 유형을 이행적으로 오가는 우리 삶의 이야기에 내재한 특징일 수도 있다. 다른 한편으로는 제도권 미디어의 신학적 균형의 과제, 또는 시청자의 기대(병고침에 대한)와 시청률을 위해 복원과 탐구의 서사를 전략적으로 배치한 것으로도 해석이 가능하다. 난치병이 치유된 출연자의 경우, 그의 이야기에는 복원과 탐구의 서사 모두가 들어있으나, 동영상의 제목에서는 '기도했더니 병을 고쳐주신 하나님' 등 영웅담에 해당하는 복원 서사가 전면에 나타나고 있다. 이는 방송국의 시청률에 대한 고려로도 볼 수 있다. B유형의 미디어채널 영상에서 혼돈 서사는 출연자의 간증과 자막으로 나타나지만, 복원/탐구 서사와 마찬가지로 전면에 배치되지는 않는다.

중요하게 보아야 할 점은 이러한 영상들이 어떠한 서사를 생산하고 있는가 하는 점이다. 복원의 서사가 주목을 끄는 제목으로 전면에 주로 나타나고 있지만, 간증인의 주된 이야기는 고난 중에 하나님과 삶의 의미 등을 재발견한 탐구 서사를 보인다. 그런데 이러한 서사적 패턴은 시청자로 하여금 '모든 고통은 의미를 발견하는 데로 나아가야 한다'는 또 다른 서사의 규범을 제시할 우려가 있다. 혼돈의 서사가 거의 배경으로 처리되고, 질병의 의미 발견으로 나아가는 탐구 서사적 흐름은 질병 당사자로 하여금 고통에 대한 '의미 없음'의 사고를 허용하지 않는, 또 다른 형태의 서사적 압력으로 다가갈 수 있다. 그러한 서사가 지배적일 때, 혼돈을 겪고 있는 당사자의 목소리는 의사소통의 장에서 표현되기 어려울 것이다.

C유형: 대안 서사의 가능성

C유형은 이전 영상들과 다른 서사의 가능성을 보여준다. '신학놀이

터'는 2025년 소천하신 예수교장로회 통합 측 소속인 고 유주영 목사에 의해 2012년 9월 15일에 개설된 유튜브 채널이다. 구독자 5천여 명, 게시 영상은 129여 개에 달한다. 유 목사는 2023년 6월 담도암 4기 판정을 받은 이후 자신의 채널에 투병의 여정을 브이로그 형식으로 업로드해 왔다. 이 채널에서 그는 항암치료의 과정, 회복을 바라는 간절한 마음, 두려움, 통증의 어려움 등을 가감 없이 공개해 왔다.

> [2024년 12월 13일, 00:08:04]7 목요일에는 너무 아파서 막 소리치며 뒹굴면서 살려달라고 소리쳤어요. … 그때 처음으로 그런 생각하면 안 되지만 천국 갈 수도 있겠다는 생각까지 들더라고요. … 지금 제 삶의 목표는 딱 하나예요, 살고 싶거든요.

유 목사는 '살고 싶다'는 간절한 바람을 감추지 않는다. 그러나 치유를 위해 복원 서사를 강조하거나, 자신의 질병 경험을 극적으로 묘사하지도 않는다. 그는 암치료 과정 가운데 신앙인으로서, 사역자로서 맞닥뜨린 혼란, 두려움 등을 담담하게 내보인다. 댓글을 읽으며 시청자들의 아픔에 공감하기도 하고, 후원과 위로에 고맙다는 인사를 전하기도 한다. 그러한 장면들은 화면을 뛰어넘어 유 목사와 시청자 사이 실제 대화처럼 느껴지곤 했다.

그는 병으로 고통받았지만, 질병을 신앙의 실패, 삶의 실패로서 해석하지 않았다. 다만 그는 몸/삶에 대해 인간이 가지는 한계에 대해, 인간의 유한함에 대해 이야기했다. 질병은 삶에 불쑥 끼어든 뜻밖의 사건과도 같았지만, 질병과 함께 살아가는 여정 속에서 그는 자신의 언어로 경험을 해석하고, 자신의 몸과 더불어 세상과 하나님과 새로운 관계로 나아가고 있었다. 영상 전반을 볼 때, 유 목사의 영상들은 그가 고통과 삶에 대해, 하나님에 대해 자신의 언어로 해석하고 새로운 성찰로 나아가는 탐구의 여정을 보였다.

[2024년 9월 29일, 00:11:00] 아픔이 계속되면 정말 부끄럽지만 사람이 용기가 꺾일 때가 되게 많습니다. … 근데 오늘 오후예배를 들어가는데, 하나님이 제 마음속에 음성을 주신 건지… 그 말이 딱 들리더라구요. 너 하나님의 사람 주영아. 저도 모르게, 네, 라고 했어요. 근데 그 말이 저에게 큰 용기를 주더라고요. 연약해도, 주님 내 옆에 계시고, 그러니까. 포기하지만은 말자. 이 생각을 하게 됩니다.

[2024년 10월 1일, 00:11:27] 사람이 고통 앞에서 참 연약한 거 같아요. 그런데 제가 이 이야기를 왜 하냐 하면 우리가 고통 앞에서 자책하지 않았으면 좋겠어요. 내가 신앙이 부족해서 이 병에 걸린 것이다, 기도가 부족하니까 병이 안 낫는 것이다 이런 생각을 안 하셨으면 좋겠어요. 하나님 앞에서는 정말 완벽한 사람도 없고. 왜 고통이 찾아왔는지는 모르죠. 다만 주님은 우리가 아픈 걸 절대 원하지 않으시고 우리의 믿음이 심지어 부족해도… 우리 중에는 믿음이 강한 사람도 있을 거고 약한 사람도 있겠죠. 강한 사람도 아플 수 있고 약한 사람도 아플 수 있죠. 하나님은 누굴 사랑하시나? 다 사랑하신다는 거예요.

말기 암 선고 이후 그의 브이로그는 또 다른 양상을 나타냈다. 게시물 댓글창은 이후 더욱 활발한 의사소통의 장으로 변모해 갔다. 몸의 취약성을 절감하며 살아가는 다양한 이웃들이 저마다 항암 등 질병과 치료 경험을 공유하고, 유 목사의 통증과 어려움에 대해 공감하며 응원하고 있었다.

[ID: J****]8 목사님~ 이 영상 찍으며 "지금은 좀 편하게 있다" 하시며 행복해하
는 모습 넘 좋네요. 매일매일 힘내세요. … 고통을 우리 모두와 나눌 수 있길.
[ID: A****] 목사님께서 어머님께 너무 죄송하다고 하신 말씀. … 그 맘이 어떤
것인지 저는 너무나 알 것 같아요. … 주님께서 목사님과 목사님 어머니를
강하게 붙들어주실 것을 믿고 기도하겠습니다.

고 유주영 목사의 브이로그에서는 갑자기 찾아온 병에 대한 복잡하고
도 혼란스런 감정선 등 혼돈의 서사도 때때로 발견된다. 그는 그러한
자신의 이야기를 숨기거나 포장하지 않고 담담히 드러내며, 자기 자신과
일치되어 살아갔다. 그는 몸의 우연성, 취약성을 인간 삶의 본래 속성으로
이해했다. 그리고 자신의 경험, 자기 몸의 이야기들을 이야기 형식으로
다른 사람과 나누며 살아갔다. 유 목사의 영상들은 당면하고 있는 고통의
경험과 신앙이 하루하루의 일상과 어떻게 연결되고 힘을 발휘하게 되는지
를 목도하게 한다. 그의 이야기들은 고난의 뜻을 찾아가며, 그 가운데
하나님에 대한 새로운 통찰과 고백을 보여주는 탐구의 서사를 들려준다.
병의 치유를 원하지만 이를 죄의 탓으로 결론짓거나 완치를 위한 치유
방법을 매뉴얼화하는 규범 서사는 보이지 않는다. 그는 고난 당하고
있는 자기 자신을 책망하기보다, 삶의 여정 가운데 새롭게 다가오는
그리스도의 사랑을 새롭게 발견하고 구독자/시청자들에게 전한다. 그리
고 질병 당사자를 타자화하는 교회의 질병서사로 인해 마음 아파하는
이들에게 건네는 그의 이야기가 온기 가운데 전해진다. 댓글창은 서로
다른 이들이 자신의 질병 경험을 의미화하는 공간이자, 서로를 동등하게

존중하는 가운데 의사소통하며 관계를 맺어가는 공통의 공간이 되어갔다. 그의 브이로그에서 혼돈 서사와 탐구 서사의 생동감 있는 이행을 보게 되며, 댓글 커뮤니티를 통해 온라인상의 새로운 공동체—혼돈 서사와 탐구 서사를 모두 수용하는—의 가능성을 발견하게 된다.

교회의 질병서사 이행을 요청하며

이 글은 그간 질병 당사자에 대하여 신앙 공동체에서 지속되어온 주류 서사에 관해 질문하면서, 교회의 우세한 질병서사가 신앙 공동체의 의사소통을 가로막는 장벽이 되고 있다는 문제의식에서 시작되었다. 아서 프랭크가 제안한 세 가지 유형의 서사—복원 서사, 혼돈 서사, 탐구 서사—를 중심으로 현시대 한국교회의 질병서사 유형을 살펴보려 했으며 이를 위해 유튜브 채널의 개신교, 질병과 치유 관련 영상들을 선정, 분석했다.

그 결과 A유형에 해당하는 치유, 회복 관련 집회에서 주로 치유의 즉각성과 완치, 질병 당사자를 죄인으로 낙인찍는 언어의 재생산, 치유의 조건을 매뉴얼화하는 모습 등 복원/규범 서사가 우세함을 확인할 수 있었다. B유형의 영상들은 기독교방송 채널을 중심으로, 대형교회 목사, 이름난 사역자가 자신의 질병 경험을 간증하거나, 관련 주제로 설교한 영상들이었다. 여기에서는 질병을 낙인화하기보다 삶의 한 과정으로 이해하고 질병 당사자에게 보다 수용적이고 지지적이며, 고난의 여정 가운데 의미를 발견하는 탐구 서사가 우세했다. 그러나 이 두 유형 모두에서 혼돈의 서사는 배제 또는 축소되어 나타났다. 혼돈의 서사를 불편해하거나 비신앙적인 것으로 바라보는 교회의 서사 앞에서, 질병 당사자는 프랭크의 지적처럼 '질병의 두려움, 비통함 등을 드러내놓고 슬퍼'하기보다 침묵하는 편을 선택하거나, 아니면 공동체 안에서 받아들여질 만한 모습으로 자신의 경험을 이야기하는, 이른바 '맞춰주기' 방식으로 자신을 표현하게 된다(A. Frank, 1995).

반면 앞서 살펴본 C유형의 브이로그 등 영상들에서 우리는 '소통하는 (communicating) 몸'을 만나게 된다. 프랭크는 탐구 서사를 이야기하면서 취약성, 우연성을 삶의 근본적인 조건으로 이해하는 몸, 질병의 경험을 다른 사람들과 나누며 교감하는 몸, 자기 자신에 대해 증언하는 몸을 '소통하는 몸'으로 설명했다. 소통하는 몸은 이야기가 있는 몸이며, 의사소통의 상호교환 가운데 질병과 삶, 하나님의 의미를 새롭게 발견해가는 몸, 새로운 관계성을 여는 몸이다. 고 유주영 목사의 브이로그 속 서사들과 댓글창에서 나타난 소통의 기록들은 질병을 살아가는 이의 삶의 이야기를 존중하고 경청하는 신앙 공동체의 대안적 서사를 제시한다. 앞선 논의를 바탕으로, 한국교회 신앙 공동체의 질병서사의 전환을 위한 제언을 덧붙이고자 한다.

제언 하나: 혼돈 서사를 적극적으로 말하고 듣는 공동체로 나아가기

복원 서사에서 혼돈의 서사는 이탈적인 것으로 인식되어 왔으며, 고통의 시간은 무의미한 공백으로 여겨졌다. 그러나 고통의 시간을 외면하는 대신, 그 가운데 일어나는 혼돈의 이야기에 귀 기울이는 것은 상실과 취약성이─단지 당사자만의 것이 아니라─우리 삶의 일부분임을 인정하는 행위이기도 하다. 이러한 면에서 질병이 야기하는 상실과 고통에 대해, 질병이 삶에 야기하는 예측 불가능성, 불확실성, 모호한 상실, 삶의 취약성에 대해 침묵하는 공동체는 진정한 공동체가 아닌 껍데기에 불과할 것이다. 신앙 공동체에서 혼돈 서사를 당사자가 이야기하는 것, 혼돈 서사를 수용하는 것은 윤리적 문제일 뿐 아니라 신앙적 문제이기도 하다. 이는 당사자가 겪고 있는 고통을 안전하게 말할 권리를 존중하는 것이며, 치유되지 않은 몸 그대로도 질병 당사자가 공동체의 온전한 구성원임을 인정하는 것, 당사자가 자기 자신으로 존재할 수 있도록 하는 윤리적인 차원을 담지한다. 또한 혼돈 서사를 신앙 공동체에서 말하고, 이에 귀 기울이는 것은 성육신하신 그리스도께서 우리에게 보이신 사랑을 공동체의 자리에서 체현하는 신앙적 문제이기도 하다. 이러한 여정 속에서 혼돈의 서사는 삶과 세계, 하나님에 대한 새로운 이해로 나아가는 이야기의 출발점이 되며, 신앙 공동체는 주님의 증인 공동체로 성장할 수 있다.

앞서 나타난 A유형의 영상에서는 주로 규범 서사가, B유형의 영상에서는 탐구서사가 주를 이루는 가운데 규범서사도 나타남을 볼 수 있었다. 반면 혼돈 서사는 규범 서사에서 치유의 극적 효과를 강조하기 위해, 혹은 치유의 배경으로 사용되는 경우를 제외하면 대부분 '정상의 몸'에 있어 이질적, 이탈적인 것으로 배제되곤 했다. B유형에서도 혼돈의 서사는 제작진의 편집, 구성, 기획의 방침 속에서 재단되고 주변화된다.

영상에서뿐 아니라 지금까지 신앙 공동체 내에서 질병 당사자의 경험은 '간증'이라는 회상의 특정 방식, 실제로는 '회개-순종-완치'의 규범 서사 도식에 해당하는 방식이 주로 허용되어 왔으며, 교회는 혼돈의 서사를 드러내기 어려운 공간이 되어왔다. 이러한 서사적 환경을 이해하여 신앙 공동체는 혼돈 서사가 신앙 공동체 내에서 지속적으로 발화되고, 경청될 수 있도록 하기 위한 여건을 적극적으로 조성해야 한다. 어떠한 경우에도 질병 당사자의 이야기는 축소되거나 배척, 침묵되어야 할 문제거리가 아니다. 하나님이 지으신 존엄한 한 사람 한 사람 누구든지 신앙 공동체 내에서 자신의 이야기를 안전하게 표현할 수 있어야 한다.

당사자의 생생한 삶의 경험을 담고 있는 혼돈 서사의 말하기와 듣기의 여정은 신앙 공동체로 하여금 복원 서사의 폭력을 극복하게 하며, 질병과 고통과 함께 살아가는 공동체들이 어떻게 함께 하고 서로 돌보며 살아갈 것인지를 구체적으로 알려주는 기회이다. 혼돈의 서사, 그 가운데 경청과 말하기는 그리스도인들을 지금-여기에 임하시는 하나님의 뜻과 질병, 고난, 삶의 의미를 발견하는 탐구의 서사로 이끌며, 나아가 새로운 정체성으로 인도한다. 혼돈의 서사를 말하고 경청하는 교회 공동체에서, 우리 모두는 공동체와 사회의 서사적 압력 그리고 질병의 혹독함 가운데 빼앗겼던 목소리들을 되찾을 수 있다.

제언 둘: 질병서사를 '말하고 경청하는' 증인으로 그리스도께서 우리를 부르셨음을 인식하기

예수 그리스도의 부르심은 하나님의 말씀을 지금-여기에서 번역하며 증언하는 증인으로의 부르심이라 할 수 있다(D. Guder, 2000). 신앙 공동체는 그리스도에게 부르심 받고, 다시 세상 가운데로 파송 받은 '증인'들의 공동체이다. 증인은 증언, 곧 증거할 무엇을 가진 사람인데, 이러한 면에서 질병 당사자는 다른 이들이 가지지 못한 말, 곧 질병 관련 서사를 증언하는 '증인'들이다. 아픈 몸의 증인이 된 질병 당사자는 질병의 경험, 더 나아가 우리 삶의 실상과 의미를 알려주는 스토리텔러이다. 혼돈의 서사가 발화되기 어려운 까닭은 우리 자신이 질병, 장애, 고통에 대해 접해본 일이

거의 없다는 사실과 밀접하게 연관된다. 질병 당사자의 아픔을 접하거나 배우지 못했기에 혼돈의 서사를 접할 때 당황하고 불안해져 자리를 피하려 들 수 있다. 그럴 때 소통은 불가능하다. 그러나 단절보다 경청을 선택한다면, 혼돈 서사는 우리를 삶의 더 깊은 진실과 마주하게 만든다. 질병 당사자의 어려움과 그가 경험하는 사건들의 생생한 이야기가 담긴 혼돈의 서사는 듣는 이들로 하여금 질병, 곧 누구에게든 찾아올 수 있는 삶의 한 국면에 대해 성찰하고 배울 기회를 개인과 공동체에 제공한다. 혼돈의 서사에 귀 기울이는 것은 곧 취약성을 가진 우리 각자가 "살아내야 할 경험들을 다루는 것이며, … 인간을 있는 그대로 받아들이는 행위"이기도 하다(A. Frank, 1995; 1998). 다른 이들의 이야기에 귀 기울이며 주체는 이야기뿐 아니라 삶을 존중하는 방법과 감각을 배우게 되며, 나아가 자신의 이야기를 존중하는 태도를 익히게 된다. 또한 듣기와 말하기는 프랭크가 지적한 바처럼 인간이기에 겪는 고통에 귀 기울이면서, 나 또한 고통을 겪고 언젠가 죽음을 맞이하리라는 것을 일깨워주는 일, '온전한 전체 안에서 나의 자리가 어디인지' 알려주는 행위이다. 동시에 나와 이웃, 나와 하나님과의 올바른 관계성으로 이끄는 행위이다. 그리스도의 증인으로의 부르심은 질병 당사자의 이야기에 귀 기울이는 '듣기'와 당사자의 '말하기'의 책임과 이를 기반으로 한 관계성을 나타낸다.

프랭크는 두려움, 슬픔, 우울, 고통 등이 늘 병원으로 달려가고, 싸우고, 극복해야 할 문제는 아니라고 한다. 인간의 취약성과 연약함, 질병의 와중에 나타나는 혼돈의 서사들은 단지 질병의 존재를 한 사람의 삶에서 확인시켜 주거나, 치료받고 없애야 할 문제로 내버려두지 않는다. 이야기를 선별하고 침묵하는 대신, 상처를 말하는 것은 당사자가 온전한 치유로 나아가는 데 있어, 나아가 삶의 의미를 발견하고 통합하는 데 있어서 중요한 관건이 된다. 신앙 공동체는 질병 당사자가 자신의 고유한 경험과 정서 등이 담긴 혼돈의 서사가 배제되거나 검열받지 않고 수용되도록 자유로운 의사소통 문화를 조성해야 한다. 당사자는 말하는 주체로서 자신의 질병을 잘 표현하여 구성원들로 하여금 배우게 할 책임이 있으며, 다른 구성원들은 경청하고 배울 책임이 있다. 질병 당사자의 목소리에 귀 기울이는 공동체, 함께 말하고 들으며 당사자의 상실에 함께 애도하는 공동체, 목소리의 침묵과 배제를 허용하지 않는 공동체는 그러한 대화적 의사소통 가운데 새로운 관계성으로 나아갈 수 있을 것이다. 그럴 때 한 사람 한 사람의 서사는 더 이상 고립된 고통에 기록에 머물지 않고 공명하고 연결되며, 신앙 공동체는 질병을 바라보는 새로운 서사, 새로운 삶의 이야기를 함께 써나가게 될 것이다.

제언 셋: '아픈 몸', '다른 몸'을 기본값으로 하는 몸 담론의 신학적 재구성

복원의 서사는 신앙 공동체 안에서 질병을 죄, 마귀 등으로 인한 손상이나 영적 실패 등으로 바라보며, 당사자에게 도덕적 낙인을 씌운다. 이러한 질병의 개인화는 당사자에게 죄책감과 수치심, 고립감을 준다. 아픈 몸을 살아가는 이웃들은 자책과 무력감 속에서 삶에 적응할 에너지를 잃어버릴 수 있다. 손택은 질병을 은유화하는 행위가 치유되지 않은 몸에 대한 도덕적 낙인으로 이어지는 교회의 모습을 비판하면서, 이는 질병의 개인 외적, 사회적 원인을 지우고 탈정치화하는 것임을 지적한 바 있다. 그러한 문화가 만연한 사회에서 복원 서사는 일상화된 담론의 양태로 지속된다. '건강을 잃으면 모든 것을 잃는다'고 주장하는 건강중심주의, 비장애중심주의 사회 속에서 건강한 몸은 표준이자 삶의 온전함을 뜻한다.

몸이 아프신 권사님, 장로님들은 종종 '내가 죄가 많아서', '내가 기도하지 않아서'라는 말씀을 하시곤 한다. 구약의 모세 오경에서 장애, 질병을 가진 몸들은 '죄인'으로 나타난다. 그러나 예수는 장애, 질병이 당사자 또는 부모의 죄, 하나님의 징계라고 보았던 당대 사람들에게 "그에게서 하나님이 하시는 일을 나타내고자 하심"이라고 대답하셨다(요 9:3). 예수 그리스도에게 있어 눈앞의 사람이 장애인인지 아닌지, 율법이 말하는 죄인에 해당하는지 아닌지는 주요 관심사가 아니었다. 당대의 종교적 관점 가운데 죄인으로 낙인찍히고 공동체로부터 밀려난 이들, 곧—조한진희의 표현처럼⁹—"건강을 잃고 다른 모든 것도 잃어버린" 이스라엘 사회의 사람들을 부르시고, 하나님의 존엄한 자녀로서 새로운 정체성과 관계성으로 초대하셨다.

예수 그리스도의 말씀 그리고 그분의 공생애를 기억하며 우리는 무엇이 '정상'인가에 대해, '정상의 몸'에 대해 우리의 서사뿐 아니라 신학 또한 재구성해야 한다. 아프지 않은 몸을 표준으로 하는 공동체, 그러한 공동체 신학은 우리가 체현하는 실제의 삶과도, 복음과도 괴리가 있는 것이기 때문이다. 조한진희의 제안처럼 병의 몸뿐 아니라 수많은 다른 몸들—난민의 몸, 노년의 몸, 아이의 몸 등—과 살아가는 것이 우리의 삶이며, 따라서 '건강한 몸' 곧 비장애의 몸이 아니라 '아픈 몸'이 기본값이 되어야 한다. 웬델의 통찰처럼 "아프지 않은 몸이 '정상'이 아니라 질병, 장애가 있는 몸을 존재의 정상적 상태로" 두어야 한다(수전 웬델, 2013). 우리는 수많은 다른 몸들과 더불어 살아가고 있을 뿐 아니라, 각자의 몸 또한 질병 또는 노화 등으로 인해 매순간 달라지는 몸, 어제와는 다른 몸을 살아가고 있다. 따라서 우리의 몸은 늘 변화하는 몸이고 때때로 아픈 몸이며, 통제 불가능한 몸이다(록산 게이, 2018; 조한진희, 2019). 이러한 관점에서 몸에 관한 서사와 신학은 '다른 몸'이 우리 몸의 '정상'이라는 패러다임의 전환뿐 아니라, 더 나아가 '소통하는 몸'으로 이행되어야 한다.

프랭크는 네 가지 몸의 개념을 제시하는데, 훈육된(disciplined) 몸, 비추는(mirroring) 몸, 지배하는(dominating) 몸, 소통하는(com municating) 몸이다. 훈육된 몸은 사회의 규범 서사에 길들여진 몸이다. 비추는 몸은 대중문화 등 사회의 기대를 반영하고 투영하는 몸이자 조형적 몸—상품처럼 관리하고 통제하여 만드는—을 뜻한다. 지배하는 몸은 힘을 통해 스스로를 규정하는 몸이다. 프랭크는 이러한 세 가지 몸 중 어느 하나에 고착되어서는 안 된다고 강조하면서, '소통하는 몸'을 제안한다. 이는 시시각각 변화하는 몸의 우연성과 취약성을 근본 속성으로 이해하며, 이야기를 통해 자신의 몸 그리고 몸의 경험을 타인들과 소통하고 증언하는 몸이다. 사회의 표준이 되어야 할 몸은 '건강한 몸'이 아니라, 다른 몸, 구체적으로는 '소통하는 몸'으로 볼 수 있다. '아픈 몸'을 대상화, 주변화하는 교회의 주류-규범-서사는 '다른 몸'들과 새로운 관계성으로 나아가는 '소통하는 몸' 중심의 서사와 신학으로 나아가야 한다.

신앙 공동체 질병서사의 전환을 요청하며

질병, 장애, 고통은 우리 각자가 선택할 수 없이 내던져지는 삶의 현실이다. 그러나 그 시간은 세상의 주류 서사에 물음을 제기하면서, 이전에 경험하고 간직했던 이야기들과는 새로운 사회의 모습, 삶의 이야기들을 출현시킨다. 이러한 점에서 질병과 장애는 그저 '상실'로 단순화할 수 없는 삶의 조건이다. 그 속에는 치열하게 그 시간을 살아내는 사람들의 이야기가 있다. 스토리 중독의 현시대는 침묵을 허용하지 않지만, 정작 자신만의 고유한 삶의 이야기를 발견하기 어려운 '서사 위기'의 시대이기도 하다(한병철, 2023). 서사 위기의 시대 이면에서 넘실대던 서사들—질병당사자의 질병 체험 서사, 체현한 삶의 이야기들—은 더 많이 말해지고, 들려야 한다. 당사자의 질병서사는 아라이가 지적한 '입을 다물리는 압력'이 높아지는 사회에 저항하는 대항 서사이기도 하다.

돌아보면 사회에서도, 병원에서도, 교회에서도, 당사자 중심의 질병서사를 접하기란 쉽지 않다. 신앙 공동체 안팎에서도 질병 당사자의 침묵을 자연화하는 말, 내리 쌓인 말의 압력들이 있다. 도로테 죌레는 고난을 이야기하면서, 고난 극복의 첫 단계로 '침묵하게 만드는 고난으로부터 끌어낼 언어를 찾는 것' 그리고 '침묵하게 만드는 고통'을 정상적인 것으로 바라보는 시각으로부터 물러설 것을 제안한다(D. 죌레, 1993). 프랭크의 질병서사는 질병당사자를 침묵하게 만드는 말의 압력 그리고 이러한 서사를 정당화하고 재생산하는 '정상성', '정상의 몸' 서사로부터 신앙 공동체가 자유롭지 않음을 돌아보게 한다. 건강한/젊은/남성의 몸 등의 '정상성'을 제시하는 복원 서사 앞에서 질병은 도덕적 판단 앞에 놓이고, 당사자의 목소리와 경험은 부정되어 왔다. 프랭크의 논의는 질병 당사자에 대한 타자화와 낙인의 기원을 보게 하며, 지금 한국교회의 질병서사가 어디에 위치하고 있는지를 생각하게 한다.

복원 서사만을 유일한 결론으로 당연시하기보다 우리의 삶, 몸의 취약성을 인식하고, 진리가 내 안에서 유래하지 않는다는 것을 인식할 필요가 있다(M. Bakhtin, 1990). 타인의 증언에 귀 기울이며 교회의 질병서사는 규범/복원의 서사를 뛰어넘어 혼돈의 서사 그리고 탐구의 서사로 나아가야 한다. 이는 신앙 공동체가 예수 그리스도를 통해 도래한 삶의 '온전함'과 풍성함을 개인과 공동체의 삶에 구체적으로 적용하는 일이다.

이를 위해 교회의 사역자들은 몸에 대해, 하나님의 일하심에 대해 하나의 정답만 붙들고 제시하는 해석적 특권의 위치에서 내려올 필요가 있다. 그러한 회심 가운데 아픈 사람에게 귀 기울이며 '있기 어려운' 시간을 버티는 이들과 함께 머무는 신앙 공동체로 나아가도록 헌신해야 한다. 그럴 때 공동체는 아픈 사람들이 자신을 표현할 안전한 공간, 하나님께 새롭게 나아가는 가능성의 공간이 될 것이다. 또한 목회자와 신앙 공동체는 시시각각 변화하는 아픈 사람의 필요와 감정을 세심하게 알아차리고 공감하며 동행하는 목회적 돌봄을 실천할 수 있다.

얼마 전 연구자는 뚜렛장애 청년 당사자들로부터 다음과 같은 경험담을 접했다. 미사/예배에 참석하고 싶었지만 사역자들로부터 "다른 성도들에게 방해가 되니 자모실에서 미사를 드리라", "유아부실 또는 유튜브로 예배를 드리라"는 권고를 받았다는 이야기였다. 그들은 신앙 공동체로부터 느낀 소외감, 슬픔, 억울함, 심지어 '죽고 싶다'는 심정을 토로하였다. 그러한 말은 당사자에게 있어 신앙 공동체가—그중 한 청년의 표현을 빌리면—'좋은 말로 타이르듯이 쫓아내는 교회'로 느껴지게 만든다. 교회란, 목회적 돌봄이란, 공동체란 무엇인지 다시금 많은 생각이 든다.

언젠가는 우리 모두 질병과 상실, 상처를 경험한 스토리텔러가 될 것이다. 손택의 지적처럼, 누구나 건강의 왕국과 질병의 왕국이라는 두 곳의 시민권을 갖고 태어나며, 어느 한 곳에만 머무는 사람은 없을 것이다 (수전 손택, 2022). 인간은 취약하기에, 그저 인간이기에 구약성서의 욥처럼 불행을, 고통을, 질병을 때로 만날 것이다. 이는 우리 모두의 공통기반이다.

그러나 결코 평가절하되거나 침묵, 배제될 수 없는 목소리의 존엄 또한 우리의 공통기반이다. 함께 아파하고 함께 겪을 때, 그러한 지지와 연대 속에서 인간의 고통은 나눌만하고, 견딜만한 것이 된다. 그러한 소통과 관계가 일어나는 곳이 생명을 품고 살리는 주님이 일하시는 교회의 모습일 것이다.

글을 마무리하며, 질병 당사자 한 사람 한 사람이 질병의 '전문가'로서 질병 경험과 삶을 이야기하고 존중받을 수 있도록 교회의 서사적 이행을 요청한다. 복원 서사의 서사적 압력 속에서 침묵하고 개별화되었던 당사자들을 포함한 모두가 동등한 목소리의 존엄을 되찾는 교회, 이러한 변화가 세상으로 이어져 '다른 몸'들이 몸의 기준이 되는 세상이 되는 날을 상상해 본다. 소외된 우리 이웃들의 이야기가 들려오고, 구성원들은 귀 기울이며 서로 나누는 가운데 다른 몸들이 우리의 삶 가운데 제공하는 풍성한 기회들을 누리는 공동체, 다른 몸들의 연대가 이어지는 공동체가 되길 바란다. 그러한 실천 가운데 크신 하나님을 발견해 가며 이를 세상에 고백하고 증거하는 증언공동체로서 그리스도의 교회가 세워져 나가기를 기대한다. 그리할 때 교회는 비장애인, 장애인, 질병 당사자 등의 구분 없이 모두가 존엄을 보호받고, 서로를 돌보는 대화적 관계성으로, 진정한 그리스도의 한 몸 공동체로 나아갈 수 있을 것이다.

주

1 연구자는 '서사'(Narrative) 실종의 상황에 대한 비판으로서 서사 대신 '플롯(Plot)'을 언급했다. 서사 곧 이야기는 각 주체의 고유한 목소리 및 M. 바흐친이 언급한 바와 같이 주체의 반복 불가능한 유일회적 경험을 담지한 사건으로서의 성격을 띤다. 또한 서사는 말하는 주체의 관점과 감정, 이야기가 담고 있는 의미와 전달에 초점을 둔다. 반면 플롯은 이야기를 구성하는 사건들을 배열하고, 전개하는 이야기 구성의 기본 요소로 이해할 수 있다. 따라서 말하는 주체의 고유성에 기반한 서사는 재현 불가능한 특징을 갖지만, 플롯은 경험의 당사자와 무관하게 작동된다(플롯에 대한 M. 바흐친의 비판은 후술 참고). 아서 프랭크 또한 자신이 분석한 서사의 세 유형분석과 관련하여, 이러한 유형론이 이야기에 담긴 각자의 고유한 삶의 이야기를 충실히 다루지 않고, 이야기의 고유성을 축소, 단순화할 우려가 있음을 언급한 바 있다.

2 아서 프랭크는 질환(Disease)과 질병(Illness)을 구분하는데, 질병서사가 질환을 앓으며 살아가는 환자의 삶에서 일어나고 있는 정서 등 경험들을 포함하는 개념이라면, 질환은 생리학으로 몸을 환원하여, 환자의 신체를 질환이 발생하고 있는 현장으로 보고, 객관적인 데이터들로 측정하는 것을 의미한다. 근대의학에서 바라보는 병에 대한 이해는 후자에 가깝다.

3 특히 치료의 목표가 완치보다는 조절을 목표로 나아가는 만성질환자들, 신경다양성 당사자 또는 그들을 돌보는 가족의 경우도 이에 해당될 수 있다. 폴린 보스 박사가 제안한 '모호한 상실' 개념은 건강이라는 소위 '정상상태'를 벗어난 이들에게 있어 해결책을 찾으려는 시도들 또한 수포로 돌아간 상황, 마치 안갯속을 걷는 듯한 상황에 있는 이들이 느끼는 불안, 공포, 무기력, 얼어붙음, 고립감, 상실감 등을 설명하기에 타당한 듯 보인다. 질병, 장애로 인해 기존 서사의 균열, 와해에 직면한 이들은 통증 및 증상의 지속과 재발, 호전의 희망이 불투명할 때 병 이전의 삶 곧 과거에 대해 온전히 애도할 수도, 앞으로 나아가기도 어려운 모호함과 상실감을 동시에 느낄 수 있다. 이들이 기존에 갖고 있던 언어는 현재 자신의 생각과 감정을 온전히 담아내기 어렵다는 점도 이유가 된다. 따라서 혼돈의 서사는 '모호한 상실'에 처한 이들에게서 보다 두드러지게 나타날 수 있다.

4 본 연구에서 조회수는 2025년 7~10월 유튜브에 공개된 수치를 수집하였다. 원고 제출 직전 2026년 2월 28일 20:20 기준으로 일괄 확인하여 변동 사항을 최종 반영하였다. 일부 영상은 최종 집계 시점 이전에 유튜브 상에서 삭제되어, 내용상 유사한 대체 영상으로 교체하여 분석에 반영하였다. 치유집회 영상의 경우, 일정 게시 기간이

경과한 뒤 삭제되고, 치유 장면 등 일부 장면만을 숏츠(shorts)형태로 재가공하여 게시하는 사례가 다수 확인되었다.

5 유튜브 영상 분석에 있어서 A유형과 B유형에 해당하는 영상 자료의 발화 인용은 해당 영상의 번호와 타임코드(시:분:초)를 병기하여 표기하였다. 여기에서 영상 번호는 표본영상 목록에 기재한 순서에 따라 부여하였다.

6 https://www.cbs.co.kr/love/main.

7 C유형의 경우 질병 당사자 1인이 운영한 한 개의 채널 내의 영상들을 인용하였으므로, 발화 인용은 영상의 해당 날짜와 타임코드(시:분:초)를 병기하여 표기했다.

8 영상의 댓글을 인용한 경우, 작성자의 익명성 보호를 위해 인용글 앞에 아이디 일부를 특수문자(*)로 처리하여 개인 식별 가능성을 최소화하였다.

9 조한진희는 다음과 같이 질문한다. "건강을 잃어도 아무것도 잃어버리지 않는 사회, 그러한 삶은 불가능한가?" 그는 건강을 잃으면 모든 것을 잃는 게 아니라, 모든 것을 잃어버리게 만드는 사회가 있을 뿐이라고 지적한다.

참고문헌

쵤레, 도로테. 『고난』. 최미영, 채수일 옮김. 천안군: 한국신학연구소, 1993.

도열, 레슬리. 『무엇이 여성을 병들게 하는가: 젠더와 건강의 정치경제학』. 김남순 외 옮김. 파주: 한울, 2010.

게이, 록산. 『헝거: 몸과 허기에 관한 고백』. 노지양 옮김. 파주: 사이행성, 2018.

오로크, 메건. 『보이지 않는 질병의 왕국-만성질환 혹은 이해받지 못하는 병과 함께 산다는 것』. 진영인 옮김. 서울: 부키(주), 2023.

바흐친, M. 『도스또예프스끼의 시학: 도스또예프스끼 창작의 제(諸)문제』. 김근식 옮김. 서울: 정음사, 1988.

손택, 수전. 『은유로서의 질병』. 이재원 옮김. 서울: 이후, 2002.

웬델, 수전. 『거부당한 몸』. 강진영, 김은정, 황지성 옮김. 서울: 그린비, 2013.

유키, 아라이. 『말에 구원받는다는 것: 삶을 파괴하는 말들에지지 않기』. 배형은 옮김. 서울: 'ㅁ' : 메디치미디어, 2023.

클라인먼, 아서. 『우리의 아픔엔 서사가 있다』. 이예리 옮김. 서울: 사이, 2022.

안희제, 이다을. 『몸이 말이 될 때 : 우리의 세계를 넓히는 질병의 언어들』. 파주: 도서출판 동녘, 2022.

엄미옥. "질병서사에 나타난 고통의 언어와 증언의 윤리 ─ 젊은 여성 질병서사를 중심으로." 「한국문학논총」 89 (2021): 603-638.

오희승. 『적절한 고통의 언어를 찾아가는 중입니다』. 서울: 그래도봄, 2022.

보이어, 앤. 『언다잉: 고통, 취약성, 필멸성, 의학, 예술, 시간, 꿈, 데이터, 소진, 암, 돌봄』. 양미래 옮김. 서울 : Play Time, 2021.

이해수. "브이로그에 나타난 질병 스토리텔링과 이야기 정체성." 「문화콘텐츠연구」 31 (2024): 7-52.

클레어, 일라이. 『눈부시게 불완전한』. 하은빈 옮김. 서울: 도서출판 동아시아, 2023.

정미옥. "'아픈 몸들'에 대한 사유: 질병 서사." 「문화와 융합」 46 (2024): 85-96.

정보라. "신앙공동체와 질병체험서사에 관한 연구: 회복사회를 위한 요청." 「목회와 상담」 30 (2022): 137-175.

조한진희. 『아파도 미안하지 않습니다: 어느 페미니스트의 질병 관통기』. 파주: 도서출판 동녘, 2019.

조한진희. "질병권(疾病權), 아플 권리로 다시 만나는 세계." 「한국사회보장학회 정기
  학술발표논문집」 27 (2020): 461-474.

크로스비, 크리스티나. 『와해된 몸: 크나큰 고통 하루를 살아가다』. 최이슬기 옮김.
  성남: 에디투스, 2024.

보스, 폴린. 『모호한 상실 (해결되지 않는 슬픔이 우리를 덮칠 때)』. 임재희 옮김. 파주:
  작가정신, 2023.

아가왈, 프라기야. 『편견의 이유: 행동과학자가 밝혀낸 차별과 혐오의 기원』. 이재경
  옮김. 서울: 반니, 2021.

한병철. 『서사의 위기』. 최지수 옮김. 파주: 다산초당, 2023.

황임경. "질병체험과 서사." 「의철학연구」 제10집 (2010): 3-28.

Bakhtin, M. M. *Art and Anrwerability: Early Philosophical Essay*. Trans. Holquist,
  M. Austin: University of Texas Press, 1990.

_____. *Toward a Philosophy of the Act*. Trans. Holquist, M. Austin, Texas: University
  of Texas Press, 1993.

_____. *The Dialogic Imagination: Four Essays*. Trans. Holquist, M. & Emerson,
  C. Austin: University of Texas Press, 1981.

Broyard, Anatole. *Intoxicated by My Illness*. New York: Clarkson Potter, 1992.

Frank, Arthur W. *At the Will of the Body: Reflections on Illness*. Boston: Houghton
  Mifflin, 2002.

_____. *The Wounded Storyteller: Body, Illness, and Ethics*. Chicago: University of
  Chicago Press, 1995.

_____. *The Renewal of Generosity: llness, Medicine, and How to Live*. Chicago:
  University of Chicago Press, 2004.

_____. *Letting Stories Breath: A Socio-narratology*. Chicago; London: University
  of Chicago Press, 2010.

Guder, Darrell L. *The Continuing Conversion of the Church*. Grand Rapids, Mich.:
  W.B. Eerdmans Pub., 2000.

김용은

연세대학교 학부에서 신학을 전공하고, 졸업 후 다큐멘터리 작업자로 여성 노숙인 등 우리 사회 이웃들을 만났다. 한 교회에서 전도사로 있다가 해외 무슬림 지역 선교사로 나가 4년여간 무슬림 여성들을 만났다. 임신으로 인한 몸의 변화, 선교지에서의 자가면역질환, 귀국 후 암 수술 등을 계기로 몸에 대해, 몸에 대한 교회의 신학에 대해 고민을 심화해 갔다. 장로회신학대학교 대학원 교역학 석사(M. Div.), 연세대학교 선교학 박사학위(Ph. D.)를 받고 현재는 한 교회의 협동목사로서, 연세대학교 부설 기독교문화연구소, 한국뚜렛병협회 등에서 활동 중이다. 교회 공동체가 가진 하나님 나라의 가능성을 기대하며, 교회를 통해 아들을 포함한 이 땅의 장애인, 여성, 소수자 들이 고유한 목소리를 되찾고 존엄하게 살아가는 세상이 오기를 꿈꾸고 고민하며 살아가고 있다.

말할 것인가, 응답할 것인가
욥기와 레비나스가 묻는 소통의 길

소통 과잉의 시대, 우리는 연결되었는가?

소통 과잉의 시대다. SNS와 미디어 댓글부터 스마트폰 알림에 이르기까지 소통 채널은 항시 열려 있다. 그러나 역설적으로 많은 연결에 의한 문자화된 언어들이 소통을 풍성하게 하는지는 의문이다. 과도한 정보는 피로감을 높이거나 가볍게 소비되기 쉽다. 그리고 사람들은 대체로 자기 생각을 강화해 주는 글이나 정보에 '좋아요'로 소통하니 다른 의견 청취가 더 어려워지는 것은 아닌지 의구심이 든다. '좋아요' 이모티콘은 기분을 좋게 하고 자기 동일성 추구 본능과 어울려 심리적 안정감까지 준다. 그러나 일상 깊숙이 시공간을 초월하여 파고든 온라인 연결망은 불쾌한 소식들까지 수시로 전달하기에 분노를 자극하고 오해를 키우기도 한다. 더 나아가 자칫 확증 편향을 낳고 사회적 갈등을 부추기고 자기중심적인 집착 또는 배타적인 집단의식을 강화한다. 때로는 서로에 대한 이해 추구보다는 보여주기 위한 말이나 자기 과시 수단이 되기도 한다.

물론 모든 사건과 사물과 관계 이면에는 빛과 어둠이 공존한다. 강력한 온라인 연결망을 통해 집단지성을 생산하는 광장의 거대한 물결은 지워졌던 목소리를 들리게 하여 사람들의 숨구멍이 되기도 하고, 역사의 흐름을 바꾸는 개혁의 깃발이 되어 연대 의식을 강화하기도 한다. 반면 어떤 말들은 군중심리를 자극하여 진의를 못 보게 하거나 훼손할 위험성도 집요하게 따라붙는다. 이 위험성 때문에 말하기를 멈출 수 없지만, 섬세한 관찰과 사유 없는 말의 과잉은 소통이 아닌 불통의 불씨가 될 위험성을 안고 있다.

촘촘한 연결망은 소통이라는 이름으로 확증 편향을 강화하여 누군가는 회피와 고립을 선택하고, 누군가는 자기 중심성의 감옥에 갇혀 타자를 향한 깊은 이해는 점점 더 멀어지고 혐오 문화를 양산하기도 한다. 무엇보다 각자도생의 살벌한 현실에서 말의 과잉은 도리어 타자에게 벽을 세우고 다양한 형태로 분화된 삶의 고통을 악화시킨다. 이러한 시대 유감 속에서 이 글은 논쟁적 성격이 강한 구약 지혜문학 중 욥기와 현대 철학자 임마누엘 레비나스(Emmanuel Levinas)의 타자성과 관계 윤리 측면에서 욥과 친구들 사이의 신학적 인식론적 도덕적 충돌을 되짚어보며 고정된 신학의 한계성을 들추어 반성적 성찰의 시간을 마련하자는 취지다. 레비나스는 "신과 인간의 관계를 중시한 유대인 전통과 신앙에 충실한"[1] 그러나 동시에 인종 대학살의 피해자라는 자기 민족의 정체성과 씨름하며 인종, 문화, 종교 차이에서 오는 편견을 넘어 보편적 휴머니즘 윤리학을 세워간 인물로 평가받는다.[2] 이에 욥과 친구들 사이의 논쟁적 대화와 레비나스 철학의 만남을 시도해 봤다.

욥기는 욥과 친구들 사이의 시적 논쟁의 성격 때문에(3-37장) "논쟁 문학" 장르로 규정되곤 한다.[3] 특히 욥과 친구들 사이의 시문 형식의 논쟁적 대화는 타자와 관계를 맺으며 고통을 겪는 자 앞에서 다른 생각을 가진 이들과 어떻게 말해야 하고, 어떻게 말할 수 있는가에 대한 소통의 윤리적 물음을 제기한다. 욥은 신체적 고통과 정신착란을 일으킬 정도의 내적 고통으로 불멸의 밤을 보낸다. 욥을 위로하기 위해 친구들이 방문했지만, 소통의 부재가 그의 괴로움과 아픔을 증폭할 뿐이다. 소통을 가로막는 가장 큰 문제를 두 가지로 압축할 수 있다. 첫째, 지식의 편향성 문제다. 욥의 친구들은 욥과 같은 지혜 전통 속에서 하나님에 대한 지식을 공유했지만, 그들은 이스라엘의 신앙고백과 신학적 토대인 "공통 신학"(common theology)[4]과 연결된 보응 교리 곧 정형화된 신학에 편향되어 있었다. 둘째, 친구들의 과도한 자기 확신과 성급한 일반화를 절대화하는 언어의 문제다. 친구들의 과도한 자기 확신은 욥의 상황성과 숨겨진 진실을 외면했고, 이에 촉발된 그들의 논쟁적 대화는 공중에서 부유하는 먼지처럼 흩어져 접점을 찾을 수 없게 했다. 욥은 하나님에 대한 지식의 동일성 즉 보응 논리를 비집고 들어가 '비동일성', 즉 '차이'를 드러냄으로써 친구들로부터 거부당한 진실을 밝히려고 애쓰지만, 그만의 고유한 타자성의 자리마저 잃게 된다.

다행히 욥기의 보응 신학 문제는 이미 신학자들 사이에서 수도 없이 비판적 논의를 거듭해 왔고 교회 현장에도 영향을 끼치고 있어 균형 잡힌 해석을 향해 가고 있다. 하지만 여전히 현실의 제도 교회는 욥의 친구들이 떠받드는 보응 신학 중심의 해석이 공존하는 과도기적인 상태다. 이러한 이유에서 이 글은 욥과 친구들 사이의 논쟁을 소통의 부재로 보고, 레비나스의 타자 윤리와 '얼굴' 개념을 해석의 틀로 삼아 좀 더 정밀한 이해를 시도하는 하나의 실험이다. '얼굴'은 전통 철학이 세계를 이해하고 설명하려 했던 동일화의 논리에 매몰되어 타자의 고유성과 낯섦을 지우는 폭력을 자행했다는 레비나스의 비판에 근거한 용어다.[5] 레비나스가 말하는 소통은 정보 교환이나 이해의 과정이 아니라, 타자에게 응답하는 책임으로서 윤리적 행위다. 이러한 철학적 사유는 욥과 친구들 사이에서 찢긴 소통의 틈을 보게 하고, 레비나스가 제시하는 타자성은 응답의 윤리로서 신학적 공명을 일으키는 도구가 된다.

따라서 이 글은 인간 존재의 근본을 '타자의 얼굴 앞에 서 있는 책임'으로 자리매김하고, 타자를 나의 인식 구조로 환원하지 않는 초월적 존재로, 나에게 먼저 다가가 '응답하라' 요구하는 윤리적 주체로 보는 레비나스 개념을 전유한다.[6] 즉 욥기에서 가장 많은 분량을 차지하는 욥과 친구들 사이의 접점 없어 보이는 논쟁을 소통의 윤리적 균열이라는 철학 개념으로 욥의 얼굴 앞에서 또는 욥처럼 이유를 모르고 고통당하는 이들의 얼굴 앞에서 '말할 것인가, 아니면 응답할 것인가'의 물음을 제기하는 언어 행위이다.

욥기, '이야기-시-이야기' 구성 속 부조화의 위력

욥기 전체 구성에서 중심부는(3-31장) 욥과 친구들 사이의 소통 부재의 생생한 현장이다. 산문의 이야기가 운문으로 전환되면서(1-2장, 산문/3-41장, 운문/42장, 산문) 욥과 친구들 사이의 시문 형식의 논쟁적 대화가 한바탕 격렬하고 지루하게 진행된다. 이들의 오가는 말들은 표면적으로 대화지만, 긴장과 반박이 뒤얽힌 논쟁이다. 욥과 친구들의 논쟁만큼이나 욥기를 둘러싼 학문적 논쟁은 욥기를 그 어떤 책보다 도전적인 본문이 되게 했고, 수수께끼 같은 책으로 인식하게 했다. 그 이슈 중 하나가 산문체의 서사적 틀과 운문 형식의 논쟁에 드러난 욥의 부조화다. 이 부조화는 이야기체에 등장하는 경건한 의인 욥과 시문의 논쟁적 대화에서 저항하고 질문하고 탄식하며 내적 투쟁으로 괴로워하는 욥이 같은 인물처럼 보이지 않게 한다.

그러나 욥기의 위력은 이 부조화에서 시작된다. 단순히 장르의 부조화가 아니라 서로 다른 목소리가 충돌하는 부조화다. 해석자들도 욥기 안의 다양한 목소리가 서로 얽히면서 효과를 낸다고 보았다. 그래서 "욥기는 일종의 다성 음악 작품, 솜씨 좋은 단일 저작"[7]으로 읽을 수 있다는 평가를 가능하게 했다. 무엇보다 종교 철학자 마크 래리모어(Mark Larrimore)는 신약의 야고보 사도가 말한 '인내하는 욥'을 언급하면서 '인내'로 번역된 말을 '집요함', '견고함', '끈기'로 번역하는 것이 더 적절하다고 밝혔듯[8] 욥을 '인내'라는 단어로 인물의 복잡성을 온전히 담아내기 어렵다. 특히 왜 고통당하는지 모른 채 괴로워하는 욥의 복잡한 내면은 그의 친구들 사이에서 벌어지는 격렬한 시적 논쟁에서 적나라하게 드러난다. 이때 소통 부재의 핵심 쟁점은 고통의 이유를 설명하려는 세 친구의 확증 편향된 지식의 한계다. 그들은 보응 교리라는 고정된 신학의 틀에서만 머물 뿐 다른 것을 상상해 보려고 하지 않는다. 안타깝게도 상상력의 부재는 몰이해를 낳고, 몰이해는 소통 부재를 일으키는 갈등의 원인이 된다.

고통의 이유를 둘러싼 보응 교리의 붕괴

인간은 불확실성이라는 깊은 어둠에 둘러싸인 존재다. 불확실성은 미래를 확정적으로 알 수 없고, 어떤 사건의 의미나 원인을 완전히 파악할 수 없는 상태를 일컫는다. 말하자면 불확실성은 욥처럼 고통이나 시련이 왜 주어졌는지, 거기에 어떤 의미가 있는지 확실히 알 수 없는 의미의 불확정성과 예측 불가능성에 휩싸였다는 뜻이다. 욥기처럼 지혜문학 범주에 속하는 전도서의 저자 코헬렛("전도자", 개역개정, 1:1; 12:9)도 이 세상에서 이루어지는 일을 아무도 이해할 수 없고 혹 지혜자가 안다고 해도 그 뜻을 정확히 알 수 없다고 일갈했다(전 8:16-17). 이는 단순히 정보 부족이 아니라, 인간 존재의 한계와 직결된 문제다. 우리가 어떤 문제에 직면했을 때, 이 한계를 진지하게 받아들인다면 성급한 판단과 결론을 유보할 수 있다. 그러나 욥의 친구들은 익숙한 보응 교리에 근거하여 욥의 고통에 대한 이유를 성급하게 결론지었고, 욥은 친구들의 판단을 거부하면서 불꽃 튀는 논쟁으로 이어졌다.

그러나 욥의 친구들도 욥을 방문한 처음 7일 동안은 한마디 말도 하지 않았다. 욥의 고통이 얼마나 큰지 그들이 보았기 때문이다(2:13). 욥의 친구들은 욥의 고통 앞에서 비언어적인 행위, 즉 침묵으로 욥과 함께했다. 이때 언어가 닿지 못하는 고통 곁에서 침묵한 시간이 진짜 위로이자 소통의 시간 아니었을까. 아침과 저녁을 일곱 번 지나면서 했던 말 없는 말의 침묵이야말로 욥을 위한 기도였을지 모른다. 그러나 역설적으로 그들이 입을 열어 말을 시작하면서 서로의 관계는 어긋나기 시작한다. 말하기는 소통의 시작점이지만, 안타깝게도 그들 사이에서 말은 서로에 대한 이해를 넓혀가는 행위가 아니라 소통을 가로막는 사건이 된다.

사실상 무고한 욥이 당한 재앙과 고통은 욥의 친구들이 열렬히 옹호하는 보응 교리가 붕괴하는 현장이다. 욥도 그의 친구들처럼 공통 신학인 보응 논리에 익숙했을 테지만, 이 고정된 신학을 뭉개고 그를 압도한 재앙은 그를 희생자로 만들었고, 그가 겪는 극도의 고통은 그를 다른 사람으로 보이게 했을 정도다. 맨 처음 욥은 폭도처럼 갑작스럽게 들이닥친 재앙의 희생자였지만, 입술로도 죄를 범하지 않았다고 했다(2:10). 그러나 그는 왜 더 이상 고분고분할 수 없었던 것일까? 욥은 자기 생일을 저주하고 죽음을 갈망하면서 격정적으로 탄식의 언어들을 쏟아내기 시작했다.

> 어찌하여 내가 태에서 죽어 나오지 아니하였던가
> 어찌하여 내 어머니가 해산할 때에
> 내가 숨지지 아니하였던가
> 어찌하여 무릎이 나를 받았던가
> 어찌하여 내가 젖을 빨았던가
> …
> 어찌하여 고난 당하는 자에게 빛을 주셨으며
> 마음이 아픈 자에게 생명을 주셨는고
> 이러한 자는 죽기를 바라도 오지 아니하니
> 땅을 파고 숨긴 보배를 찾음보다 죽음을 구하는 것을 더하다가
> 무덤을 찾아 얻으면 심히 기뻐하고 즐거워하나니
> 하나님에게 둘러싸여
> 길이 아득한 사람에게
> 어찌하여 빛을 주셨는고(3:11-12; 21-23, 개역개정)[9]

욥은 산산이 부서졌다. 그는 죽음을 갈망할 정도로 고통을 호소하고

탄식하며 불평한다. 그런데 그의 친구들은 몸부림치며 호소하는 욥의 목소리에 응답이 아니라 치열하게 맞대응한다. 말과 말이 부대끼는 틈에서 감정이 격양되고 소통과 관계에 균열이 생긴다. 욥의 친구들은 질서와 원리에만 관심을 두기에 욥의 비극적인 고통의 언어와 만날 수 없다. 그들의 언어는 공격적인 논쟁이 된다. 이 논쟁은 '욥-엘리바스-욥-빌닷-욥-소발-욥'(3-27장)의 순서로 이어지고, 이러한 말하기 방식이 세 번 반복된다(3-14장; 15-21장; 22-27장). 반복되는 논쟁 사이클에서 위로하기 위해 방문했던 욥의 친구들은 타자의 얼굴로 서 있는 욥의 다른 목소리에 귀 기울이지 않는다. 그들은 보이는 것 너머의 것을 상상하지 않는다. 거의 동일한 논리의 변주만 있을 뿐이다. 격한 논쟁으로 그들 자신도 독자도 지쳐갈 즈음, 이른바 '지혜시'(28장)는 지친 독자를 잠시 쉬게 하고, 독자는 이스라엘 지혜 사상의 핵심과 만난다. 28장을 제외한 논쟁의 핵심은 욥이 당한 재앙과 고통의 원인을 보응 신학으로만 해명하며 욥을 공격한 것에 초점이 맞춰졌다고 해도 과언이 아니다. 욥의 친구들은 누구보다 보응 교리에 진심이었다.

세 친구의 발언 초점은 이렇다. 첫 번째 논쟁(3-14장)에서, 엘리바스는 죄악을 뿌리면 재난을 거둔다거나(4:7-8) 여호와의 징계가 복이라는 식으로 욥의 재앙과 고통을 하나님의 교육적 차원에서 비롯된 교훈으로 설명한다(5:17-18). 빌닷은 하나님이 공의를 굽게 하지 않는다면서 욥에게 네가 정결하면 하나님이 회복하실 것이라며 하나님의 공의와 욥의 회복을 확신하기도 한다(8:3-7). 그러나 동시에 하나님은 온전한 자를 버리지 않으시고 악인을 버린다는(8:20) 엄격한 흑백 논리로 욥을 악인 취급한다. 그리고 소발은 욥에게 닥친 재앙에 대해 하나님이 욥 네 죄보다 가볍게 다루셨다고 단정하고(11:6) 마음을 올바르게 하고 죄악을 버리면 당당히

설 수 있다면서 철저한 회개가 구원과 번영을 가져온다는 식으로 욥의 회개를 촉구했다(11:13-15). 사실상 회개를 강요한 셈이다.

두 번째 논쟁에서(15-21장), 친구들은 보응 논리를 더 강화한다. 엘리바스는 악인은 스스로 무너진다는 악인의 자멸에 집착한다. 그는 악인이 평생 불안과 공포에 시달린다고 말함으로써(15:20-24) 죄의 내적 대가라는 심리적 고통에 대해 말한다. 또 사회적 파탄으로 치닫는 악인의 최후를 처음보다 강경한 태도로 말하고, 욥의 고통을 악인의 전형처럼 주장한다. 이어 빌닷은 악인의 정해진 운명에 초점을 둔다. 악인의 등불은 꺼진다는 은유를 통해(18:5-6) 번영의 소멸과 재앙이 악인을 집요하게 추격하고 뿌리까지 뽑는다는 식의 운명론적인 불가피한 보응을 말한다(18:12-14). 더 가혹한 것은, 자녀를 잃은 욥에게 악인의 이름은 기억에서 지워지고 후손은 끊긴다는 식의 발언으로(18:17-21) 욥의 고난을 마치 악행의 표지인 듯 설명한 것이다.

소발은 악인의 즐거움은 잠깐이라는 보응의 즉시성을 말하거나 (20:4-9) 악이 입에 달아도 끝내 독이 되어 토해낸다는(20:12-16) 식의 내재적 인과관계에 의한 고난을 설명한다. 이렇게 욥의 친구들은 보응의 불가피성을 내세우면서 욥의 고통을 악인의 전형처럼 해석해 버렸다. 그러나 예로부터 지금까지 삶의 현실이 보응 논리만으로 설명되는가? 악인은 반드시 자멸하고, 의인은 온전히 보상받는가? 고대 이스라엘의 지혜자 코헬렛이(전 12:9) 말한 것처럼 재난의 그물이나 재앙의 날에서 자유로운 자는 아무도 없다(전 9:12).

그리고 세 번째 논쟁에서(22-27장), 친구들은 욥의 반론에도 불구하고 기존 신념을 더 강화한다. 급기야 엘리바스는 없는 증거를 만들어서라도 욥을 죄인으로 만들려는 듯하다. 그는 욥에게 '네 죄가 크지 않느냐'고

반문하면서 가난한 자를 억압했고, 헐벗은 자의 옷을 벗겼다는 식이다 (22:5-11). 말하자면 의인의 고난을 지워야만 자기 논리에 오류가 없으니 확인되지 않은 억측을 시도한 셈이다. 고난이 죄의 결과라는 공식을 뒷받침하기 위한 억지 논리다. 그러면서 하나님께 순종하고 악을 버리면 다시 번영할 것이라는(22:21-30) 처방을 내놓는다. 빌닷은 부족한 논거의 타당성을 위해 인간의 비천함을 보편화하여 강조한다. 친구들의 언어가 점점 거세지는 것은, 그들의 강한 압박에 욥이 굴하지 않고 결백을 주장하는 것이 못마땅해서다. 빌닷은, 사람이 하나님 앞에 어찌 의롭다고 주장할 수 있느냐고 반문하면서 사람은 구더기 같다는(25:4-6) 식으로 인간을 한없이 비천한 존재로 추락시켜 하나님을 높이며 칭송한다. 그러나 하나님은 인간이 비천해져야 칭송받으시는 분인가? 하나님 앞에서 아무도 의롭지 않다는 일반론이 욥의 개인적인 고통을 설명할 수 있는가?

빌닷이 고통의 복잡성을 이분법적 도식에 구겨 넣은 자기 논증이 빈약함을 인정한 것인지, 더 논증할 힘이 없는 것인지 결국 매우 짧은 말로 끝맺는다. 그리고 소발이 두 번째 논쟁에서 악인의 번영이 잠깐이라는(20장) 번영의 일시성을 말했지만, 그도 더 이상 논증할 논거가 고갈되었는지 말할 차례가 되었지만, 침묵한다. 욥은 친구들의 말에 참담함을 억누르며 맞받으면서도 친구들처럼 악의 결말을 부정하지 않는다(26-27장). 그러나 욥은 친구들이 했던 말과 논리의 허약성을 꼬집고(26장), 내 호흡이 있는 한 불의와 거짓을 말하지 않겠다는 다짐과 함께(27:2-7) 고통 앞에서 반문하며 진실의 가치를 끝까지 붙든다(27:8-10).

욥의 친구들 발언은 한계에 갇혀 있다. 신학과 인식론 그리고 도덕적 감수성의 한계다.[10] 누군가는 엘리바스를 신중한 신학자로, 빌닷을 전통의 수호자로, 소발을 지혜자로 명명하기도 한다.[11] 그러나 이들은 당시 공유하는 공통 신학을 절대 법칙으로 오인하고 확신에 찬 합리적 신정론과 그것을 온전히 설명할 수 없는 그들 신학과 인식론적 한계만 드러냈다. 첫째, 친구들의 신학적 한계는 기계적인 인과관계에 따른 파멸이라는 단선적 도식으로 모호한 욥의 고통을 설명한 것이다. 이것은 회개하고 순종만 하면 하나님이 복을 주신다는 한 가지 명제만으로 하나님의 무한성을 소거하는 것이고 하나님을 마치 도덕 자판기처럼 축소할 뿐이다. 둘째, 그들은 뿌린 대로 거둔다는 전제에 따라 확인되지 않은 과도한 추론을 앞세워 욥이 죄인이라는 성급한 결론을 내놨다. 이것은 삶의 다양한 고통의 측면을 무시한 채 하나님의 지식을 모두 아는 듯 다른 가능성을 전혀 고려하지 않고 차단한 채 지나친 자기 확신에 빠져 다름을 못 보는 무지의 오류다.

셋째, 상상력의 빈곤과 도덕적 감수성의 한계. 이것은 피해자 비난으로 즉각 이어진다. 욥은 갑작스러운 재앙에 의해 피해를 당한 고통의 당사자다. 그런데 친구들은 고통받는 당사자의 상실, 아픔, 절망 등의 복잡한 감정을 상상하지 못하고, 피해자를 죄인으로 만듦으로써(11:6) 본래 의도했던 위로의 시간을 심문의 시간으로 바꿔버렸다. 고통받는 타자에 대한 존엄성의 가치를 훼손함으로써 도덕적 감수성의 한계를 드러낸 것이다. 친구들은 고통의 한복판에 놓인 욥을 마주하면서도, 그 고통의 실체를 경청하기보다 추론에 기대어 욥을 죄인으로 단정하고 낙인을 찍는다(20:19-29). 이것은 신앙적 언어가 공감과 성찰을 상실할 때, 그것이 얼마나 쉽게 타인을 정죄하고 상처 입히는 도구로 변질될 수 있는지를 분명히 보여준다. 친구들은 하나님을 위한다는 명분 아래 욥을 희생시켜 하나님에 대해 좋게만 말하지만, 궁극에 이르러 하나님의 호응을 얻지 못하는데 그들은 모른다.

무엇보다 엘리바스는 인간의 비참함, 즉 '인간은 누구도 의롭지 않다' 는(4:17; 15:14) 보편론으로 도피하여 욥의 특수한 상황을 무시했다. 그리고 무엇보다 욥의 친구들은 타자와의 관계성을 벗어 던지고 보응 교리로 인간과 인간 사이의 우정, 하나님과 인간 사이의 관계를 오염시켰다. '자기충족적' 종교로 전락시켜 보상 없는 신앙의 세계를 상상할 수 없게 만들었다. 이에 욥의 상처와 고통은 더 깊어졌고, 욥이 친구들을 향해 "형편없는 위로자"(16:2)라고 비난한들 결코 과격해 보이지 않는다. 더 큰 문제는 욥의 친구들이 하나님의 변호자라도 된 듯 인간의 고통을 축소하고 회개를 강요한 것이다. 기존 지식과 안전한 교리 체계에 갇혀 다름을 상상하거나 질문하지 않는 신학적 한계는 상투적 신앙의 언어로 고통을 축소하고 주변화하여 소통의 기회를 차단한다.

상투적 신앙 언어의 한계

친구들의 가장 큰 문제는 고통의 이유를 오로지 보응 신학 체계로 환원시킨 것이다. 욥의 세 친구는 욥의 얼굴을 마주하면서 그의 상태를 눈으로 보고, 7일 동안 침묵하며 심연의 시간을 함께했음에도(2:13), 고통에 시달리다 토해내는 탄식을(3장) 듣고도, 전통과 고정된 신학에 천착하여 욥의 고통을 주변화했다. 친구들은 욥의 고통을 함께 감내할 실존적 사건이 아니라 설명하고 판단할 도덕적 문제로만 축소한 것이다. 모호한 이신론으로 빠지는 것도 문제지만, 확신에 찬 고정된 신학의 언어는 상투성이라는 늪에 빠질 수 있다. 하나의 논리 체계와 제한된 지식의 범위에서 고통의 이유를 설명하며 판단하는 친구들의 말들은 욥과 격렬하게 부딪치면서 우정은 위태로워지고, 관계의 긴장감은 고조되고, 욥의 내적 투쟁은 깊어졌다.

욥의 친구들이 집요하게 붙드는 엄격한 보응 교리는 부분적으로 타당할 수 있지만, 상황성과 구체성을 소거한 과잉 확신은 반드시 문제를 일으킨다. 더군다나 보응 교리라는 한계 안에서만 하나님이 설명된다면 예측할 수 없이 기괴한 힘을 발휘하는 신에 대해 논할 자리는 없다. 욥이 보응 논리를 뭉개고 하나님이 자신에게 이해 불가한 고통을 안겨 주었다고 생각하기에 친구들의 지적질과 비난에 대항하며 끝까지 무고함과 실존적 고통을 호소한 것이지만(3:3, 20, 26; 7:19; 10:7; 31:35-37 등), 욥의 친구들은 응답하지 않았다. 그래서 욥은 인간다운 우정이 깨진 자리에서 하나님께 더 강력히 '억울함'을 호소하고 항의할 수밖에 없다(9:16-17; 13:3; 16:19-21; 23:3-4).

친구들 말처럼 처벌이 합당하다면 욥은 억울하지 않다. 욥은 자기 고통의 무게를 달아보면 바다의 모래보다 무거울 것이라는 과장된 표현으로 억울한 마음을 토로하면서도 자기 말이 격정적인 것을 알기에 경솔했다고 성찰적인 태도를 보이기도 했다(6:2-3). 물론 욥은 친구들의 말이 위로가 아니라 도리어 재난이며 그들의 비난이 고통을 강화했다고 원망도 하고(16:2-3), 친구들을 향해 영혼을 괴롭게 하고, 열 번이나 모욕하면서도 부끄러워하지 않는다고 맞받아치기도 했다(19:2-3). 위로 대신 비난을 택한 친구들 앞에서 욥은 탄식을 멈출 수 없었다. 욥은 친구들을 향해 거짓말을 지어내는 자라고, 쓸모없는 의사라고, 차라리 잠잠히 있는 것이 지혜라고 말할 정도였다(13:4-5). 친구들은 경건한 자가 고난받을 이유가 없다는 식으로(4:7; 8:4; 11:6 등) 죄를 추정하면서 회개를 강요했고(8:5; 11:13-14; 22:23), 이것은 욥의 실존 자체를 더 고통스럽게 했다.

욥은 전형적인 환원적 언어의 피해자다. 환원적 언어는 복잡한 개념이나 현상을 명확하고 빠르게 설명할 수 있지만, 과도한 단순화로 진실을 축소하거나 왜곡한다. 더군다나 욥의 친구들은 욥을 보응 교리 증명을 위한 자료처럼 다룸으로써 공감의 윤리와 신뢰를 붕괴시켰다. 그들은 욥을 교리 설명의 대상으로 객체화할 뿐 고통받는 타자로서 수용하지 않았다. 욥의 친구들은 검증 없는 방어 논리에만 충실했다. 더군다나 친구들은 하나님의 변호인처럼 말했지만, 그들의 언어는 결국 명분을 잃은 과장된 진술일 뿐 언어 윤리의 붕괴 현장을 공연한 셈이다.

그리고 친구들의 회개 요구는 억지 고백하게 함으로써 한 인간의 양심과 진실성을 훼손시키는 행위다. 욥의 친구들은 욥의 얼굴을 마주했지만, 그들의 말은 타자의 얼굴에 새겨진 고통을 자기들 방식대로 처리했을 뿐이다. 이러한 지점에서 레비나스의 철학이 해석적 틀로서 욥과 친구들 논쟁에 대한 좀 더 적절하고 정교한 이해의 길을 터준다. 특히 레비나스의 얼굴 개념은 욥과 친구들 사이의 간단치 않은 소통 부재와 그 복잡성에 대한 사유 방법을 안내한다. 왜냐하면 레비나스에게 타자는 나의 인식과 개념으로 포착될 수 없는 무한한 존재이며, 타자의 얼굴은 윤리적 응답을 요구하는 윤리의 시작이기 때문이다.

레비나스의 핵심, 타자의 얼굴이 윤리의 시작

레비나스는 "타인의 얼굴이 철학의 시작 자체일 것"이라고 했다.[12] 이것은 레비나스가 철학의 중심을 존재론에서 윤리학으로 이동시킨 사상가로 평가받는 이유다. 특히 그의 타자(the Other) 개념은, 동일자로 환원되거나 전체성에 포착되지 않는 존재를 의미하며 힘의 논리와 다르다는 점에서 윤리성과 연결된다.[13] 그에게 타자는 나의 경험으로 환원할 될 수 없는 무한하고 절대적인 존재다. 그래서 그가 말하는 인간 존재를 규정짓는 것은 존재를 이해하고 해석하는 능력이 아니라, 타자에 대한 응답 가능성 또는 책임성을 뜻한다. 이때 타자는 단순히 나와 다른 인간이라는 의미를 넘어, 동일화 욕망을 거부하고, 나를 중단시키는 초월적 존재로서 정의된다. 따라서 그에게 타자는 신의 현시나 다름없다.[14] 이는 단순한 정보나 감정 교류를 넘어서는 만남의 윤리로서, 내가 아니라 타자를 통해 내 존재의 근원이 확인된다는 것이다. 말하자면 타자를 단순히 '또 다른 나'로서 이해할 수 있는 존재 그 이상이라는 뜻이다.

무한한 존재로서 '타자'의 얼굴

레비나스에게 타자는 '얼굴'로 다가온다. 그 얼굴은 내가 마주칠 때 내 안에서 윤리적 책임을 불러일으키는 존재가 된다. 그래서 레비나스는 인간의 얼굴이 윤리적 자리로서 얼굴에서 윤리가 시작된다고 보았다.[15] 얼굴은 단순한 물리적 외양이 아니라, 타자가 나에게 응답을 요구하는 윤리적 '현현'이다. 타자의 얼굴을 마주하는 순간, 그를 해석하거나 분석하기 이전에, 나는 먼저 책임을 느끼고 윤리적 응답의 주체로 호출되어야 한다는 뜻이다. 이 책임감이 타자 지향성 개념이다.[16] 이는 모든 이론이나 판단보다 선행하는 관계이며, 이러한 응답 가능성이 인간됨의 출발점이다. 타자는 나에게, 내가 원하는 방식이 아니라 그의 고유성으로 다가오며, 나는 이를 받아들임으로써 진정한 소통이 시작되는 것이다.

레비나스에게 진정한 소통은 단순한 정보 교환이나 상호 이해 차원이 아니라, 타자의 '얼굴'이 내게 요구하는 윤리적 책임에 따른 응답이다. 이 책임은 일방적이면서 무한하다. 초월은 어원학적으로 넘어섬, 높음을 향한 운동이다.[17] 그래서 타자의 얼굴은 위대함이며 존재의 최상 영역이다. 레비나스에게 타자는 동일화될 수 없는 초월적 존재로 다가온다. 그는 『타자성과 초월』에서 초월이란 다른 인간과의 관계 속에서 생명력을 갖는다고 했다.[18] 이 점에서 타자와의 소통은 책임 행위이며, 타자에게 응답이 된다. 즉 타자는 윤리적 책임의 부름이다. 진정한 윤리와 지혜는 말하기보다 먼저, 타자의 고통을 듣고 멈추는 태도에서 비롯된다. 따라서 타자를 동일자의 틀 속에 환원하려는 모든 시도는 타자의 무한성을 소거하는 폭력이 된다.

동일화의 폭력을 거두고

레비나스가 타자 철학을 통해 비판한 핵심은 서구 철학의 동일화 충동이다.[19] 전통 철학이 타자를 자기 범주 안에서 '이해'하거나 '설명'한 것으로 보고, 그 과정에서 타자의 낯섦, 다름, 침묵, 고통이 종종 삭제된 것을 문제 삼았다. 이러한 동일화는 결국 타자를 객체화하고, 말할 수 없는 존재를 해석이 가능한 존재로 환원하는 폭력이다. 소통의 윤리로서 레비나스의 타자 철학의 초월성과 타자는 나 바깥의 세계이며 현실이라는 타자 지향성에 주목한다. 왜냐하면 레비나스의 윤리적 소통은 설명이 아니라 '응답'(response)이기 때문이다.[20] 소통은 타자를 내 안에 수용하는 과정이 아니라, 타자의 고통과 요청 앞에서 나의 존재를 중단시키고, 타자에게 책임지는 행위다. 이는 일방적인 말하기가 아니라, **타자의 호소를 듣고 멈추고 응답하는 것**이다. 레비나스에게 윤리적 언어는 타자의 목소리를 있는 그대로 듣는 것이다.[21] 침묵 속에서 우리는 더 윤리적일 수 있다. 무엇보다 타자에 대한 윤리적 책임이라는 주제는 구약성서와의 대화가 자양분이 되었다는 레비나스의 고백에서 비롯된다. 그의 철학적 흐름은 사변적이거나 논리적 사유에만 그치지 않고 소통과 치유에 큰 의미를 부여했는데, 이 지점은 신학하기와 신앙을 택한 이들에게 도전적인 일이다.

초월하는 타자와 신적 윤리

레비나스에게 궁극적 타자는 하나님이며, 하나님은 인간적 이해를 넘어서는 완전한 타자이다. 그에게 하나님은 유대 사상과 탈무드 전통 안에서 응답을 요청하는 자다. 이 신적 타자 역시 인간에게 윤리적으로 "책임져야 하는 존재"로 나타난다고 본다. 이 점에서, 레비나스 철학은 단순한 인문주의적 타자 윤리를 넘어, 종교적 사유와 깊은 접점을 갖는다.[22] 그의 사유는 하나님과 맺는 관계조차도 '전능자 앞의 복종'이 아닌 타자 앞에서의 윤리적 응답으로 재해석할 수 있게 만든다. 참된 소통은 타자를 내 체계에 환원하는 것이 아니라 응답으로서 시작된다고 보기 때문이다. 이는 레비나스가 전체성 대신 무한 관념을 선택한 이유다. 무한은 신의 절대적 이름으로서 접근 불가능한 이상의 완전성을 의미하는 것이지만, 일면적이고 배타적인 지식이나 제도들을 극복하고 모순을 보존하면서 부정하는 변증법적인 방법의 담론 속에서 인간이 자유로워지는 것을 의미한다.[23] 그래서 레비나스는 모든 문제가 무한 개념 속에 뒤섞여 있다고 보았고, 타자에 대한 책임을 통해 타자성은 오히려 더욱 뚜렷해지고, 관계는 결코 하나의 개념이나 틀로 환원될 수 없다고 본 것이다.

'얼굴'을 보았으나 진실을 듣지 못하는 자들

레비나스의 관점에서 욥의 친구들이 쏟아낸 언어는 타자의 얼굴을 지우는 행위이다. 즉 욥의 친구들은 욥을 나와 완전히 다른, 나와의 동일화 또는 이해를 넘어서는 절대적 타자가 아니다. 반면에 욥은 자기 고통을 설명하는 친구들의 보응 논리와 개념에 자기를 종속시키기 거부하면서, 끝내 이해 불가능한 자리에서 신과 타자와의 만남을 요구한 것이다. 그런 점에서 욥의 항변은 단순한 논리적 반박이 아니고, 시적 언어로 드러나는 무한성의 호소이자 응답을 요구하는 얼굴의 출현이다.

무엇보다 욥이 회개를 압박해 오는 친구들의 요구에 항변과 탄식으로 맞서면서 신앙적 투지와 양심을 버리지 않은 것은 인간의 고통과 신적 정의라는 고전적 주제를 넘어서는 근본적인 윤리적 긴장을 유발한다. 따라서 고통당하는 욥과 그를 둘러싼 친구들 사이에서 벌어지는 말의 전쟁은 그저 전통 교리나 신정론적인 논쟁이 아니라,[24] 타자의 고통 앞에서 어떻게 말해야 하는가 혹은 말할 수 있느냐는 질문으로 읽혀야 한다.

욥은 친구들에게 설명의 대상이 아니라 응답을 요구하는 타자이어야 했다. 그러나 친구들은 욥을 대상화했기 때문에 욥의 진실에 다가서지 못했다. 욥기에서 가장 인상적이면서 동시에 역설적인 장면 중 하나가 있다면, 욥의 고난 소식을 듣고 달려온 엘리바스, 빌닷, 소발이 고통 속에 앉아 있는 욥과 함께 7일 동안 침묵하며 보낸 장면이다(2:13). 이때 침묵은 단지 말 없음이 아니다. 이때 침묵은 타자의 고통 앞에서 즉시 말하지 않고 멈춰 서는 윤리적 감응의 순간이다. 친구들이 욥의 '얼굴' 앞에 서는 순간 '타자의 얼굴'은 단순히 시각적 대상이 아니라, 타자의 고통이 윤리적 요청으로 다가오는 사건이다. 따라서 욥의 얼굴은 친구들의 타자로서 말없이도 말하는 존재이며, 설명이 아니라 응답을 요구하는 존재다.

그러나 욥의 친구들은 그의 얼굴을 물리적으로만 '보았다'. 몸은 병들고, 버려진 쓰레기 더미에 앉아 있는(2:7-8) 욥의 얼굴에는 고통의 흔적이 선명했다. 그러나 안타깝게도 그들은 욥의 얼굴이 던지는 윤리적 요청에 끝내 응답하지 못했다. 왜냐하면 그들의 언어는 친밀한 위로가 아니라 체계화된 설명과 교훈 그리고 판단이며 보상에 의해서만 가능한 자기충족적 신앙의 체계였기 때문이다. 안타깝게도 7일 동안 수행했던 고귀한 침묵 의식은 무력하게 보응의 신학적 틀에 의해 훼손되었다. 친구들은 욥의 얼굴을 보았음에도 그 얼굴이 드러내는 윤리적 호소와 진실을 외면한 채 응답하지 않은 것이다.

특히 엘리바스가 "순전한 자가 망하는 법이 어디 있느냐"(4:7)라고 말하면서 고난을 욥 자신의 죄로 돌리고, 빌닷은 욥의 자녀들조차 그 죄로 인해 벌을 받았다고 단정한 것은(8:4) 레비나스가 비판한 동일화의 폭력 그 자체다. 친구들은 욥이 당한 고통의 고유성을 지운 것이다. 타자의 얼굴을 보았으나 그 얼굴이 말하고 있는 진실을 듣지 않는 행위다. 욥의 탄식과 죽음을 갈망할 정도의 자기 저주는 자기 연민이나 변명이 아닌, '내가 여기 있다'라는 존재의 절규였음에도, 친구들은 그것을 신학적 오류와 자기 정당화로 치부했다. 이러한 태도는 소통을 가능하게 하는 윤리적 조건, 즉 타자의 다름을 인정하고 응답하는 책임을 버린 결과다.

소통은 해석 이전에 타자의 고통에 멈추어 서고, 얼굴의 **말 없는 언어**에 귀를 기울이는 것에서 시작한다. 즉 말 없는 언어, 침묵은 욥과 친구들의 소통과 타자의 윤리적 부름에 대한 관계의 엄중함을 각성시킨다. 무엇보다 '종교'에 해당하는 영어 표현 '릴리전'(religion)은 라틴어 '관계

맺다'라는 뜻의 '렐리기오'(religio)에서 파생되었다. 말하자면 종교의 의미는 나와 같은 '동일자'(the same)끼리의 관계가 아니라 '타자'(the other)와의 관계를 중시한다는 뜻이다. 이는 '무차별하지 않음'(non-indifference)이다. 즉 '타자'는 나와 다르지만, 무관심으로 방치하지 않는 관계다. 다름을 인정하지 않고는 관계를 맺을 수 없다는 뜻이다.[25] 그러나 안타깝게도 욥의 친구들은 동일성의 범주를 박차고 다름을 호소한 욥을 죄인 취급했다. 기독교 신앙 공동체가 같은 실수를 반복하는 것은 아닌지 짚어보고 성찰해야 할 과제다. 그렇게 욥과 세 친구의 소통 실패는 타자와의 관계성에 대해 시시때때로 점검해야 할 무거운 책임성을 우리 앞에 내놓는다.

환원에 의한 동일화의 폭력을 멈추고

욥기는 주로 고난에 대한 신정론적 논쟁으로 무수히 읽혀 왔다. 그러나 욥기의 또 다른 측면은 김진혁의 지적처럼 고통을 겪는 타자 앞에서 내가 어떻게 말하고, 듣고, 침묵해야 하는가를 묻는 것에 있다. 욥의 친구들은 그의 고통을 각자의 신학적 해석 틀로 설명하려 하며, 결국 그의 고통을 환원하고 침묵시키려는 폭력적 소통을 자행했다. 반면, 욥은 자신의 억울함을 말할 언어를 잃어가면서도 끊임없이 응답을 요청하며, 마침내 하나님조차 윤리적 타자로 소환한 것이다.[26]

오늘날 레비나스가 말하는 타자성에 기반한 소통 윤리 측면을 고려하면, 대처 불가한 자연에 의한 재해, 실패와 가난, 상실을 겪는 이들에게 해서는 안 될 말이 있다. 마치 욥의 친구들처럼 '네가 잘못해서 그렇다'든지 '더 노력하면 된다'라는 식으로 쉽게 도덕화하거나 누구나 할 수 있는 말을 장황하게 조언하는 경우다. 이는 타자의 언어를 나의 틀 속으로 구겨 넣어 해석하고 타자를 동일화의 틀 속에 가두는 폭력이다. 그러니 타자를 이해하려면 타자의 자리, 때로는 온전히 드러나지 않은 삶의 구체성과 상황성을 살펴보려는 노력이 먼저다. 욥의 말을 변주하면, 타자 앞에서 가장 먼저 할 일은 침묵과 경청이다(13:5). 이것이 타자를 향한 응답의 시작이다. 왜냐하면 타자는 나의 이해 가능한 범위 안에서 고통을 겪는 것이 아니기 때문이다. 따라서 타자 앞에서 나의 역할은 해석이 아니라 무조건적인 책임과 응답이어야 한다는 뜻이다. 특히 욥을 전통 교리로 환원하는 것은, 타자의 무한성을 소거하는 행위로서 레비나스가 비판한 동일자 중심적 태도와 일치한다. 그러므로 레비나스의 관점을 통과시키면, 욥기의 소통 실패는 친구들이 침묵을 멈춘 곳에서, 경청을 거부한 자리에서 말이 어떻게 타자의 고통에 더 많은 상처를 입히고, 관계를 단절시키는지 보게 한다. 그리고 진짜 소통은 타자의 얼굴 앞에서 설명을 멈추고 응답하는 책임성에서 시작된다.

하나님의 침묵과 응답

신의 부재처럼 보이는 침묵이 있었다. '신현' 곧 하나님이 나타나시는 가시적 응답이 있기 전이었다. 욥과 친구들의 대화가 방향성을 잃고 그들 관계에 균열이 진행되는 동안 하나님은 어디에 계셨는가. 친구들의 무수한 말들이 고통의 당사자인 욥의 억울함을 도리어 증폭시키고 있을 때, 하나님은 무엇을 하셨는가. 하나님은 그들 곁에서 침묵하셨다. 욥과 친구들의 말과 말이 충돌하고 주장만 난무할 때, 응답 없는 소통의 균열이 시작될 때, 이것을 가로지르는 하나님의 언어는 친구들과 본질적으로 다른 언어, 곧 침묵으로 이행된 응답이었다. 하나님은 욥과 친구들 사이의 공방을 뒤로 물러서 지켜보신 것이다. 그래서 그분의 침묵은 부재가 아니라 타자들의 목소리를 지우지 않은 경청의 다른 모습이다. 하나님은 그 누구의 말에도 끼어들지 않으셨다. 침묵 속에 파고드는 하나님의 경청을 상상해 보라. 하나님의 침묵이 응답 없는 신의 부재처럼 보였지만, 침묵은 책임을 다하는 경청 행위로서 응답의 하나였다.

질문으로 가시화된 하나님의 응답

마침내 하나님은 절망과 희망 사이에서 흔들리는 욥의 불안함 가운데 나타나셨다. 응답은 신의 '현현'이라는 압도적 가시성이다. 하나님이 욥에게 폭풍 속에서 말씀하셨을 때(38:1), 하나님은 왜 욥이 고통당해야 했는지 일절 언급하지 않으셨다. 욥을 재앙의 한복판에 내동댕이치듯 무대 뒤로 사라지셨을 때, 이 일이 왜 일어났는지 정확히 아는 존재는 하나님과 사탄뿐이었다(1:6-12; 2:1-7). 그리고 마침내 하나님이 욥에게 나타나셨을 때도, 하나님과 사탄 사이에 오갔던 하늘 위의 사건을 모르는 욥과 친구들의 기대에 미치는 어떤 설명도 없었다.

하나님 응답이 지닌 특징은 의외성이다. 하나님은 고통의 이유에 대한 정답 제시는 없고 폭풍처럼 몰아치는 질문들로 욥을 압도했다. 하나님의 언어는 초월적 권위와 위계를 앞세우는 고압적인 언어가 아니다. 고통의 이유를 알기 원했던 욥과 친구들에게 정답을 가르쳐주는 대신 폭풍 같은 질문들로 더 깊고 넓은 사유의 세계로 밀어 넣었다. 예컨대, 내가 땅의 기초를 놓을 때 너는 어디 있었느냐(38:4), 비에게 아버지가 있느냐, 이슬방울은 누가 낳았느냐(38:28)는 식의 질문들이다. 하나님의 응답은 창조 세계에 대한 답할 수 없는 질문들로 빼곡하다. 하나님의 응답은 조직된 논리성에 따른 정답이 아닌, 무한성의 흔적을 담은 장엄한 시적 호소였다.

욥과 친구들 사이에 오고 간 수많은 말들 속에 소통은 부재했다. 그러나 역설적으로 부재처럼 보였던 하나님의 침묵은 경청 행위였고, 직접적인 응답은 질문이었다. 이것은 당시 욥과 친구들의 예상을 벗어난 응답이며, 모두를 신의 의외성 앞에 세워 놓는다. 마침내 욥도 하나님처럼 말을 멈추고 침묵하다가 하나님 앞에 회개한다(42:4-6). 친구들이 욥에게 회개를 요청했지만, 아니 더 정확히 말해서 회개를 강요했지만, 욥은 끝까지 부당함을 호소하다가 하나님 앞에서 비로소 회개한다. 하나님을 위한다는 명분 아래 하나님의 변호인처럼 확신에 차서 말했던 친구들에 대한 하나님의 평가도 그들의 예측에서 벗어나 있다. 하나님은 욥의 친구들에게 옳지 못했다고 질책하셨다(42:7). 이때 욥의 친구들 반응은 생략될 정도로 중요하게 다뤄지지 않았다. 도리어 친구들을 위해 제사장 역할을 하는 욥의 모습이 서술됨으로써 끝내 누가 옳았는지 밝혀졌을 뿐이다. 여기에 하나님과 욥 사이에 독자가 상상해야만 하는 무엇이 있다. 그 무엇에 대해서는 지면의 한계상 별도로 다루겠다.

교과서 같은 답의 무능함과 열린 신학

고통 속에서 불안 없는 영혼은 없다. 욥은 고통 속에서 자신을 억압하는 방식으로 공통 신학 속으로 동일화를 추구하지 않음으로써 친구들의 비난을 견뎌냈다. 그리고 마침내 하나님은 그런 욥에게 대답 불가한 질문을 응답하시면서 옳다고 승인하셨다. 그렇게 하나님은 고통받는 타자의 얼굴 앞에서 어떻게 응답해야 하는지 말의 윤리를 교훈하는 지혜 교사의 '얼굴'로 나타나신 것이다. 따라서 욥기는 고통을 묻는 이들에게 정리 가능한 교과서적인 체계적 신학 안에 묶어 놓지 않는다. 도리어 욥은 친구들의 교과서적인 대답의 무능력을 폭로했다. 하나님의 응답은 욥의 질문에 대한 정답 제공이 아니었듯, 욥의 지혜와 신학은 고정된 체계에 의한 매끄러운 가시성이 아니었다. 나아가 하나님을 향한 욥의 믿음은 혼돈을 겪으면서도 하나님께 질문을 멈추지 않고, 하나님의 질문을 되받아 감당하는 것이었다. 그렇게 욥기는 고정된 신학 안에 갇힌 닫힌 텍스트가 아니라 열린 텍스트로서 사유의 창을 넓히는 사건 속으로 독자를 밀어 넣는다. 그렇게 욥은 고정된 신학의 긍정성에 안주하지 않고 부정성에 자리를 내주고 직면하도록 독자를 일깨운다.

맺는말: 말하기와 침묵 사이의 '진짜' 소통을 희망하며

소통은 언어로 활성화된다. 그러나 과도한 언어는 고요를 파괴하고 진짜 소통을 밀어낸다. 이것은 고통의 당사자 욥의 친구들이 제기한 말들을 레비나스 철학의 얼굴 개념으로 재해석하면서 가시화할 수 있었다. 물론 이 글을 시작할 때의 야심 찬 의도를 충분히 구현하기에 이르지는 못하였지만, 고통의 당사자인 욥의 고통 앞에서 진심 어린 경청과 연민, 침묵의 윤리와 책임 상실, 쉽게 해석을 시도하려는 행위에 대한 반성적 성찰의 시간이기도 했다.

무엇보다 이 글은 욥기의 모든 독자를 향한 말 걸기다. '나는 타자의 얼굴을 보고 있는가?' 이 질문은 레비나스가 말한 '타자의 얼굴 앞에' 책임이라는 윤리적 주제와 공명한다. 즉 타자의 얼굴은 나를 향한 말 없는 명령으로서 응답은 타자를 해석하거나 판단하는 것이 아니다. 먼저 멈추고 들어주는 책임 있는 관계로 들어서는 것이다. 따라서 이 글은 하나님을 보응의 공식으로 지나치게 단순화 또는 환원하는 신학의 한계, 인간 존재의 복잡성과 무죄한 고난의 현실을 무시하는 인식의 한계, 고통의 당사자를 위로하기는커녕 정죄하는 신학적 한계를 레비나스의 얼굴 개념으로 사유하는 실험이다.

　레비나스의 '얼굴' 개념과 사유에 비추어보면, 욥의 세 친구의 많은 말은 윤리적 신학적 응답이 될 수 없고, 도리어 타자의 고통을 뭉개고 소통을 방해하는 장애물이다. 반면에 신의 부재처럼 보였던 침묵은 타자를 향한 책임성에 근거한 경청 행위로서의 응답이었다. 그러니 욥기가 제시하는 중요한 핵심 중 하나는, 고정된 신학의 틀에서 타자의 얼굴을 지우는 해석과 판단의 한계를 부수고 고통을 질문하는 모든 이들을 위한 열린 텍스트로서 진짜 소통의 의미를 질문한다.

　오늘날 소통의 창은 많지만, 타자성을 소거한 채 말잔치만 난무하는 것은 아닐까. 저마다 고통과 재난, 사회적 소외, 비극의 순간마다 조언하고, 분석하고, 설명한다. 하지만 레비나스가 묻듯, 나는 정말 타자의 얼굴을 보고 있는가? 나의 말은 고통당하는 자에게 응답하는 언어인가? 타자를 향한 책임은 하나님이 욥과 친구들의 대화에 끼어들지 않듯 경청과 침묵이라는 응답으로 시작한다. 이 지점에서 욥과 친구들의 소통 실패가 일깨우는 것은, 타자가 겪는 불가해한 고통 앞에서 누구나 다 아는 말을 장황하게 늘어놓는 것이 아니라 먼저 침묵과 경청으로 응답하는 것이고, 이것이 타자의 얼굴 앞에 있는 자의 책임이다. 그러니 진짜 소통은 역설적으로 말을 멈춘 자리에서, 침묵 곧 경청에서 시작된다.

주

1 윤대선, 『레비나스의 타자 철학』 (서울: 문예출판사, 2009), 20.

2 김혜령, "레비나스의 얼굴 윤리학의 진보적 수용: '주디스 버틀러의 적(敵)의 얼굴을 향한 정치 윤리학'," 『레비나스 철학의 맥락들』 (서울: 그린비, 2017), 234.

3 욥기를 "논쟁 문학"으로 규정하는 것이 학계의 일반적인 합의 사항은 아니다. 그러나 프롤로그와 에필로그에 해당하는 산문(1-2장; 42:7-17)과 하나님 말씀(38-41장)을 제외한 욥과 친구들의 논쟁적 대화는(3-31장) 인간의 의로움, 고통의 의미, 신의 정의 등에 대한 치열한 논박으로 구성되었다. 욥기를 논쟁 문학 장르로 규정하는 대표적 인물은 게르하르트 폰 라트(Gerhard von Rad)이다. 이와 비슷하게 사무엘 테린(Samuel Terrien)은 욥기를 철학적 논쟁으로, 그리고 월터 브루그만(Walter Brueggemann)은 서사와 시, 지혜문학이 결합한 복합 구조로 이해한다.

4 공통 신학이라는 용어는 이스라엘 신앙의 다양한 전승과 문헌들 속에서 공통적으로 드러나는 신학적 토대를 가리킬 때 쓰인다. 즉 신명기 계통의 역사서, 제사장 전승, 지혜 전통, 예언 문헌 등 각기 다른 층위와 신학적 강조점을 말한다. 그럼에도 그 이면에 공유되는 신앙 이해, 예컨대 하나님은 창조주이고, 역사의 구원자이고, 이스라엘과 언약을 맺은 분이라는 신학적 자각 등을 통해 구약 전체의 공통된 신학 구조를 재구성하는 것이다. 발터 아히로트(Walther Eichrodt)가 언약 중심으로 구약 전체의 공통된 신학 구조를 재구성하려고 했고, 이것을 좀 더 학문적으로 체계화한 게르하르트 폰 라트(Gerhard von Rad)는 공통 신학이 모두 담아내지 못하는 영역들에 대해 구약 지혜 전승을 분석하면서 지혜가 이스라엘의 역사적 전승(출애굽과 언약 신학)과 어떻게 상호작용 하는지 탐구했다. 독일어에서 한국어로 옮긴 책 게르하르트 폰 라트, 『구약성서신학 제3권: 이스라엘의 지혜의 신학』, 허혁 옮김 (왜관: 분도출판사, 1991)을 참고하라.

5 레비나스의 주요한 여러 저작에서 이 문제를 언급한다. 『전체성과 무한: 외부에로의 시도』 김도형 옮김 (파주: 한길사, 2001); 『존재와 다르게, 또는 존재성을 넘어』 문성원 옮김 (서울: 그린비, 2021); 에마뉘엘 레비나스, 『윤리와 무한 ― 필립 네모와의 대화』 김동규 옮김, 에라스무스 총서 004 (서울: 도서 출판 100, 2020)을 보라.

6 레비나스, 『윤리와 무한: 필립 네모와의 대화』, 7-8장에서 이 부분을 자세히 다루고 있다. 레비나스는 주체는 타자의 고통으로부터 자유로울 수 없다고 보고, 책임은 무조건적이며 예외가 있을 수 없다고 본다. 다소 과격하고 부담스러운 측면이 있지만, 끝없이 지속되는 책임감을 강조한 것이다. 이것을 토대로 한 연구 논문은 김영걸, "레

비나스: 윤리적 관계 안에서의 타자의 얼굴과 무한책임,"「대동철학」 90: 53-78을 참고하라.

7 마크 래리모어, 『욥기와 만나다』 강성윤 옮김 (서울: 비아, 2021), 17. 욥기는 구성과 내용에서 논쟁적이고 모호한 부분이 있지만, 욥기 본문에 대한 고대 사본 상의 차이가 크지 않다. 미미한 수준이다.

8 래리모어, 『욥기와 만나다』, 20.

9 개역개정 본문을 히브리 시행에 맞추어 배열함.

10 누구보다 게르하르트 폰 라트(Gerhard von Rad)는 공통 신학의 선두 주자임에도 욥기 전체 메시지에서 친구들의 발언은 하나님의 자유와 주권을 협소화시키는 전통 신학의 한계를 드러낸다고 보았다. 클라우스 베스터만(Claus Westermann)도 비슷하게 하나님의 공의를 자동 기계처럼 축소한 잘못된 신학이라고 지적하면서 하나님의 신비를 닫아버리고 하나님을 인간 이해 범주 안에 가둔다고 보았다. 인식론적인 한계에 대해서, 즉 인간 이해의 한계에 대해서는 에드워드 그린스타인(Edward L. Greenstein)은 고난의 복잡성을 기계적으로 단순화한 것을 문제 삼았다. 사무엘 테리앵(Samuel Terrien)은 욥의 친구들이 하나님과 인간의 인격적 만남을 차단하고 하나님의 뜻을 기계적으로 적용하는 객체로만 본다고 평가했다. 마지막으로 도덕적 한계와 관련하여 월터 브르그만(Walter Brueggemann)은, 친구들이 고난받는 욥에게 네가 틀렸다는 식으로 말함으로써 고통의 상황에서 요구되는 도덕적 연대와 공감이 없는 것으로 보았다. 이것은 신앙을 억압적 도덕률로 만든다는 점에서 비판을 피할 수 없다. 유대 문학가인 엘리 위젤(Elie Wiesel) 역시 욥의 친구들은 고난받는 자를 더 고립시키는 비도덕적 언행이라고 지적했다. 이에 대한 더 많은 정보와 이해를 위해 다음 책을 보라. 게르하르트 폰 라트, 『구약성서신학 제2권』 허혁 옮김 (왜관: 분도출판사, 1989); 클라우스 베스터만, 『구약신학 입문』 박문재 옮김 (서울: CH북스, 2005); Samuel L. Terrien, *The Elusive Presence: Toward a New Biblical Theology* (San Francisco: Harper & Row, 1978); 월터 브루그만, 『구약신학』 류호준, 류호영 옮김 (서울: CLC, 2003); 엘리 위젤, 『나이트』 김하락 옮김 (서울: 위즈덤하우스, 2023); Edward L. Greenstein, *Job: A New Translation* (New Haven: Yale University Press, 2019).

11 권지성, 『특강 욥기』 (서울: IVP, 2022), 67, 117, 141.

12 에마뉘엘 레비나스, 『우리 사이: 타자 사유에 관한 에세이』 김성호 옮김 (서울: 그린비, 2019), 159.

13 송영창, "타자성과 외재성에 대해-레비나스를 중심으로,"「대동철학」 53 (2010): 129-156(129).

14 에마뉘엘 레비나스, 『타자성과 초월』 김도형, 문성원 옮김 (서울: 그린비, 2020),

5; 윤대선, 『레비나스의 타자 철학』, 15-29.

15 김영걸, "레비나스: 윤리적 관계 안에서의 타자의 얼굴과 무한 책임,"「대동철학」90 (2020): 53-78.

16 윤대선, 『레비나스와 타자 철학』, 298.

17 레비나스, 『우리 사이: 타자 사유에 관한 에세이』, 221-225.

18 레비나스, 『타자성과 초월』, 5, 147.

19 레비나스, 『타자성과 초월』, 97.

20 문대선, 『레비나스와 타자 철학』, 267; 김영걸, "레비나스: 윤리적 관계 안에서의 타자의 얼굴과 무한 책임," 67, 70.

21 문대선, 『레비나스와 타자 철학』, 178-179.

22 윤대선, 『레비나스의 타자 물음과 현대 철학』 (서울: 문예출판사, 2018), 210-213.

23 레비나스, 『타자성과 초월』, 76-79.

24 김순영, "욥기의 심미성과 탈신정론적 해석 — 〈샵고로드의 재판〉과의 상호본문성을 중심으로—,"「주안신학논단」4집 (2025): 133-168. 이 연구는 그동안 신정론의 관점에서 주로 읽힌 욥기를 탈신정론의 관점에서 욥의 시적 절규를 문학적인 증언 행위로 검토한다.

25 라틴어 어원에 대한 설명은 https://www.pressian.com/pages/articles/109474 를 참고하라.

26 김진혁, "욥기의 고통과 침묵: 철학적 윤리와 소통의 가능성,"「구약논단」27, no. 2 (2021): 145-169.

참고문헌

권지성. 『특강 욥기』. 서울: IVP, 2022.

김순영. "욥기의 심미성과 탈신정론적 해석 — <샴고로드의 재판>과의 상호본문성을 중심으로—." 「주안신학논단」 4집 (2025): 133-168.

김영걸. "레비나스: 윤리적 관계 안에서의 타자의 얼굴과 무한 책임." 「대동철학」 90 (2020): 53-78.

김진혁. "욥기의 고통과 침묵: 철학적 윤리와 소통의 가능성." 「구약논단」 27, no. 2 (2021): 145-169.

김혜령. "레비나스의 얼굴 윤리학의 진보적 수용: '주디스 버틀러의 적(敵)의 얼굴을 향한 정치 윤리학.'" 강영안 외. 『레비나스 철학의 맥락들』. 서울: 그린비, 2017.

래리모어, 마크. 『욥기와 만나다』. 강성윤 옮김. 서울: 비아, 2021.

레비나스, 에마뉘엘. 『윤리와 무한 — 필립 네모와의 대화』. 김동규 옮김. 에라스무스 총서 004. 서울: 도서 출판 100, 2020.

_____. 『타자성과 초월』. 김도형, 문성원 옮김. 서울: 그린비, 2020.

_____. 『존재와 다르게, 또는 존재성을 넘어』. 문성원 옮김. 서울: 그린비, 2021.

_____. 『우리 사이: 타자 사유에 관한 에세이』. 김성호 옮김. 서울: 그린비, 2019.

_____. 『전체성과 무한: 외부에로의 시도』. 김도형 옮김. 파주: 한길사, 2001.

베스터만, 클라우스. 『구약신학 입문』. 박문재 옮김. 서울: CH북스, 2005.

브루그만, 월터. 『구약신학』. 류호준, 류호영 옮김. 서울: CLC, 2003.

위젤, 엘리. 『나이트』. 김하락 옮김. 서울: 위즈덤하우스, 2023.

윤대선. 『레비나스의 타자 철학』. 서울: 문예출판사, 2009.

_____. 『레비나스의 타자 물음과 현대 철학』. 서울: 문예출판사, 2018.

폰 라트, 게르하르트. 『구약성서신학 제 2권』. 허혁 옮김. 왜관: 분도출판사, 1989.

_____. 『구약성서신학 제 3권: 이스라엘의 지혜의 신학』. 허혁 옮김. 왜관: 분도출판사, 1991.

Balentine, Samuel E. Job. *Smyth & Helwys Bible Commentary*. Macon, GA: Smyth & Helwys Publishing, 2006.

Clines, David J. A. *Job 1-20*. Word Biblical Commentary. Vol. 17. Dallas, TX: Word Books, 1989.

Habel, Norman C. *Job*. Old Testament Library. Louisville, KY: Westminster John Knox Press, 1985.

Janzen, J. Gerald. *Job*. Interpretation: A Bible Commentary for Teaching and Preaching. Louisville, KY: Westminster John Knox Press, 1985.

Longman III, Tremper. *Job*. Baker Commentary on the Old Testament Wisdom and Psalms. Grand Rapids, MI: Baker Academic, 2012.

Newsom, Carol A. *The Book of Job: A Contest of Moral Imaginations*. New York: Oxford University Press, 2003.

Seow, C. L. *Job 1-21: A New Translation with Introduction and Commentary*. Anchor Yale Bible. Vol. 17. New Haven: Yale University Press, 2013.

Terrien, Samuel L. *The Elusive Presence: Toward a New Biblical Theology*. SanFrancisco: Harper & Row, 1978.

김순영

삶의 상황성과 일상을 신학의 자료로 삼는 연구자다. 구약 신학으로 박사학위를 받은 후 십수 년을 대학 강사로 살아왔고, 현재 읽고 쓰는 사람으로 거듭나는 중이다. 주된 관심사는 구약 지혜문학과 생태 그리고 여성이다. "언어의 한계는 나의 세계의 한계"라는 루트비히 비트켄슈타인의 말을 글 쓸 때마다 새김질한다. 그러나 언어가 닿지 못한 곳에서도 삶은 이미 도착해 있기에 모조리 실명되지 않아도 괜찮다고 스스로 위로하며 산다. 대표 저서로는, 『어찌하여 그 여자와 이야기하십니까』, 『일상의 신학, 전도서』 등이 있으며, 그밖에 공저와 다수의 논문이 있고, 가장 최근에는 「구약논단」 98집(2025)에 "전도서의 인간론: '걱정'하는 인간, '무위'하는 인간"이 출판되었다.

여성신학사상 제16집

여성신학과 소통의 재구성

2026년 4월 1일 처음 발행

엮은이 | 한국여성신학회
지은이 | 강희수 김민정 김순영 김용은 이인미
　　　　 장양미 조관순 하희정 홍혜빈
펴낸이 | 김영호
펴낸곳 | 도서출판 동연
등　록 | 제1-1383호(1992. 6. 12.)
주　소 | (우 03962) 서울시 마포구 월드컵로 163-3
전　화 | (02) 335-2630
팩　스 | (02) 335-2640
이메일 | h-4321@daum.net / yh4321@gmail.com
인스타그램 | https://www.instagram.com/dongyeon_press

Copyright ⓒ 한국여성신학회, 2026

ISBN 979-11-7911-016-7 94230
　　　 978-89-6447-578-2 94230(세트)